杨百万留给散户的股市圣经

TOP SECRET
YANG MILLION
TOP SECRET

杨怀定◎著

经济日报出版社

图书在版编目（CIP）数据

杨百万留给散户的股市圣经 / 杨怀定著．-- 北京：经济日报出版社，2021.9

ISBN 978－7－5196－0849－1

Ⅰ．①杨… Ⅱ．①杨… Ⅲ．①股票投资 Ⅳ．①F830.91

中国版本图书馆 CIP 数据核字（2021）第 170983 号

杨百万留给散户的股市圣经

作　　者	杨怀定
责任编辑	张　莹
责任校对	朱　微
出版发行	经济日报出版社
地　　址	北京市西城区白纸坊东街 2 号 A 座综合楼 710（邮政编码：100054）
电　　话	010－63567684（总编室）
	010－63584556（财经编辑部）
	010－63567687（企业与企业家史编辑部）
	010－63567683（经济与管理学术编辑部）
	010－63538621　63567692（发行部）
网　　址	www.edpbook.com.cn
E－mail	edpbook@126.com
经　　销	全国新华书店
印　　刷	北京文昌阁彩色印刷有限责任公司
开　　本	710 mm×1000 mm　1/16
印　　张	17
字　　数	230 千字
版　　次	2021 年 11 月第 1 版
印　　次	2021 年 11 月第 1 次印刷
书　　号	ISBN 978－7－5196－0849－1
定　　价	68.00 元

前言

2021年6月13日凌晨，“中国第一股民”、俗称“杨百万”的民间股神杨怀定去世。因为杨怀定先生生前把他的封笔之作《杨百万股市战例》交给了我们——经济日报出版社，因此出版社所有的同仁都感到惋惜，并希望杨怀定先生能在天堂一方继续保佑股市的散户。

为了纪念杨怀定先生，也为了让中国股市上的散户还能感受到“中国第一股民”的股市博弈智慧，尽量减少散户在股市上的损失并能收获一些财富，我们重新出版了杨怀定先生的封笔之作，并把它更名为《杨百万留给散户的股市圣经》，希望它能帮到更多的散户。

“股市赚钱的三种方向”“看趋势”“识个股”“盯主力”“做波段”“抄底逃顶”“必须遵守的20条盘口操作纪律”“百试不爽的实战定律”“我的短线操作纪律”“稳妥进行短、中线操作”“综合运用各种指标打胜仗”“确定买卖点的放大镜”……哪一个不是散户关心的？

大家之所以把杨怀定先生称作“杨百万”，就是因为他从一个普通的仓库保管员变成中国股市的超级散户；就是因为他是中国股市上最传奇的民间股神；就是因为再凶狠的机构很难把他当韭菜割；就是因为他愿意把经验和教训分享给大家。他的经验都在这本书中。

说实话，散户要想在今天的股市上混好是不容易的。本来机构投资者是股市的稳定器、价值的追随者，它们本应长期投资获得上市公司成长的红利，顺便获得股票的溢价收益。但是，现在的机构投资者已经不热心这些，它们只想收获交易的差价，所以散户很难。

目前，在中国股市上，我们看到的场景是这样的：金融一波，房地产一波；白酒一波，中药一波；光伏一波，新能源一波；芯片一波，半导体一波。这波涨停，那波跌停，个股大起大伏，大盘却基本不动。面对如此复杂的股市，散户怎么做才能回避风险并获取收益呢？

也许在这个时候散户们真的需要读一读《杨百万留给散户的股市圣经》，大家不要以为杨百万的经验过时了，杨百万列举的操作范例似乎时间靠前，但道理是一样的。尤其是中国股市，30年大体就是这个样子，体量虽然变大，但其运行状态和投资逻辑一直未变。

韩文高

亚洲财富论坛常务理事、经济日报出版社社长

2021年10月8日

投资市场是科学加艺术的学问

代前言

我从1988年4月21日开始国债交易，到1989年6月买入第一批股票，屈指算来，进入投资领域已超过20年了。

这20年中我目睹了中国股市的涨涨跌跌，四起四落，亲历了投资市场的酸甜苦辣，参与并见证了中国金融市场的成长。在股海惊涛骇浪中搏击，有过不少教训更有很多乐趣。由于我能够坚持学习与实践，摸索市场的规律，终于不断分享到了中国经济成长的成果，还被大家称为“中国第一股民”和“散户工会小组长”。

这些年中，我看到过许多身边股友“一夜暴富”的神话，也目睹了一些因“一夜赤贫”而跳楼的人间惨剧，而更多的是不计其数的根本不了解证券市场、凭着感觉被投资热浪卷入市场的中小散户，由于缺乏最基本的金融常识，以为股市是一个“人人都可淘金”的宝地，乃至没有准备、没有计划、没有纪律，一旦掉进股海，很快变成苦海，跟随市场疯狂几年，最后都是为机构做分母，只换得血本无归后的沮丧、迷茫和失望。

近两年的股市又一次重现了这一现状。根据自己多年的摸索，我只想告诉股民朋友，得到这种结果，究其根本原因并不是技术问题，也不是能力问题，归根到底是人性的弱点——贪婪和恐惧导致了自食苦果。不要怪政府、怪机构、怪媒体，那都是客观原因，毕竟股市中是有一部分人确确实实稳稳赚到钱了，只是没有像你那样贪心。

我常常告诉朋友和学生，股市是面放大镜，放大了人性的贪婪和恐惧。现在看来，它被无数事实证明是千真万确的试金石。

从本质上讲，在投资市场中赚钱的一定是少数人，赔钱的永远是大多数，只有坚持正确的投资理念才能学成正果。

如果想成为能够赚钱的少数，就必须在三个方面做出努力。第一，要对宏观经济形势有基本的判断。任何国家任何市场，如果大势不好，投资市场不可能兴旺，这也是一个国家的公民了解国家发展的最起码要求。国家经济处于上升趋势，投资市场一般总是向上攀升的；第二，要对投资基本知识有一定的了解，这也是一种学习，而且不一定要多高的学问才能学得好的，只要心不浮、气不躁，用不了几天，入门的知识就可以掌握。那样就不会人云亦云，今天听这个消息，觉得该这么操作，明天又得到“绝密”通知，结果是一失误肠子都悔青了。所以基本的知识和必要技术常识是需要了解的；第三，在实践中有很好的操作策略和技巧。很多人愿意捧着一本书从头细细读到尾，然后再换一本读下去。读过一段时间后，再回到市场中，发现起色不大，甚至书中的东西有时还在帮倒忙。这说明，问题并不出在理论方面，而出在操作方面。

我始终认为股票投资是一门科学加艺术的学问，艺术的魅力令人着迷而又难以掌握。证券市场还是综合智力的竞技场，你只要好好学会真正熟练运用几种技法，就有几分胜算在手了。

投机者最主要的敌人往往产生于主观，与人性的贪婪和恐惧是孪生的。当市场对你不利时，你每天都在希望这是最后一天，而价格涨涨跌跌却远不会停止；市场转变得有利时，你就害怕了、撤退了，不敢去赚该赚的钱了。

遭受挫折是在股市中常遇到的事。但如果我们不善于从错误中吸取经验教训，才是失败的根源。如果在不该贪婪的时候贪婪，在不该恐惧的时候恐惧，就是同一类错误犯了又犯，那是不可救药的。

我平时喜欢看书，边看边想，就常有些闪念出来，没有什么逻辑性，随手而记。这次写书过程中也有一些类似的灵感在不经意中冒出。一点点积累起来，也就算点精神上的财富。

这些年，我在各地讲课，听到、看到股友们的所思所想，我认为大家最缺的还不是知识，而最需要实战技巧的指导，在大家的要求下，把我近二十年的摸爬滚打中积累的点点滴滴整理出来与大家分享，其中不少是自己的心血和财产换来的宝贵经验。如果你能从中挑出一两件用到实践中，我将感到无比高兴。

经过战争洗礼的人民会坚强起来，经过市场浪潮冲击的股民会成熟起来。

成熟起来的投资者在熊市会眺望牛市，在牛市会警惕熊市，进而达到熊市赚股、牛市赚钱的境界。知理自会常乐，信心、乐趣与日俱增，心态自然平和，投资投机也会事半功倍。愿股友们领会悟之。

杨怀定

2008 年 12 月

目录

CONTENTS

第二部分　20 年投资真经奉献 /025

第一部分

学会投资　享受人生

我的投资秘籍——用感恩的心看股市

1988年，我从一无所有的离岗职工，投入到国库券和证券市场。这个市场把我造就成一个富翁，造就成一个证券界的名人。这种兴奋和成就感，给了我最难得的自信，这不是一般人能理解的。是中国的投资市场，给了平民百姓这种机遇，使得我们可以在这个平台中和无数机构、资本所有者以及许多高智商的人们同台博弈，并以此证明自己的能力，享受搏击财富的刺激和收获的快感。这种体验是异常珍贵的，绝不仅仅是赚钱的乐趣。所以股市已经成为我生命的一部分。

从6124点到今天的这个点位，想必每个投资者心目中都有自己的无限感触：有的会庆幸自己及时退出，保住了投资收益；多数则会因为没有及时退出，投资收益打了“水漂”而怨机构、怪政府。其实，最应该接受教训的是自己，心态端正，克服贪婪，注意学习，就能够不断进步。

经常会有学生问我炒股秘籍，我说自己是中国改革开放的参与者、实践者、拥护者，更是受益者，所以总是以一种感恩的心去看待整个金融市场，这或许就是我的股市不败的“秘籍”。

第一章

散户同样可以成为投资英雄

一、炒股要听党的话

农民种地，四季不分，颗粒无收。投资与种地一样，成功必须会判断大趋势，这就需要了解世界形势和国家经济发展的动向，懂得从政策走向中判断市场的发展趋势。以我当年的起点和操作水平能够做到，今天的大家可以做得更好。

在没有进入证券市场前，我那时候工资很低的，六十几块，开始学投资后，我每年要订七十多种报纸，渴望从报纸当中学到东西，学致富，这就是动力。比如政府宣布了，将在 1988 年 4 月 21 日开放国债交易市场，别人看了一扫而过，我就做准备了，在 1988 年 3 月 28 日辞职，一头就扎了进去，把自己逼上背水一战的绝境。

我很关注官方的信息，而不听信小道消息。比如说 1992 年、1993 年，那时证券没有书籍，也没有多少资讯介绍，只能靠官方的证券报、上海证券报。如今信息渠道多得很，我也每年订阅大量报刊，加上无处不在的网络，从来自世界各地的新闻中观察趋势、把握机会与防范风险。

现在我已经养成一个习惯了，睡觉前上一下网，看一下不断更新的新闻，国际的、国内的、财经的；还有我订阅的百度国内新闻、财经新闻、国际新闻，送到我的信箱，每天浏览一遍；再有时间，去互联网浏览一下，不然，睡不着觉的。后来我还大量地翻阅国外的牛熊市的书籍，从中汲取营养。所以，我觉得，投资市场使百姓自觉关心国家大事了。

二、六分心态、三分技巧、一分运气

投资市场是一个对人人开放的、可以凭自己本事在里面淘金的平台。当然，它也是一个大赌场，能赢能输，全看你是否适合参与这种竞技以及你有没有这种能力了。

我常说："股市是个放大镜，放大了人生的贪婪。"好心态的前提下，知识和技术才能发挥作用。

每到一个牛市差不多了，我不求跑到顶，跑到最高，所以股市上我创造了一个理念，叫吃鱼不吃鱼头和鱼尾，吃中段，每一次到相对的高点我就逐步撤退了。如 2007 年 5 月 20 日，9 月 28 日等，我都在以自己的经验苦口婆心告诫广大散户，必须落袋为安，不要被高位套牢，那时被很多人骂。

在这个市场上，成功不是看你最近赚了多少钱，而是看你能活多久。股市人的流动很大，面孔一茬一茬变，二十年间，我见过很多大户变中户，中户变散户，散户变销户的悲剧。归结根源，不是谁比谁傻多少，而是人性的弱点——贪婪使然，所以要做到大赚更好，小赚也可，不赔钱为底线，其实也是不容易的。

股市也是一个微缩的"人生"：股票的涨涨落落，不正是反映了人生的起起伏伏吗？要知足，不能贪心，许多人生哲理在股市中同样有效。这些道理对于不炒股的人来说，可能需要十几年，甚至一辈子才能去理解，但是在股市中，几个月，甚至几天就能上演一次。"千金散尽"对于没有炒股的人来说，或许会很难接受，甚至会有些人走上绝路，但是对于股民们来说，经历了股市的涨涨跌跌，“千金散尽”之后更应期待的是“还复来”。

三、牛市赚钱　熊市赚股

有人以为牛市傻子都可以赚到钱，这本不错，但是，证券市场里，只要不离场，你赚的只是数字，而不是真金白银。

我经历过四次熊市，四次牛市。说我是常青树、不倒翁。这个不倒翁虽然晃一晃倒不了，但不可能不晃。晃得最厉害的时候就是 2005 年，1200 点跌到 1000 点，照样是 18% 被套 40 万。我那个时候试探性地用 200 万，买了 30 万股股票，每股亏损 1.3 元，缩水了 40 万。这是我炒股生涯当中第一次最大损失，但我的心态还是那么平静，根据我的经验，我相信后面会翻倍。因为我算了一下，如果最高点的时候，我只能买 15 万股，我在 1200 点买了 30 万股，从钱上来看，我是亏了 40 万，浮亏，但是从股票上来讲，我是挣了一倍股票，这样一想，心里非常坦然。

很多人一听说熊市就害怕，其实熊市才是赚钱的时候。

6000 点的时候，大家都说是大牛市，不管懂股票的，不懂股票的，都去买股票，现在怎么样？都是高位套牢，包括买基金的。赚到钱了吗？没有，就是有的人之前赚了，也又还给股市了，由此可见，牛市的钱也是不好赚的。熊市来了，也是一件好事，可以让大家冷静一下，理智地思考一下。其实，股市就是这样，牛市之后是熊市，熊市之后是牛市，不断循环的。现在是熊市，说明牛市也不远了。“涨不要贪，跌不要慌”，在动荡的股市中，贪婪和恐惧也会被演绎到极致。

2007 年 5 月 20 日，我在南京，对来采访的媒体说股市要见顶，提醒股民抛掉，结果很多人不信，10 天后，遭遇了“5 · 30”大跌。2007 年 9 月 28 日，6000 点时，我在广州又说，股市又到“5 · 30”前夜，号召大家抛。结果还是很多人不信。之后有股民打电话给我，说是我的粉丝，现在被套了，问我怎么办，我说，“你根本不是我的粉丝，你没听我的话才被套的。”举这两个例子，就是为了说明，贪婪会让人迷失方向，不会对股市进行理性的判断，股市有涨就有跌，有人是看到5000点，就想6000点，看到6000点就想8000点，不套他套谁。

2005年8月30日，我在股指只有998点时，建议大家买股票。我自己就卖了房子买股票，现在的收获当然不少。**机会是跌出来的，不然，在6000点的牛市里，哪有这么便宜的股票给你拣呢？**现在是一个相对的底部，长期投资者可以选择一些绩优股长期持有，手中有好股票被套的，现在也别急着抛，抛了就可能会后悔，现在就是最艰难的时候，熬过去就好了。

第二章

投资犹如养宠物

一、投资就像养宠物，有趣又有益

别人说我是股神、股疯和股痴，前一个我不敢认，那是大家抬举，也算是信任我的粉丝们说的，后两个称号是对一个长期拼打在股市的股民投入状态的画像，也说明股市早已成为我生活中不可或缺的一部分。

这些年，随着经济的发展，物价也在飞快地涨，而且增长幅度远远超过银行储蓄利息，负利率已成不争的事实，你的钱不投资就是在贬值。比如30年前买只鸡仅三五元，现在已经十几、几十元了；10年前你有30万，你可以在大城市买一套房子，而你选择了存银行，现在你想到大城市居住了，可是银行的存款再加上利息已经不能满足你买房的愿望了，因为你的钱贬值了。

在股市里摸爬滚打二十载，我已经从一个市场里的投机者转变成了理性的投资人了。这种转变，不是有了时间就可以正向转变的，从几百点到六千多点，没有一个正确的投资心态和承受力，不要说获利发财，家破人亡的大有人在。而对于我，投资就像养宠物，就像养鸡、养鸭，从发现一只股，像孵出蛋壳的毛茸茸的可爱幼雏，一点点喂养，摸索它的习性，沿着它成长需要训练它，看着它一天天长大，当它生病时，就得为它调理，还得根据天气冷暖给它照顾。

从投资的意义上讲，打个比方，养鸡就是投资。你将钱投资在一只母鸡上，母鸡日后会生蛋，蛋可以拿到市场上卖；不卖，自己可以吃；不吃，蛋又会变成鸡，然后或杀或卖，吃之可以养身，卖之可以赚钱。所以投资养鸡赚钱可以对付贬值，这是村姑都知道的投资经。股市其实也是一个道理，要熟悉股性，观察它，关心它，它才能为你带来财富增长。

发达国家大概有这么几类人有各自对付货币贬值的方式，一是企业投资者，二是房地产投资者，三是证券投资者。

几年前，投资对于广大民众来说是很遥远的事，因为自己不多的一点钱似乎只能用来生活和对付家庭的应急支出、养老等。今天看，投资理财应该是每个人都不难了解的事，用不着多高的文化水平，也并非需要多少资产。通过对投资理财的学习和实践，一个资金较少的人也可以成为公司所有者的一员，从而获得一些企业、地产业的部分利益。

有一句话说得好，我们可以跑不过刘翔，但不能跑不过CPI。大家知道，现在物价上涨很快，以前人们不懂理财，有了钱就放在银行里，等着拿利息，以为这样财富就增加了。现在我们知道了，不是有利息拿，就算是增了值，还要看是不是跑赢了CPI，跑不赢，利息一直在降，存在银行里肯定是亏了。那怎么办，理财呀。现在除了买基金、买股票的，也有不少买黄金、买古玩、买字画的……其实，不管买什么，一定要懂行才行，如果根本不懂，劝你不要买，还不如把钱放在床底下保险。现在看来，基金和股票还是大多数人投资理财的首选。

二、市场门槛虽不高，却不适合所有人

从现在大多数人的经济能力来讲，证券市场不再是一个很高的门槛。

它对人人敞开大门，也不一定需要数额太大的资金，不用求职应聘，不用竞争上岗，也不用走歪门邪道（高水平的证券违法不在此列），是一个相对公平的竞技场。但是，这种投资也不是谁都适合做的。

我认为，有几类人不适合进场亲自操作。我经常会接到许多散户朋友咨询股票操作的电话，对于有些朋友，我就很不客气地说："你不适宜做股票。"虽然这样的回答可能会伤人自尊，但却是为他好。这些人都有哪些基本特征呢？

第一，上了年纪且反应慢的人。人随着年龄增长，反应灵敏度就会下降，这是自然规律。我经常说，人啊，什么都可以不服气，但对年龄必须服气，年龄不饶人。一般来说，年纪太大了，就不要把赚钱当成第一要务，而是把调养身体、保持精神愉快、快乐健康、多活几年放在第一位。当然，上了岁数、反应灵敏的，还是没问题可以做的。但对于年纪偏大的人，我一般是建议不要做股票。顶多用一两万玩玩，目的不是赚钱，而是找点精神享受！

第二，年纪不大但反应迟钝的人。人的反应能力和理解能力与年龄没有必然关系。有些人年龄虽然不大，但反应较迟钝、理解力比较差，这样的人就很不适合做股票。股市是一个要有非常理解力和反应能力的竞技场所。你面对的是武装到牙齿的机构，想和这些人玩没有几手是不行的。就像你准备跟某人去打架，能不能打赢是你敢不敢动手的依据。你个子矮小，又没有武功，去与一个彪形大汉搏斗，后果自然很清楚。

第三，没有股市投机技术的人。股市是个投机的场所，不需要你有什么高深的学问，但你必须具备实践能力。你看有几个经济学家是股市赢家？投资需要的恰恰是实战技术。就跟开车是一样的，你是文盲也不要紧，只要脑子反应灵敏，学习了驾驶技术就行。我认为什么都不懂不可怕，不懂可以学习。可怕的是你不但不懂而且没有打算弄懂，那是最危险的。对于那些既没有股市分析技术又不想学习提高的人，我建议永远别沾股市。

第四，患得患失的人。说简单点就是心态不好的人不能做股票。那些计小节、钻牛角尖、想抓住每个机会并且想买在最低点，卖在最高点的人都不适合做股票。世界上有两个职业留下的遗憾最多：一个是拍电影；一个是做股票。可惜世界上没有后悔药卖。

第五，做事情马虎的人。我经常能接到这样那样的电话，也可以看见许多人在博客上的留言。我明显地感到，许多人连博客文章的内容都看不明白，看不全面，弄不懂人家的意思，断章取义，说得很明白的问题反复询问。这类人就是不敏感和理解力有问题或者说是做事想问题不全面的人。这样的人，千万不要进股市。这类人不仅与股市无缘，很可能在其他方面也因为马虎经常出错。

第六，听见风就是雨，容易冲动的人。我曾经接到这样几类电话：一个说，夏季来了，要涨水了，他买长江电力，依据就是夏季要涨水，可以发电；另一个说十六届三中全会召开，买了农业股，结果天天跌停。我回答说，任何事因果都有运行周期，一个三中全会农业就马上会起来吗？这需要过程的。还有一个说，巴菲特抄底了，我也抄底……类似的还有许多。像这样以一个消息就出手，不具备逻辑分析力的人就不能炒股。大家看，每次出利好散户蜂拥进场，哪次没有成为主力的牺牲品？

不适宜做股票的人类型还很多。至于你是否适合做股票，请你一定要有自知之明。

做股票如开车，你既不懂驾驶技术，又不懂交通规则，你去开车，结果如何自然很清楚。

三、定个好计划，成功有保证

为了克服心理波动导致操作性的失误，也为了能够不断克服缺点积累经验，必须制订一个计划。制订计划的目的就是要在操作前使自己尽可能全面地思考，以便在行情波动时不致迷失方向。计划书有点像航标灯，也许没有大风浪时它并不显得很重要，一旦风险降临，在风浪中识别方向就成为至关重要的事。后来，我发现制订计划还有一些附带的好处：第一是它可以使人放缓操作节奏，减少失误；第二是它可以使人更深入地了解个股的情况，对个股越熟悉，就越有把握；第三是对重复性的错误，记忆深刻，不易二次犯错。

一个高手和一个业余选手之间在计算路数方面差别并不大，问题的关键在于高手在精细的计算后总是尽可能使用一些余地性大的套路，而业余选手总希望侥幸走出最好。

一盘棋中，很多时候，完全在于下棋者招数前后之间的逻辑性和连贯性。一步好棋并不一定置对手于死地，但却给自己留下最大的选择空间。在股市中的操作也是这样，做计划的目的就在于此。在做计划时，不仅要分析，还要管理；不仅要有定量，还要有变量。

以下是一个详细的计划明细内容。这些项目有些是非常重要的，有些是可以根据具体情况取舍的。

（一）价格的分析及预测

宏观经济情况的变动及对大趋势的影响；

个股基本面情况：行业分析、流量盘量、市盈率、利润增长点等；

个股技术面情况：各项指标，包括均线、相对强弱指标（RSI）、人气指标（OBV）等；

技术分析：形态分析、阻力位及支撑位；

主力分析：主力成本、筹码锁定的估计等；

预测：价格上涨的可能性及目标价位，价格下跌的可能性及止损价位、盘整情况的处理及理由。

（二）时机的把握

时机出现条件分析：利好及利空的几种可能及时间推算。时机的把握和价格预测同样重要。

我的体会是，在很多情况下，价格的预测并非不准，而失误的原因就在于时机的把握。对于天上掉下来的馅饼，本不该飞奔过去，而只需要沉稳地走过去接住。飞奔的结果往往是跑过了头，或是在半路就被绊了个跟头，要么再也爬不起来了，要么与机会擦肩而过。只有入市、出市时机选择好，我们才能拥有一个较好的心态和较多的回旋余地。

（三）资金的运用

资金的运用包括两方面内容：一方面是组合的问题，包括高价股与低价股的组合，行业之间的组合等；另一方面的内容更为重要，即你准备用多少资金去冒险，换句话讲，你准备留多少钱抵抗可能的风险。很多书介绍何时该买入，却很少介绍用多少钱去买入。在这方面，我一般用宝塔型买入法，假定总共 10 万元的资本，总资本的 20% ~ 30%用于第一次投入，资金进入一只股票后自然关注，主力的动静也较易觉察。当股票从一个相对平静的平衡区域逐渐活跃，再投入总资本的 20% ~ 30%，剩下的 40% ~ 60%资金用于对风险的抵御。

当然，这个比例要根据不同情况的分析调整。风险是我考虑较多的东西，从这个方面讲，我是一个谨慎保守的投资者，总是牢记那句话，“当没有想好如何退之前先别前进”。

计划书就包括了这三大部分：价格的分析及预测、时机的把握和资金的运用。这三块内容是正确投资的三个方面，最重要又最不易掌握的是它们都变数相当多，没有也不可能是固定的东西。一切全在于循序渐进的成熟。

四、先要不亏钱，才能多赚钱

“股市有风险，入市需谨慎”，这样的话我们 20 年前就听过，可在牛市五六千点时，大家已经早就忘了这句话，以为股市就是印钞机。要知道，股市的风险最终还是要自己担的，必须学会怎样去赢。

这么多年我能不倒，重要的一点是信奉落袋为安，赢了钱就从股市抽出来，而不是全投进去，这就需要抑制自己的贪欲。比方说你的股票由 3 万变成 6 万，就要把那 3 万赚了的取出来，这样就不至于丢本。

（一）投资市场处处都是险滩暗礁

多年来，我见过几百个输得精光的人。有一个与我一起炒股的人，当初也是几千元起家，几年就赚到了 3500 万元。我劝他：“好了，赚不少啦，拿出 500 万买套别墅，再存 500 万元备用，留 2500 万元在股市里滚也不错了。”可是，那人不听，不仅不取出来，还借了 3000 万投进去，心想滚一个多月就可以上亿了。结果，股指一下从 5000 多点跌到 1600 多点，三分之二没了，还欠着一屁股债呢。

投资人低买高卖是理想的操作，但在经济形势变化、趋势转向、公司基本面变动之际，投资者信心受挫而出现高买低卖的现象屡见不鲜。同时，由于对市场规则的不了解、对交易制度未详细掌握，也常常出现交易过程中蒙受不明之损失。为此，我们必须对现存的风险有一定的认识和分类。

从风险与收益的关系来看，证券投资风险可分为市场风险（又称系统性风险）和非市场风险（又称非系统风险）两种。

1. 系统性风险

系统风险是那些影响所有公司的因素，如战争、经济周期波动、经济衰退、特大自然灾害、持续的通货膨胀等非预期的变动。

这种风险每个股市投资者承担的损失比例基本均等，无法通过多样化的投资组合进行防御。这就是系统性风险主要特点。系统性风险的产生主要由政治、经济及社会环境等宏观因素造成。由美国次贷引发的 2008 年全球金融风暴就是典型的系统性风险。系统性风险主要为以下几种：

（1）政策风险　政府的经济政策和管理措施可能会造成证券市场波动，这在新兴股市中表现得尤为突出。经济政策的变化，可以影响到公司利润、债券收益的变化，可以直接影响到证券市场交易的价格。

（2）经济周期性波动风险　经济运行就像潮水一样，有涨有落，周期性风险就是指经济的一个涨势结束后跌势开始。市场萧条，股市这个晴雨表当然不能例外。

（3）利率风险　在证券交易市场上，证券的交易价格是按市场价格进行的，而不是按其票面面值进行的。市场价格的变化也随时受市场利率水平的影响。一般来说，利率提高时，证券市场的价格就会下降，反之同理。这种反向变动的趋势在债券市场上尤为突出，但有时也会扭曲，例如 2007 年 7 月 21 日宣布升息及降税，市场非但不跌反而大涨近 300 点即为一例。

（4）购买力风险　由于投资证券的回报是以货币的形式来支付的，在持续通货膨胀时期，货币的购买力下降，也就是投资的实际收益在购买物质时同样的货币所购物资减少了。

（5）汇率风险　汇率风险指汇率波幅影响海外贸易和投资盈亏。

2. 非系统性风险

每只股票的价格同上市公司的经营业绩和重大事件密切相关。例如 2007 年上半年的杭萧钢构传闻从安哥拉获得 300 亿大单引起 20 个涨停板，股价暴涨，其实负债累累。公司的经营管理、财务状况、市场销售、重大投资等因素的变化都会影响公司的股价走势。这种风险主要影响某个公司的股价，与市场的其他证券没有直接联系，投资者可以通过分散投资的方法，来降低这种风险。非系统风险有以下几种：

（1）经营风险　经营风险主要指公司经营不善导致亏损，甚至破产失败以致倒闭而给投资者带来损失。

（2）财务风险　财务风险是指公司因筹措资金而产生的风险，例如高额银行借贷，如果公司又缺乏可靠稳定的现金收入，那么可能存在丧失偿债能力的风险。形成财务风险的因素主要有资本负债比率、资产与负债的期限、债务结构等。一般来说，公司的资本负债比率越高，债务结构越不合理，其财务风险越大。我们在投资时应特别注意公司财务风险的分析。

（3）信用风险　这种风险也称违约风险，指不能按时向证券持有人支付本息而使投资者造成损失的可能性。这种风险主要针对债券投资品种，对于股票只有在公司破产的情况下才会出现。

（4）道德风险　道德风险主要指上市公司管理者的道德水准。上市公司的股东和管理者是一种委托代理关系。由于管理者和股东追求的目标不同，尤其在双方信息不对称的情况下，管理者的行为可能会造成对股东利益的损害。

此外，股票投资运作的复杂性使投资者面临另一种风险，即投资者由于自己不慎或券商失责而遭受股票被盗卖、资金被冒提、保证金被挪用等风险。

（二）无知和贪婪是风险的源头

目前，中国的整个股票市场由 1500 多只股票组成，因此每只股票的上涨下跌都会对整个市场的运行产生相应的影响，只是有的权重大，有的权重小，各自的影响有所不同而已。

当上涨股票的权重比例占多数时大盘就会往上运行，当权重比例占多数的股票往下运行时大盘就进入调整，即使有少量逆市而动的股票也不能抵挡这个趋势。

当你能找出在大盘调整期间逆市上涨的股票时，你就能继续赚钱了，而如果你能抓住市场每个阶段的热点，那就更没话说了，说明你思路清晰。

其实所谓的非系统风险就来自个股的风险，只要你有选择地把握每只个股及每个阶段的热点股票，做好波段操作，对中短线投资者来说，就能避开大盘的非系统风险了。

当然，这不是一种简单的操作，我也常常在短线上被个股套住，这很正常。重要的是你首先得看出这只股票中线能否继续走上升通道？中线的上升空间是否还在？只要这个问题解决了，短时间被套是没问题的，套了也能睡好觉。如果你买的刚好是下跌趋势中的小反弹股票，而你以为这是行情，那就很快会被深套的，被套的时间也就相对会长些了。做股票就是要充分利用资金的周转率达到最大的利润，做到利上滚利。消除盲目的办法就是掌握股票短线和分时的技术分析方法，快速进出来规避短线的风险，只有规避短线风险才能规避中线风险。为什么2007年“5·30”时大多数股票都会出现连续几个跌停？因为这些股票已经具备了短线做空的能量，如果你常常在做规避短线风险的操作的话，你又怎么会长期持有这些股票呢？这样你的资金就能转移到具有上升趋势的股票了。别人吃几个深套而你却在利用资金做新的利润了，这是在不断地做加法。

当多数股票都进入调整之中时，就是系统风险降临的时候。盲目的操作就是太相信基本面和消息面，而不相信技术面的指标给出的提示信号。另外越套越补仓的做法也是很盲目的，明明知道这只股票要调整，为什么不先出来？等调整完毕后再介入进去呢？因为盲目！不知道会跌到什么位置才能止跌对吧？如果你能看懂筹码分布的话那么你就能知道个大概位置了，只要这位置出现你就大胆地重仓买回来。这样比你在下跌途中不断补仓的成本要低得多。现在大盘处在什么状态清楚吗？再创点新高有意义吗？来回地震荡就符合高位出货性质的震荡。消除你买卖股票的盲目性，这才是你立足市场最需要做的功课！

（三）几种典型的风险类型

1. 不要借用和借给他人身份证

根据我国《证券法》和《证券登记规则》的规定，投资者应以本人的实名开立证券账户和进行证券买卖，借用他人身份证开立账户买卖股票，其权利难以受到法律的保护。主要表现在以下三方面：一是根据有关政策规定，证券公司发生风险时个人债权由国家予以收购，但是严格要求名实相符；二是出借人可能会将登记在其证券账户下实际属于借用人的股票质押给银行等主体或者用作其他用途；三是出借人因个人债务涉及诉讼或者涉嫌刑事犯罪时，司法机关可能会冻结、拍卖或者变卖登记在出借人证券账户下的实际属于借用人的股票。

因此，要特别提醒投资者，不要借用他人、更不要借给他人自己的身份证开立账户买卖股票，以避免不必要的法律风险。

2. 借钱炒股要谨慎

受股市赚钱效应的吸引，一些投资者通过借高利贷、抵押或者典当贷款等方式融资炒股，而融资炒股同样存在巨大的法律风险。

首先，一些投资者不惜借高利贷炒股，有些贷款利息高得离谱，有的年息甚至超过了40%。这种借贷不受法律保护，一旦一方违约，就会引发诉讼。此外，部分高利贷放贷者可能涉及“黑社会”，借贷者未及时还贷可能还有人身安全之忧。

其次，一些投资者将自己的房产抵押贷款入市，这种做法首先就为政策所不允许，银监会发布的《关于进一步防范银行业金融机构与证券公司业务往来相关风险的通知》规定，禁止信贷资金被挪用入市。如果无法还款，投资者将不得不面对抵押房产被拍卖而流离失所的窘境。

还有一些投资者通过向亲朋好友集资进入股市，一旦集资炒股亏损，无法兑现当初的承诺，可能引发法律诉讼，使亲戚朋友反目成仇。倘若涉及面广、金额大，达到一定程度则有可能演变成非法集资犯罪，进而受到法律的制裁。因此，投资者应该根据自己的财力合理决定投资金额，千万不可以赌博的心态入市，更不要融资或以不法手段筹集资金入市。

3. 不要轻信“软件荐股”

那些以销售“荐股软件”为名、从事非法咨询活动机构的基本做法是：以开发专业证券资讯产品为名，通过报纸、电台、网站、现场营销等方式，销售荐股软件。他们宣传其软件超越一般的股票软件，具有自动选股、测算买卖点等特殊功能。股民只要按照操盘线指示，每天按软件荐股给出的买入卖出等信号，就能轻松炒股，包赚不赔。其实软件仅属于工具，仅根据经验编制，特别需要使用人的理念技巧等诸多因素的综合。任何保证包赚不赔的荐股软件，都有夸大成分，请投资者一定要提高警惕。

4. 谨防海外非法基金传销式诈骗

随着国内基金投资财富效应的持续升温，有一些不法分子和不法机构在互联网上设立网站，向投资者兜售子虚乌有的海外基金，这些不法分子和不法机构以高额回报、下线返利等方式蛊惑人心，当资金累积到一定程度后，犯罪嫌疑人即关闭网站，卷钱逃之夭夭。

目前，中国证监会从没有批准过任何境外基金在中国销售，对于类似××共同基金这种所谓的境外基金一旦出了问题，将不受《证券法》保护，投资者也很难得到资金安全保证。

（四）我的风险防范原则和技巧

1. 股市中控制风险的准备

股票和风险是龙凤胎，总是相伴而行。股市是无数行为集合而成的综合动态市场，随时都有暗礁险滩，变幻莫测，别说一个普通股民，机构有专业的研究部门，一样也不能准确无误地预测行情。何况，为了利益的博弈，会有许多烟幕弹来迷惑市场，其中有专家评点、媒体昧心吹捧，还有主力、机构大资金联手的陷阱。因此行情分析不能不听，但得分析着听；股市预报，不能不信，要怀疑地信。

我发现很多投资者不明白股市中风险的特性，股价上涨是风险积聚的过程，股价下跌是风险释放的过程，所以，看见急涨要把握机会卖出，看见急跌要敢于买进。可很多新股民恰恰把方向弄反了，看见股价急涨的时候将风险意识扔到脑后，匆忙追涨；看见急跌了，赶紧清仓卖出，结果总是高买低卖，来回几次后心态就非常糟糕，酿成大亏的不在少数。所以，炒股要正确认识风险的特性，要敢于在急涨时卖出，急跌时买进，顺应风险的规律，把握操作的节奏。要重视风险，但不要惧怕风险。

牛市，就是在一个机会远远多于风险、上涨远远多于下跌的市场行情中。这时候我们要有风险意识，但不能让这种风险意识影响到投资行为。没有永远只涨不跌的股市，股市一定会见顶回落的，但我们不是股神，我们不可能去预测顶在什么地方，等到顶部出现迹象时再卖出也不迟。就算是有数千万资金的大户，要想止损卖出也不过是60秒钟的事情。关键是在行情见顶的时候要勇于及时斩仓，入袋为安，即使亏损也要咬牙止损果断退出，这样就不必过于担忧牛市见顶的风险了。这种投资方法对于有经验的老手来说，当然不成问题，但是对于市场中人数众多的新股民来说，就不容易掌握了，他们对趋势的变化往往不敏感，一旦被套，一般不愿意果断止损。所以，我认为新股民还是要采取些稳妥的投资方法，比如要估算风险收益比率，当个股的投资风险远远大于预期收益时，就不要再盲目投资了；当股指处于高位震荡的时候就应减少股票仓位；对于自己看好的股票，不要限定自己必须达到某种盈利目标，而是要根据市场情况随机应变。

牛市里多数股民都是赚钱的，但是等牛市结束时，总有些股民要为牛市的上涨埋单。总结股民亏损的原因，我认为有这么几条：一是贪，二是慌，三是急躁，四是后悔，五是遇错不能及时纠正，在拖延中错过卖出的时机。其实，无论是新股民，还是老股民，如果能克服这五种投资中的人性弱点的话，自然能防范市场的风险。

当然，从心理上控制风险很重要，但从操作上控制风险却更重要。现在有很多股民是在满仓操作，将某只股票获利抛出以后，立即买进其他的股票，手中的资金根本闲不住，股票账户中始终都是各种各样的股票。这样的话，一旦遇见大盘调整或个股波动，将面临较大风险。

股市的风险时刻存在，无论处于任何阶段的股市，都需要具有风险意识，并且有控制风险的技巧和准备。总结一下，在投资投机操作过程中，散户必须需要从以下几方面控制风险：

（1）从思路上控制风险。投资者之所以容易出现失误，往往是因为对行情的演化缺乏清晰的认识。由于股市本身就存在大量的不确定性因素，如果投资者在对后市行情发展方向缺乏必要认识的前提下贸然介入个股中，往往会招致较大的风险。因此，保持清晰的投资思路是控制风险和获取利润的必要途径。

（2）从操作上控制风险。在某只股票获利抛出后或者止损以后，需要学会适当等待。很多股民今天刚一抛出，明天就买入，永远持有股票，这样的操作在行情向好时固然可以盈利，但在不稳定的行情中将面临较大风险。此外，有的投资者盲目跟风，追涨杀跌也是造成损失的一个重要原因。

（2）从仓位上控制风险。仓位越重的投资者，收益可能很大，但冒的风险也越大。一旦行情出现新的变化，大盘如果选择向下时，重仓者将面临严重损失。2007年10月，连许多机构和基金都陷入了重仓被套的局面。因此，投资者要根据行情的变化决定仓位，在趋势向好时，可以重仓；在行情不稳定时，投资者要适当减轻仓位，持有少量的股票进行灵活操作。

（4）从持股上控制风险。投资者持有的股票品种要分成两部分：一部分是用于短线操作的激进型投资品种；另一部分是用于中长线投资的稳健型投资品种。在持股的种类方面，要减少持股的种类数，持有股票种类数多的话，在实际操作中往往会顾此失彼，特别是在行情突变时，难以及时应变。减少持股的种类数，可以提高快速应变能力，从而抵御风险。我建议10万以下的中小投资者，持股不要超过三四个，就像养鸡鸭，多了照顾不过来。

（5）从策略上控制风险。控制风险的最有效策略是止赢和止损。一旦投资者发现股指出现明显破位、技术指标构筑顶部或者自己的持股利润在大幅减少，甚至已经出现亏损时，就需要采取必要的保护性策略。通过及时止盈来保住盈利成果，通过及时止损来防止损失的进一步扩大。

（6）从心理上控制风险。在股市投资过程中，投资者的心理也是引发操作失误的主要原因之一。给投资者造成严重损失的不仅仅是行情的不确定性，更重要的是心理的不稳定。行情不稳定时，需要保持稳定的心态，不能过于急躁；行情低迷的时期，需要克服悲观心理；而在行情极度火爆的时候，更要保持冷静的心理。

2. 股市中控制风险要遵循的原则

在市场整体趋势向好之际，投资者不能过于盲目乐观，更不能忘记了风险的存在而随意追高。股市风险不仅仅存在于熊市，牛市和平衡市中也一样有风险。如果不注意规避股市中隐藏的风险，就会很容易亏损，在市场整体趋势向好之际亏损更容易产生。因此，在股市中控制风险首先要遵循的原则是：**犹如安全行车，一停，二看，三通过**。一停：停止盲目的、无计划的买卖操作，有获利的筹码要及时兑现利润，深度套牢的股票也不要急忙割肉；二看：就是了解股市中的各种情况，仔细研判行情的未来发展趋势，研判个股的运行规律，认真地选好股票，等待趋势的彻底转强；三通过：当市场整体趋势重新转暖，个股成功有效地突破阻力位后，当投资者对市场的研判符合股市客观运行态势时，可以根据当时情况，逐步加重仓位。

掌握和控制股市风险的具体做法如下：

（1）树立止损意识。有些投资者认为，止损是熊市的策略，牛市和平衡市不需要止损，这是不正确的。其实，在任何市场环境中，当个股出现见顶迹象，或者持有的是非市场主流品种以及逆势下跌的股票都需要止损。特别是在基本面等市场环境出现重大变化或对行情的研判出现重大失误时，更要拿出壮士断腕的决心。

（2）调整持仓比例。在股市中要根据市场的变化及时对持仓比例做适当调整，特别是一些仓位较重甚至是满仓的投资者，要把握住大盘短线快速冲高的机会，将部分获利丰厚的个股适当清仓卖出。保留一定存量的后备资金，以应对股市中不确定因素。

（3）优化投资组合。在当前股市中，投资者要通过不断调整仓位结构，留强汰弱的优化投资组合，不仅可以在未来行情中获取理想的投资收益，还能有效回避股市下跌带来的风险。

不要将所有的鸡蛋放在一个篮子里。当大盘止跌企稳，并出现趋势转好迹象时，对于战略性建仓或铲底型的买入操作，可以适当分散投资，分别在若干个未来最有可能演化成热点的板块中选股买入，这是控制股市中非系统性风险的重要方法。

3. 新股民如何判断风险

在一个急剧升温的市场里，人们很快就忘记了熊市带来的创痛，而对于新股民而言，根本就没有经历过熊市，在他们眼里，只要能够开户存钱买股票，似乎就有越来越多的钱会飞到自己口袋里。在这样的市场里，我们怎样去预判泡沫来临前的风险，又怎样去规避呢？以下几个判断或将有助于新股民把握市场的风险。

判断之一 政策提示。组合式利空终究要显现调控作用。比如，政策调控的利空消息不断出台，有关部门领导纷纷出来讲话，证监会特别反复强调要加强投资者教育，就是明显提示信号。但是，一个过热的市场降温总是有一个过程，比如2007年出台了3次风险教育，市场置之不理，直到最后出台印花税这种强硬的措施才将大盘上涨的势头打住。等到许多的利空组合出台后，才能将“疯牛病”治愈。

判断之二 是否具备持续上涨的动力。在2005年这轮牛市初期，个股的市盈率等水平明显偏低，又有股改等利好出现，使个股具备了价值重估的基础。但是，2007年的股票价格透支了2008年的业绩、股票失去了估值基础之后，其上涨只能是“搏傻”，是资金在玩击鼓传花的游戏，风险必然很快积聚。

判断之三 开户数。据中国证券登记结算公司的数据显示，截至2007年11月，包括A股、B股和封闭式基金在内的个人开户数量已经突破13000万户。如果按我国13亿人口数量计算，现在每100个人中就有10

个人投入股市。新股民入市炒股促进大盘回调。但是，经历过 1996 年和 2001 年牛市的老股民很清楚，在这两个牛市的后期，都出现了新股民入市炒股的盛况，看门的老大爷和卖茶叶蛋的老大妈都在赚钱了，这种比喻很通俗地形容了股市最引人入市时的情形。不幸的是，在接下来的不久，股市都迎来了绵绵下跌的空头行情。通过历史走势分析，新股民入市炒股现象被称为“羊群效应”，引发股市下跌至少是有较大概率的事情。

第二部分

20 年投资真经奉献

赢家必是四统一：一会看趋势，二会认识解读个股（投机、投资），三会寻热点，四会抄底逃顶。

股市是永远没有毕业的大学。

进入证券市场二十年，我感慨太多。别人只看到我吃肉，没看到我吃苦。天下没有免费的午餐，今天的收获都是用自己的惨痛教训换来的。我和广大散户投资者一样，没有组织，没有为哪个机构讲话的义务，我觉得机构、基金做的都是别人的钱，而小投资者都是自己血汗钱，来之不易，要学会让它生财，才能一起分享中国经济发展的成果。所以，我愿意将我的体会告诉大家，我对来请教的股民说，我现在的工作之一，就是为散户站岗放哨。

尽管我没有高深的理论，但根据这些年的实战，我最深的体会有以下几点：

第一，首先要牢牢盯住国内外经济发展大势，国家每年的中心任务、中央的宏观政策、资金投入力度、对外交往方向等，这些都会对投资市场产生重要影响，这比任何基本分析都重要。如，从2002年以来，我们一直实行的收紧银根政策，到2007年10月，连续多次宣布提高准备金率，达到前所未有的从紧的货币政策，我就将手中的大部分股票脱手，因为这种政策预示着投资

市场的冬天必将马上来临，必然是市场头部形成的重要政策标志。2008年9月开始，政府开始陆续放松银根，最近，又拿出4万亿拉动内需，虽说市场的恢复就像久病的患者，但毕竟有了回春的底气。所以，我讲底部区域已经来临，投资价值显现。

第二，要踏下心来学习基本的金融知识。这就像战士必须有好武器一个道理。凭着我的水平，可以掌握到今天的投资技能，相信大多数人也可以做得到。磨刀不误砍柴工嘛。糊里糊涂赚钱的人，一定会糊里糊涂地赔回去。

第三，练就一个好心态。股市最能检验人性了。“人人绝望我贪婪，人人疯狂我恐惧”，也是说需要一种定力，才能够做到抄底早一步不如晚一步，逃顶晚一步不如早一步。把最后一点利润留给别人，也就把最大的风险留给了别人。我叫它“吃鱼不吃头尾，只吃中段”。

第四，不仅要止损，更要止盈。

第五，赚钱后最好把本金撤出，这样就可以算总账，不算细账，能及时止损不心痛。比如2006—2007年中不少人都曾买过几只股票，其中大多数都是挣钱的，最后一只亏了，但一算总账还是盈利的，熊市一来赶快斩仓撤离保全了大部分胜利果实。

第三章

股市赚钱的三种方向

一、相对稳妥的：股本扩张

（一）什么是股本

与其他公司相比较，上市公司最显著的特点就是将公司的全部资本划分为等额股份，并通过发行股票的方式来筹集资本。股东以其所认购股份对公司承担有限责任。股份是很重要的指标。股票的面值与股份总数的乘积为股本，股本应等于公司的注册资本，所以，股本也是很重要的指标。为了直观地反映这一指标，在会计核算上，股份公司应设置“股本”科目。公司的股本应在核定的股本总额范围内发行股票取得。但值得注意的是，公司发行股票取得的收入与股本总额往往不一致。公司发行股票取得的收入大于股本总额的，称为溢价发行；小于股本总额的，称为折价发行；等于股本总额的，为面值发行。我国不允许公司折价发行股票。在采用溢价发行股票的情况下，公司应将相当于股票面值的部分记入“股本”科目，其余部分在扣除发行手续费、佣金等发行费用后记入“资本公积”科目。

我讲这些的目的是投资人应该对股份公司的基本财务数据和原理有了

解。这对判定一只股票的发展、盈利能力至关重要。

（二）股本扩张

股本扩张即通过发行股票的方式使筹集资本额增加。股本扩张伴随着一年一度的业绩浪而永远成为股市的热点之一。由此而产生的“配股概念”“转增股本概念”“填权板块”，甚至还有“弃股概念”也成了股市上常做常新的炒作题材。1992年年底和1993年年初，沪深股市借分红配股而走出了充分的填权行情；1996年新股、次新股，又因公积金转增股本而成为大热点。2007年高比例送股也成了一道亮丽的风景线！沪深股市中曾有“陆家嘴”“深发展”“外高桥”等绩优股连年高额送股，而有了被热烈追捧、多次填权的风景；也有如“深宝安”“二纺机”大量配股圈钱，股价竟跌破配股价的事件。增资配股给上市公司带来的是股本扩张、增加资本金的好处，带给股民的却有盈利也有亏损。

所谓“股本扩张”包括送红股、公积金转增股本及现金配股三种方式。

送红股和转增股本是上市公司将留存收益或资本公积金转作股本，发行的新股票按比例分配给股东，这样可以使股东的持股数目增加，降低投资成本，同时公司资本总额相应增大，实力加强。送红股和转增股本可以增加公司的股本，相应降低股东的投资成本，利于活跃交易。就股东而言，可以免费得到股票，用投资的观点来看，是投资收益。送股及转增股本也会产生负面效应，主要是一些业绩差的股票，股本稀释后，股票数量增多了，每股获利却也大为减少，甚至总获利不增反减，股东只能空欢喜罢了。

配股是发行公司对老股东按一定比例和价格（低于市价）配售发行股票的行为。由于是按股东原持有股数比例平等分配，这样可以维护股东在公司的原有地位，使其按比例保持对公司的控制权。企业经营状况好，规模不断扩大，必然需要更多的资金用于对新项目的投资。通过配股增资，公司的股本自然不断增加，资金不断增多，有利于公司的发展壮大。

对不成熟的股票市场而言，以前每年大量的送配股，使市场扩容加速，容易导致二级市场失血过多，对股市的长远发展不利。为此，中国证监会公布的《关于上市公司送配股的暂行规定》对于上市公司向股东送配股做了明确的规定和限制。这些规定的颁布是对证券市场监管机制的进一步完善，有利于我国股市长远的健康发展。资本公积金转增股本是上市公司股本扩张方式之一。

（三）资本公积金

资本公积金大致包括以下几类：（1）溢价收入。公司发行新股时，凡超过票面认购的部分为溢价收入。例如某股票面值5元，而以10元发行时，每股便有5元的增资溢价收入；（2）处分资产。出售公司资产如土地、厂房、机器等而得到的资金；（3）资产重估增资。老公司对早年购置的资产如土地、房产等进行重估，增值的部分可列入公积金；（4）购并收入。也就是合并公司所得的资产总额，减去它的负债和并购价款，剩下的余额；（5）受领赠予。接受他人的赠予。这种情况极少。

从以上分析可知，资本公积金的内涵里，包括了一些有名无实的账面收入，例如，土地的资产重估不同于实地可得现金价款，公司实际上并没有现金收入，只是账面上公积金的增加。

（四）增资配股

增资配股是上市公司进行股本扩张的一个手段，并成为短线客炒作的一个重要题材。投资者面对增资配股和由此而发动的行情，应注意以下几点：

第一，一些经营业绩好的公司，每次经送配股以后，股本虽被稀释，但由于业绩增长迅速，不仅每股收益又回到送配前的水平，而且股价在除权后逐步走高，自动填权。如当年的“四川长虹”“陆家嘴”“深发展”等绩优股。对于这些股票，做中长线投资比参与短线炒作收益要大。有人曾计算过，投资1000元购买“深发展”，不顾及短期行情的变化，而是参加历年的分红派息，10 年后 1000 元的本金将有可能增到 10 万元。因此，对这类股票应树立长期投资的观念。

第二，业绩不好的公司进行送配股是圈钱行为，好比是往牛奶里掺水，牛奶被稀释，质量下降。对这类公司的送配股最好不要参与。道理很简单，在现实生活中，谁也不愿意将钱投向连年亏损、没有发展前景的公司。可是在股市中，有些投资者却愿意接受亏损公司的送配股。1994 年 2 月中国证监会公布了《关于上市公司送配股的暂行规定》，对上市公司向股东送配股做了明确规定和限制，管理层这一举措意在规范上市公司的行为，出台之即却被股民当作利空，从而引起股市的暴跌。股民对增资配股的错误认识导致目前上市公司多采取送配股和转增。2007 年开始的定向增发，曾被市场追捧，但不久跌破增发价值，值得市场深思。

能够真诚地为股东着想，给股民派发现金的企业屈指可数，少数的几家派息企业，现金红利与投资成本相比也差距甚远。投资者无法从企业得到正常回报，只好指望从二级市场炒作中寻求收入，于是市场投机情绪被一步步推高。因此正确认识增资配股，不仅有利于保护投资者自身利益，还有利于股市的稳定与长期的健康发展。

第三，增资配股会给股民带来短线机会，可适当参与，但要头脑冷静，速战速决，避免落入圈套。现在的配股认购方式大多是由证券公司在二级市场作为卖出方，原股东作为买方来认购，余下的配股额由券商包销。为了让配股能顺利发行，券商往往会大幅拉抬行情，使股价与增资股的溢价能差上一倍或更多，吸引投资者贪便宜认购。有的股票配股前没有什么表现，投机机会则会在除权后发生。因为券商不大可能参加这些上市公司的配股，由此，他们制造诸多有关增资配股的题材，就是为了将包销的配股额派发出去。例如苏宁电器 2004 年上市，上市价 29 元经过送转配，2007 年还权价达到 1300 元以上，增值 44 倍；申华控股 1990 年上市至今还权价达到 8700 元，增值 200 倍以上。这是典型的股本扩张增值的例子。

为什么我说目前到了基本可以投资的时期了呢？你想，1600点，已经到了无法跌下去的程度了，也就是铁底了。

选择优质股，等待公司成长，股本扩张是价值投资的主要方法。选股首先要看有生命力的企业，比如工商银行，虽然盘子大，但是花旗倒了它也不会倒，那是维系着中国命脉的许多企业和民生的金融机构；还要关注行业地位，比如资源类，那是经济发展的血液，虽然不一定像小盘股那样飞涨，但长期看来一定是收益颇丰的。我在2008年10月买进4万交通银行，因为我看到它半年税后利润是0.35元，现在银行处于降息通道，利息每年只有2%左右，而按交行现在的业绩状况，每年只拿分红就肯定比利息高；还有，国家的利好政策，对银行是受益的，如果不想长期持有，见高获利回吐也是一个办法。当然，我在买这些股时，做好至少要拿一年两年的准备。

二、牛熊都能赚钱的：中短线投资

（一）我的波段操作原则：不做没有价值的投机

在运用波段操作时必须要把握好波段行情的运行特征，具体来说要把握好波段行情元素：波轴、波势、波谷、波峰、波长、波幅；制订和实施波段操作的方案和计划。

波轴是指波段行情中多空相对平衡的位置，是波段操作的核心要素。以中轴线指标为衡量标准，当股价位于中轴线之下时，投资者可以予以关注；当股价接近波段行情下轨支撑线时可以择机买入；当股价位于中轴线之上时，投资者要保持观望；在股价接近波段行情上轨压力线时择机卖出。

波势是指波段行情的整体运行趋势和方向。多数情况下，波段行情的运行趋势是保持一定斜率的向上或向下运行，绝对水平的波段行情比较少见。当股价水平运行而且波幅极小时，往往是行情即将突破的前兆。此时，除非有相当的把握，否则尽量静观其变为好。波段操作中关键是要讲究顺势而为，要根据波段行情的不同运行方向，包括不同的运行斜率，分别采用不同的波段操作方法。如波段行情向上运行时，投资者要在基本不丢失筹码的前提下，进行波段操作；而在向下运行趋势的波段行情中，投资者应该以做空持币的方式波段操作。

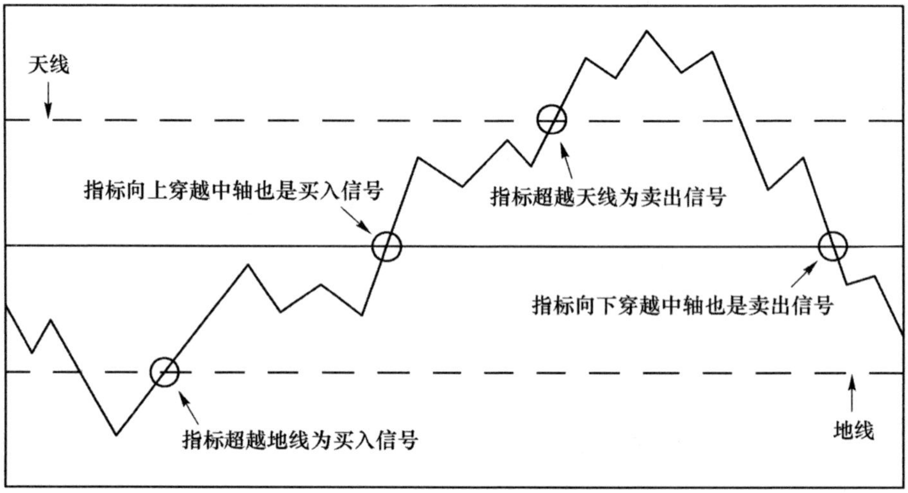

图 3-1 波段行情的运行趋势

波谷是指股价在波动过程中所达到的最大跌幅区域，波峰是指股价在波动过程中所达到的最大涨幅区域。波谷与波峰属于波段操作中的买卖进出区域，主要由以下一些条件组成：箱体运动的箱形顶部和底部位置；周布林线（BOLL）的上轨线和下轨线；趋势通道的上轨趋势线和下轨支撑线；成交密集区的边缘线；投资者事先制订的止盈或止损位；股价与轴线之间的平均偏离值的位置。

波长是指股价完成一轮完整的波段行情所需要的时间。股市中长线与短线孰优孰劣的争论由来已久，其实片面的采用长线还是短线投资方式，都是一种建立在主观意愿上，与实际脱节的投资方式。投资的长短应该以市场趋势为依据，随机决策，要让自己适应市场，而不能让市场来适应自己。

波幅是指股价在振动过程中偏离平衡位置的最大距离。由于交易成本的制约，波段操作必须要有一定的获利空间才可以进行，如果股价的上下波动幅度过小，投资者就不宜采用波段操作。要根据印花税和佣金调整水平考虑收益率，一般一次完整交易的费用不会超过 1%，但考虑实际操作中的正常误差，股价的波幅必须达到 30% ~ 50%以上时，才是波段操作的最佳环境。

（二）波段操作的技巧

波段操作是大盘处于震荡行情中时获取短线收益的最佳操作技巧，而且这种灵活应变的操作方式还可以有效回避市场风险、保存资金实力和培养市场感觉。一次完整的波段操作过程涉及买、卖和选股三个方面的投资要点。

1. 适宜波段操作的股票种类

比较适合波段操作的个股在筑底阶段会有不自然的放量现象，量能的有效放大显示出有增量资金在积极介入，因为散户的资金通常不会在基本面利空和技术面走坏的双重打击下蜂拥建仓的，所以这时的放量说明了有部分恐慌盘正在不计成本地出逃，而放量时股价保持不跌恰恰证明了有主流资金正在乘机建仓，因此，就可以推断出该股在未来行情中具有短线机会。

波段操作的买入时机

要观察筑底中心区域。反复震荡的筑底行情往往会自然形成某一中心区域，大盘将会围绕这一中心区反复盘旋，当指数上涨过急时，就会重新跌回中心区；当指数下跌过度时，也会反弹回来。根据这种特性，大盘下跌、远离其筑底中心区时，是积极买入个股的最佳时机。

波段操作的卖出时机

在大盘筑底过程中，会有多次脉冲式上涨行情，但真正的突破性上涨行情只有一次。识别上涨行情是否属于突破性质的最重要依据是股价波动幅度和成交量，当波动幅度和量能均不断收缩达到临界点时，所爆发的快速上涨行情，属于突破性上涨行情，这时投资者可适当追涨强势股。对于其他的脉冲式上涨行情，稳健的投资者或短线技巧不娴熟的投资者尽量不要参与，如果手中持有获利个股，可以趁机卖出。

就波段操作的成功率，我们来探讨两个问题：

一是就我们目前的认知水平，是否能够具备判断市场或者个股涨跌的能力？回答应该是否定的。如果有这样的天才存在，那么他的财富早就超越巴菲特了。这种假设的前提是如果什么波段都能做成的话，那么别人长期持有的收益是200%的利润，他波段持有的利润可能达到1000%，股市诱惑人的地方就在这里。我们拿出少部分资金随便买一些短线股票，其实只是减少遗憾，满足一下“别人赚了这只股票的钱，我也来分享一点”的心理。林园先生说过一个故事，他的一位朋友始终在8 ~ 10元之间来回做五粮液的波段，最后当他10元卖光再想做波段的时候，五粮液再也没有回过头。股票涨跌就是这样的，我们真不知道哪次波段能赚钱，而哪次波段会被优秀的股票抛弃？没人知道的，否则都是股神了。当然，做五粮液波段的那个人，前几次肯定是赚到钱了，但我想说的是，不要对自己要求太苛刻，谁都无法吃掉每个波段，每次股价转折的高低点，只有在事后才能知道。如果我们想明白了这些问题，在股市中心态就坦然多了。

第二个问题是我们赚钱是靠做市场价差，还是通过企业不断成长给我们带来丰厚回报？如果我们的目光整天盯着股价变动，每天计算自己的收益情况，那么，可以做很多企业股价的波段，要整天研判大盘趋势、热点状况、个股均线、指标情况甚至打听主力消息等等。这些人我们称之为“交易者”，他们的主要工作是为市场提供流动性和给营业部增加手续费收入，少部分也做得很出色，他们的收益主要是市场带来的，而不是企业带来的。说到底，交易者其实是在做市场，而不是做股票，市场好了，热点轮动起来了，股票就会不断出现波段，但在这种波段上，一只股票上涨50%他们可能只吃到10%。

1988年时，台湾的邱永汉来大陆，当时我在做短，他让我不要做，我说我们是中国特色的炒股。其实到1998年时，我算了一下，如果选好

股长期持有，到那时再还权，确实翻了 20 倍，还不用忙进忙出的。

（三）波段操作是散户投资者较好的盈利模式

职业投资人中，有很多是散户投资者，这些人最大的优势就是有大量的时间盯盘，可以频繁操作和波段操作。天天盯着盘面，就不可能安于做长线投资，看着每天股票的涨停跌停，而自己所持股票时而盈利、时而被套，必然会形成一种心理压力，一有机会便忍不住操作，采取高抛低吸的短线操作，实现资金的有效利用，企望实现利润最大化。如果能辅以波段持有也不失为较好的盈利模式，亦即波中有短。但据我所知，一般投资者在这样的操作中失误率相当高。我结合自己成功与失败的经验，认为简单的高抛低吸是失误的关键，有必要结合个股上涨过程中的相关阶段及相应时期的操作方式来进行，从而掌握出入时机，方能实现较大的盈利。

有很多书籍介绍了抄底抢反弹的办法，这里介绍一点本人的心得体会。**当股价在筑底寻底阶段时，成交量三日内逐日逐步呈不规则温和放量走势，不一定要持续连收阳线，而股价并未见大幅上扬时，可择机分批介入。**买入以后，如成交量进一步放大，同时股价上涨则继续持有，如意外放量而股价又下跌应及时止损出局。该阶段反弹开始后，预期最大收益只能定在放量下跌的点位与底部之间的百分之七十以下，反弹结束后应及时止赢止损离场。还有以 V 型反弹的形式出现的超跌反弹，很难从历史走势中预测到这类个股将要启动的痕迹，只能从主力操盘的突发外部因素和历史习惯来分析，而反弹高度一般都会超过前期下跌平台，给人一种有新行情的错误感觉。

由此可见，底部波段介入的机会，对于波段操作者来说，只有两种类型。一种是温和放量型。在温和放量的连续或间断拉升高度只有加速下跌的三分之二左右时，操作者应趁涨伺机获利出局，而后又将出现横盘或洗盘、回抽反复确认，如未及时离场，前期的获利可能丧失殆尽甚至套牢或亏损。另一种是 V 型反弹型。这种形态会连续放量拉升直至接近下跌平台上方，能抓住这样走势的股票，短期收益是相当可观的。当然这种形态是风险和收益相伴、非股市老手往往偷鸡不成蚀把米，且需有抑制贪婪的良好心态。

个股脱离底部进入了初升段后，短期均线如 5、15、30 日均线成多头排列，但 60、120、240 日均线仍在空头排列且在股价的上方，个股走势将进入一个时间不长的回抽确认和横盘整理，以折磨跟风者。一方面主力需要洗去浮筹，抬高他人持股成本，为以后拉升做准备。另一方面技术上也要求修复超买的指标，以利于中期趋势线的走平和接近，才有可能进入主升段、吸引看技术者跟风。

三、需要高超技巧的：骑黑马

所谓骑黑马指的是不能左右行情的非主力（也是一般的中小散户）以“四两拨千金”的巧力根据成交量盘面的资金流向，巧妙地介入主力大户炒作的股票，从而跟风获利的一种技巧。

在股市这样一个先有游戏后有规则的竞技场中，主要是主力与散户之间的斗智斗勇。除非在具有长线投资价值的股票上有双赢局面出现，否则只能是经济利益的转移，因为股市本身不会创造财富，这样必然形成主力与散户之间的利益争夺战。当然今天的主力非前些年的主力了，操作主体发生了很大变化。

结合股市行情的涨跌与盘整来分析一下主力与散户这对矛盾主体。主力即是我们通常所说的市场主力，他们手握巨额资金、占有技术精良和信息灵通之优势，对个股甚至多个股票的涨跌能起到主导作用，一旦联合起来甚至可以主导大盘走势。普通中小投资者，由于资金额小、信息不灵、技术较差或根本不懂，加上分布广泛，所以称为散户。散户的市场行为一般对大盘走势或个股的涨跌无影响，但一旦资金汇集、看法一致时，也会对股指起到重大影响。

（一）股市黑马如何找

黑马一般都是出奇获胜者。在股市中，要想骑黑马获利，必须得有庄家思维、慧眼和疾手。

股指大涨初期，主力往往在吸足筹码后为使股价迅速脱离成本区而照单全收，推动股价上涨；股市上涨初期到持续价升量增阶段，散户会一致看涨而汇集资金抢购筹码；一旦主力获利丰厚时，便开始了派发，为诱使散户继续跟风，主力往往散发各种真假难辨的利好消息，诱导散户高位买入以便顺利派发，此时利好消息满天飞，成交放巨量而股指涨幅跟不上，多次反复后，成交量开始萎缩而股价并未同步下跌。主力派发过程初步告捷。接下来主力为出完最后筹码不再维持股价，于是便开始了价跌量增的过程，这时散户已发觉情况不妙开始抛售股票，而高位惜售者便开始了漫长的套牢过程。股指进入漫长的盘整期后，由于大部分筹码已分散到散户手中，股价阴跌不止便是散户割肉抛售所致。股指盘整到低位后，由于多空双方人心不一，看多的散户经不起长时间的折磨，开始作空形成多杀多的局面，导致股指再次破位下跌，此时主力又开始在低位通过高抛低吸进行打压来收集筹码，形成一浪低于一浪的反弹盘跌走势，进行低位筹码由分散到集中的过程。

经过长期的阴跌、低位放量反弹后，主力完成大批低位吸筹的过程，股指便开始无量阴跌，这表明主力开始进行洗盘，多次反复后，股指会破位猛跌并伴随着满天飞的真假难辨的利空消息，使得长期持股信心不坚定的散户最后因恐惧而割肉出局，从而把套牢已久的股票抛在地价上。等到跌无可跌，无量难跌之时，又开始了突发性的持续放量拉升，即主力在吸够了最后的便宜货后拉抬股价迅速脱离成本区。

涨跌循环就是这样一个主力利用人性的弱点来不断打压吸货、拉高派发、误导众人的循环过程，那么作为散户如何去获取生存空间呢?

根据我的经验，在庄股拉升阶段或热点概念股的哄抢阶段，市场中一般会跑出黑马。黑马股的早期技术特征主要表现在以下几个方面：第一，图形形态。绝大多数的黑马股在起动之前都有一段较长的吸筹期，时间为1~4个月，甚至更长。第二，表现在K线形态上，就是较长时间的横盘。对于这种横盘，应把握：低位的横盘应在20度线附近，最好在20度线之下的一格左右徘徊。据统计，近年来的十几只飙升2~5倍的黑马股中，有70%是在20度线之下的一格左右横盘多日的。这表明做空的力量已经消耗殆尽，股价已经在超卖区基本站稳。

（二）黑马股露头的K线形状

黑马股在底部横盘时的K线形状往往具有鲜明的特点，不仅排列得十分紧密、整齐；而且呈现出一种碎粒状的样子，也被称为小阴小阳。其实，小阴小阳的情况相当常见，区别在于：黑马股的小豆排列一是位置低，与其他股的中高位横盘不一样；二是时间长。黑马股的小豆排列往往贯穿整个底部横盘时期，若在起动时采用小幅上涨的方式向上拉升，这种小阴小阳排列的情况将长期延续，甚至会伴随股价升至令人难以置信的程度。小阴小阳排列表明股价的振幅很小，主力不仅掌握了较多的筹码，而且有较强的控盘能力。因此，有经验的股民常说：不要慌不要忙，小阴小阳拉起再跟上。

（三）黑马股的量能表现

绝大多数的黑马股在底部横盘时期的成交量均会大幅萎缩，在成交量指标上会形成均量线长期拉平的情形，犹如用细线穿起了一串珍珠。但应注意，直接目击测量虽然有着直截了当的效果，却不如用技术指标来得精确可靠，因为有的个股会出现成交量大幅萎缩，但量能指标仍没有调整到位的现象。我在实战中采用“杨百万决策操作系统”，能较为准确地观察到黑马股在起动前量能调整到位的状况。例如，在2007年初时，许多股评人士均看好绩优蓝筹，并认为绩优股已下跌多时，一定会在近期内有一波行情。但市场偏偏开了个大玩笑——当时的绩优股毫无起色，反而是一批垃圾股揭竿而起涨幅可观。究其原因就是当时的绩优股没有调整到位，而一批垃圾股不但成交量萎缩，而且量能指标早已在底部匍匐多日，正所谓横过来多长、竖起来多高。其道理在于：任何主力想要制造出一匹黑马，就必须在底部握有相当的筹码。而量价指标 OBV 在底部横卧多时，恰恰是其吸筹的直接表现。细心的人可以发现：在 OBV 叠加图中，指标基本是形成一条横线的，而股价的波幅要大于 OBV。一般说来，当股价第二次（有时是第三次）碰触到在下面横盘的 OBV 指标时，这匹预备役的黑马将在很短的时间内奋蹄而起。

如何预见股价即将拉升买了就涨，是许多人梦寐以求的事情。其实对于操盘手来说，盘中预知股票将要拉升，并不是可想不可求的事情，而是通过长期看盘、操盘实践，可以达到或者部分达到的境界。其中一个重要方法，是**"结合技术形态研判量能变化"**，尤其是研判有无增量资金。

量价关系。一般说，量价关系，如同水与船的关系，水涨船高。因此，只要有增量资金，增量资金足够，并持续放大，则股价是可以拉升的。这里面的**重要预测公式和方法是：**

首先预测全天可能的成交量。公式是：（240 分钟 ÷ 前市 9:30 到看盘时为止的分钟数）× 已有成交量（成交股数）。

使用这个公式时又要注意：（1）往往时间越是靠前，离 9:30 越近，越是偏大于当天实际成交量。（2）一般采用前 15 分钟、30 分钟、45 分钟等三个时段的成交量，来预测全天的成交量。过早则失真，因为一般开盘不久成交偏大偏密集；过晚则失去了预测的意义。

其次，如果股价在形态上处于中低位，短线技术指标也处于中低位，则注意下列 6 个事项：（1）如果"当天量能盘中预测结果"明显大于昨天的量能，增量达到一倍以上，则出现增量资金的可能性较大；（2）"当天量能盘中预测结果"一般说来越大越好；（3）注意当天盘中可能的逢低回落，尤其是逢大盘急跌的时候介入；（4）如果股价离开阻力位较远，则可能当天涨幅较大；（5）如果该股不管大盘当天的盘中涨跌，都在该股股价的小幅波动中横盘，则一旦拉起的瞬间，果断介入。尤其是：如果盘中出现连续大买单的话，股价拉升的时机也就到了。通过研判量能、股价同股指波动之间的关系、连续性大买单等三种情况，一般是可以预知股票将要拉升的。

筹码分布状况。低位的横盘并不代表主力吸筹基本完成，若过早介入你的资金将被锁定相当长的一段时间，这在资金的全盘调度上是极不合算的。为此，可以密切关注流动筹码分布指标。一般说来，若低位的筹码呈现松散状态，表明整个局势处于横盘吸筹的初期，后面的路程还很漫长，不必急于介入。到了横盘后期，低位的筹码会在指标上形成极度压缩的情况。凡是压缩的越扁越长的，甚至形成了细线状的，更是佳选，因为此种品相不仅表明了横盘吸筹的基本完成，更表明了主力超强的实力与决心。据观察，近年的大黑马股，其低位的筹码压缩程度都是相当紧密的。我们看一下，2008 年底太行水泥、中国南车、东方雨虹等，前者的连续十几个涨停，从 7 月 5 日到 11 月 6 日，可以明显看出主力的拉升。

综合上述，即：股价处于中低位，量能明显放大，连续出现大买单的股票，有盘中拉升的机会。尤其是股价离开重阻力位远的，可能出现较大的短线机会。

如果股价处于阶段性的中高位，短线技术指标也处于中高位，尤其是股价离开前期高点等重阻力位不远的话，则注意：（1）量能明显放大，如果股价反而走低的话，则是盘中需要高度警惕的信号。不排除有大笔出货。这可以结合盘中有无大卖单研判。（2）股价高位放出大量乃至天量的话，则即使还有涨升，也是余波。吃鱼如果没有吃到鱼头和鱼身，鱼尾一定放弃不吃。毕竟鱼尾肉不多，刺多。

中国股市波动之剧烈投机性世界少有，当然在大起大落之间蕴藏无限机会。在这个瞬息万变的市场，形形色色的主力凭借巨大的资金实力，起着举足轻重的作用，跟踪主力是最现实、最有效的制胜法宝。

第四章

看趋势

不懂趋势就是“不懂四季”。农民不懂四季颗粒无收，人不懂人情冷暖四处碰壁，股民不懂牛熊趋势赚少赔多。许多股民认为股市是个赚钱的好地方，进入股市前没有必要的风险防范意识，殊不知股市自身的运行机制从根本上决定了在股市中亏钱是正常的，而赚钱的永远只能是少数人。因为对于一个阶段来说，股市中投资者的盈亏不过是全体参与者资金的重新分配而已，且由于每次交易投资者必须向国家交印花税及向券商交手续费，因而随着交易次数的增多，在没有外来资金加入的前提下，资金总额事实上总是在不断减少。

所以，就总体而言，股市不会生钱，只会亏钱，事实上个人投资者的盈亏差异就在于入市时的大势使然。

俗语说：“顺势者昌，逆势者亡。”在股市上则为看大势赚大钱；看小势赚小钱；看错势要赔钱。作为散户搏击股市的基本功就是要会识别趋势，作为个股也同样。

股市中有三大趋势：长期趋势、中期趋势及短期趋势，这三种趋势互相推移转变。市场趋势的移动犹如海水涨落，长期趋势是潮汐；中期趋势如同波浪；短期趋势则像波纹。

一、练就分析大势与判断走势的火眼金睛

（一）股市的长期趋势

从宏观的角度看股市的趋势，一般持续一年或多年的市道变化叫长期趋势。长期趋势可分为长期牛市和长期熊市，如果股市每一波上升的高点都比上一波高，而回落时的低点仍高于上一次的低点，其主导趋势是上升的，就称为“牛市”；如果股市每一波上升的高点都不能高于上一次的高点，而下跌时的低点却低于上一次的低点，其主导趋势是下跌的，就称为“熊市”。牛市有上涨也有回调，但上涨多于回调。上涨时称为多头市场，回调时称为空头市场。熊市亦有下跌和反弹，只不过下跌多于反弹，下跌是空头市场，反弹则为多头市场，这就像潮汐一样。

（二）股市的中期趋势

在长期的趋势中经常有些中期波动对主导性波动发生干扰，也称中期性调整或中期反弹。在牛市里会出现较大幅度的回落，大势的短期性趋势低点比上次的低点低，不过其长期性趋势未遭破坏，通常调整后又恢复其原来的上升趋势；在熊市里大势可能出现大幅度的回升，短期的高度较上次的高点高，不过仍不足以改变其长期向下的趋势。一般中期趋势持续几个星期乃至几个月，中期趋势是市场的一种适当校正，多数出现在过度购入和过度抛售之后，是一种正常的股价变动现象。

（三）股市的短期趋势

短期波动的时间一般只有 3 ～ 10 天，就短期波动本身而言无任何意义，不过无数次的短期波动形成了中期趋势。短期波动随机性很大，容易受到人为的操纵。如政策的刺激等会形成机构或个人的共同看点，引发短期波动。

股价的波动就是由上述三种趋势组成的，短期趋势组成一个中期趋势，再由几个中期趋势组成一个长期趋势。由长期上升转变为长期下跌，再由长期下跌反转为长期上升趋势，循环变动，永无休止。

从下面的上证综指周线组合图中很容易看清大势和入市的时机。

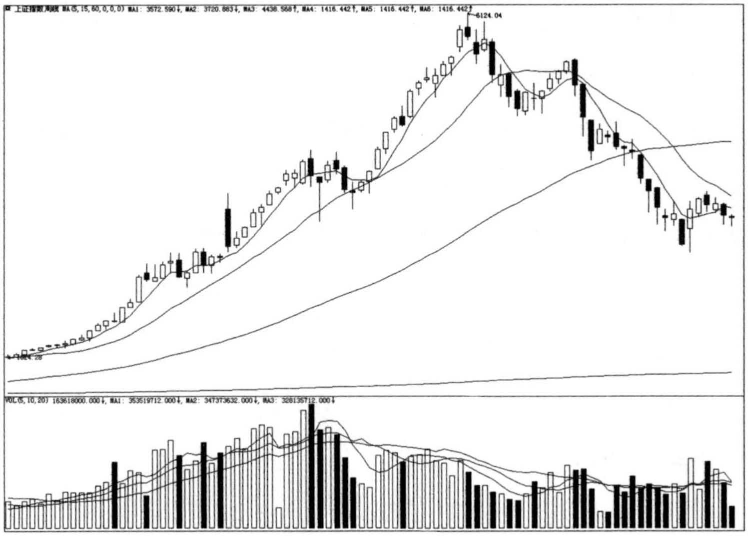

图 4-1　上证综指周线组合图

二、牛、熊市分析

根据牛、熊市不同的市场特征判断市场处于什么时期，并制定相应的投资决策是投资成功的基础。

（一）牛市“三期”

牛市的第一期一般是在最悲观的情况下出现的。这时候的投资者已经对市场心灰意冷，不计成本地抛售所持有的股票，这时候正是买进股票的良机。有远见的投资者通过对各种经济指标和形势的分析，预计市场正处于黎明前最黑暗的时候，情况即将发生变化，就像股谚所说：“行情在绝望中产生。”长期买家开始选择优质股限价买入，短期投机者往往选择跌无可跌的低价股。因此，市场的成交量虽然还处于低迷的状态，但成交量会不规则地略有放大。例如 2005 年 6 月开始许多股票已从盲目抛售者流到理性吸纳者手中，市场在回升的过程中也经常出现回落，但每一次的回落都比上一次的低点高，于是吸引新的投资者入场，整个市场开始活跃起来。

这时上市公司的经营业绩开始好转，会吸引投资者的注意，进一步刺激了投资者入市的兴趣，牛市也就进入了第二期。这时的市况明显好转，但熊市的惨跌使老投资者心有余悸，当股价升到某个水平时投资者常常会裹足不前，所以新入市投资者的盈利往往大于老投资者。但市场发展仍然是乐观的，大势的基调仍然是良好的，股指会出现一种非升非跌的局面，股价则在稍高水平反复上落。这段时间可能维持几个月甚至一年（2005 年 6 月至 8 月 30 日），其主要视上次熊市造成的心理打击而定。此时新入市的投资者有初生牛犊不怕虎的精神，有不怕套、套不怕的勇气，他们将会享受到牛市第三期的成果。

牛市第三期。经过一段时间的徘徊后，股市的成交量不断增加，越来越多的投资者进入市场，大势的每一次调整不是使投资者退出市场，而是吸引更多的投资者跟进，市场投资情绪高涨，充满乐观气氛，上市公司也趁机大举集资或大比例送股。在这一阶段的末期，市场投机气氛极浓，垃圾股、冷门股大幅度升值，一夜之间暴涨；而一些稳健的优质股相对缺乏吸引力。市场的成交量不断创出新高，往往放出这一波上扬后的历史巨量，疯狂的低价黑马股伴随着巨大的成交量飞涨，市场的投资人极度兴奋，证券公司的营业部常常挤得水泄不通。每周开户数不断上升，当这种情况达到极点时，市场会一下子崩溃，进入熊市，（例如 2001 年 7 月 1 日，2008 年 10 月 6000 点附近）。正如股谚所说："行情在快乐中死亡。"

（二）确定牛市卖点的四个特征

个股在每一阶段，在每一种技术分析工具里，都有非常明确的量化标准的。如果对这些量化标准没有准确的把握，只是凭简单而抽象的感觉，那就很可能犯一些似是而非的错误。比如在上涨的中期时，市场上也是一片看多，那是市场的做多合力，才能带动大盘向上走，这时候，如果反市场操作那就很可能卖得太早了。那怎么样才能准确把握卖点呢？我们用综合技术分析体系的四个要点来确定牛市中的卖点：

量能：个股从中期下跌后的最低点连续放量上涨，当成交量放到这一波上涨的最大而不能再放大时，随后再出现一根成交量比最大量要减小的背离上涨阳线时，就是卖点。

技术形态：个股以震荡上行的上升通道的方式向上运行，当个股突破上升通道上轨，出现加速上涨时，就是卖点；或者是处于上升浪中的第五浪时，就是卖点。

技术指标：个股在连续上涨的过程中，技术指标同步配合创新高，当个股再创新高，而技术指标不能同步创新高而出现背离时，就是卖点。

均线：当个股在 13 日均线支撑下，与 13 日均线同步上行一段后，突然出现加速上行偏离 13 日均线，当 13 日均线的正乖离达到 10% 以上时，就是卖点。

以上就是个股在量能、技术形态、技术指标、均线这四个技术分析工具中出现卖出信号的相对量化标准，以上信号同时出现的越多，卖出的信号越准确……以上信号提示的是以中期的卖点为主，在实盘中常有一些上升浪中的小调整浪，不会出现以上的中线卖出信号，只要进行短线的高抛低吸，不必进行中线减仓。

（三）熊市“三期”

熊市的第一期就是牛市的第三期末端，也叫牛尾熊头阶段。它出现在投资气氛最高涨的情况下，市场绝对乐观。投资者对后市的变化毫无戒心，利好消息频出，公司的业绩和盈利达到不正常的高峰，不少企业在这段时期内加速扩张，收购合并的消息频传。正当绝大多数的投资者沉迷于股市升势时，少数明智的投资者和个别投资大户已开始将资金逐步撤离或处于观望之中。因此市场的交投虽然十分炽热，但有逐步降温的迹象。2008 年 9 月，我已逐步撤出，得知一些私募经理也基本撤出了，而那时国内外专家、评论家还高唱着向 10000 点进军呢！熊市的第一期对投资者来说应该是最佳出货期，但大多数投资者往往不能意识到这一点，如果股价再攀升成交量不能同步跟上，大跌就可能出现。这时的成交量往往创历史之最，黑马狂奔引人贪欲。

熊市的第二期：这个阶段股票市场一有风吹草动就会触发“恐慌性”抛售。一方面市场上有太多的选择，想要买进的人反而退缩不前处于观望；另一方面更多的人急于抛售，股价急转直下。股价急跌对部分靠借入资金投资的人来说打击更大，他们往往因资金告紧而被迫抛售，于是股价越跌越急，一发不可收拾。

经过一轮疯狂的抛售和股价急泻以后，投资者会觉得跌势有点过分，因为上市公司以及经济环境的现状与股市相比，尚未达到如此悲惨的地步，于是股市行情出现一次较大的反弹，这一段中期性反弹可能维持数星期或者几个月，回升或反弹的幅度一般为整个下跌总幅度的 1/3 或 2/3。

熊市的第三期：经过一段时间的中期性反弹以后，经济形势和上市公司的前景趋于恶化，不利的消息接踵而来，对于投资者信心造成进一步打击。这时候，整个股票市场弥漫着悲观气氛，上市公司业绩倒退、财务困难，坏消息接二连三地公布。熊市第三期中股价持续下跌但跌势没有加剧，由于那些质量较差的股票已经在第一、第二期跌得差不多了，再跌的余地已经不大，而这时市场信心崩溃，下跌的股票集中在业绩一向良好的蓝筹股和优质股上，这一阶段正好与牛市第一阶段的初期吻合，有远见和理智的投资者在这时是最佳的选择和吸纳机会，此时购入的低价优质股待大势回升后就可以获得厚报。这时证券营业所门可罗雀，营业人员要比投资者多，成交量打了强心针也上不去。例如 1994 年 7 月 29 日成交量仅 2 亿，2005 年 7 月底成交量仅有 100 亿，2008 年四季度受金融危机重创的股市，多少政策利好才把信心一点点提升起来。一般来说，熊市经历的时间要比牛市短，一般总体时间只是牛市的 1/3~1/2。

（四）熊市买点的原则

熊市初期，或熊尾巴牛头期，是机构大户和公募基金、私募基金和有经验的老股民蠢蠢欲动、互相较劲的关键时刻，有把握的、有实力的早已在大盘底部变化初期提前布局，这些一般散户是不要去冒险的。我认为，如果政策面、技术面都显示出一定迹象，散户应该做好准备。比如，2008年9月的情况，指数已经跌无可跌了，政府不断出台支持经济发展的政策，那么股市一般是先经济而动的，我们虽然并不能判断到底这种支持和国际国内金融风暴后期的威胁持续多久，影响程度高低，但是对中国经济基本面的信心应该有的，为此没有经验的股民可以在这时介入几类股，一是指数类基金，如上证50、180等和社保基金加仓、重仓的股；二是去年最低迷时发行的业绩有支撑的股票，因为溢价少，不会像中石油那样价格飞到天上去；三是将手中股票逐步换成已经跌不下去的绩优股。这样等行情趋势明显时，就可以一步步跟上去了。

三、牛熊转换期的“一抱二换不撒手”和“三不一等”

望着绵绵阴跌的股市，无数被套牢股民的心又在与往年发出同样的感慨：年年岁岁股相似，岁岁年年套不同。同样的季节，同样的哀叹，难道引起股民深思的只有这些吗？导致股民年年被套的原因既有投资理念上的问题，也有投资方法上的欠缺。这些问题不解决，今后也许还要无休止地重复着同样的故事。这就要讲究操作策略、技巧和原则。

牛、熊市中有多头市场和空头市场，以及下面我们会谈到的股市的十个循环阶段。因为目前的市场是属于较高投机的市场，所以了解了股市的周期循环以后，操作的策略则成为制胜的基础，并且应当成为散户的操作法则。

多头市场的操作策略是“一抱二换不空仓”。也就是说在整个多头市场中不空仓。“一抱”就是始终持有股票（这还涉及个股选股的问题，第五章会专门讲到）。一般牛市的多头市场所有的股票都会涨，例如2006年第一季度到2007年5月所有的股票都有涨一倍的机会。“二换”是指把已经涨到滞涨的股票换成刚刚启动的股票，或按照个股的规律领先上涨的领先下跌，低价股先涨，高价股后涨，以求扩大盈利的空间（2006年、2007年入市的新股民盈利较好也即不自觉地执行了该策略）。“不空仓”也就是所谓的始终做多头，这时往往是不怕套、套不怕的股民挣大钱。

多头市场转入空头市场过程中，最重要的技巧就是用割皮肉（止损）来止损，而不是用补仓法来降低成本。由于补仓不可能补在阶段性的最低，也即转势前夕，实际上反而扩大了亏损面，到阶段性底部来临时往往已被套得浑身不能动弹，无力再补。

空头市场的操作策略便是远离股市观望及实行“三不一等”。远离股市观望是为了保卫多头市场的成果，或者有利于寻找空头市场里的牛股，以冷静等待阶段性的底部，这当然也需要抑制盲目的冲动。所谓“三不一等”即不参加无谓的盘整；不盲目测底抄底；不抢小反弹；等消息等政策。在大盘指数恐慌一次（K线图上连续拉长阴且越跌越急），或者国家和证券管理层发布了利好消息和政策时抄一次底，反弹放量以后抱着赚多少是多少的心态获利了结。目前被套得死死的散户，都是没有遵守这些投机市场里的铁的纪律。

要牢记三个原则。第一，矛盾原则；第二，事后确认原则；第三，变换（滑头）原则。

第一，矛盾原则。K线形态是最简单、最容易识别，也是最容易欺骗人的。市场达成共识容易，实现大众共振不易，只有当量、价、时同时满足才难以造假。第二，事后确认原则。底与顶任何形态的有效，都是事后才被确认的，事前只不过是一种可能。要赚钱只能相信市场才是永远正确的，随时准备向市场投降及时修正错误。要敢于承认错误，不要为面子、或舍不得蝇头小利而造成深度套牢。第三，滑头变换原则。形态在实际运用中有如行云流水变幻难定，往往要等消息或者政策出现，因此在耐心地等待中由于各种不确定因素太多会导致形态多变，看不懂时不参与操作。

把策略、技巧、原则作为自己股票投资与投机实践的准则，并身体力行，娴熟运用，失败便会远离自己。从2005年至今的周K线图上就不难领会上述含义，不经历多次熊市的股民是不成熟的股民即源于此。

四、根据市场特征选择入市的10个时机

明白了牛市、熊市各有多头、空头市场以后，不做死多头、死空头，做坚定的滑头才能在股市游刃有余，即多头市场入市，空头市场离场观望，趁恐惧做短线扩大盈利，所以必须掌握周期性波动以制定策略、技巧，确保盈利成功。

（一）低迷阶段

经过一段时间股票价格下跌以后，坏消息满天飞，投资者对远景悲观，没有耐心的投资者在连续亏损以后，纷纷抛出所持股票退出市场观望。绩差、绩平股大幅度下跌以后缩量原地踏步（大底部在熊市出现，绩优股最后一跌），成交量极度低迷（大底部大低迷），创历史或阶段新低，典型价格跌量极度萎缩。**一般来说，低迷阶段是具有实力的投资人经过理性分析后悄悄进货的好时期（这一时期盘整越久，表示市场的整理和股票的换手越是彻底，此时的成交价格也是最低），**例如2007年2月8日春节前和2008年行情下跌后的5月份出现的低迷。

（二）发动阶段

由于低迷阶段盘整已久，股价大多已跌到不合理的价位，在这时买进的人因为成本极低再跌有限，大多不愿轻易抛售，浮筹持有者也不再急于降价求售，因此这一阶段的成交量已呈现不规则的递增，亦即价略升、量略增（往往创出低迷阶段的最大量后回落）。这个阶段一般由新股（低迷阶段上市的）或绩平股中的低价股成为领头羊（价升量增），也是中期投资开始之时。

（三）反动阶段

也称为多头市场的回档期。机构大户由于未吸足筹码趁机滚动打压。由于市场低迷已久，中小投资人不适应市场的扭转，少数短线投机盘为差价抛售，但股价不创新低。成交量的典型特点是价跌量缩，成交额突然萎缩，大多数股价出现回软，但股价下跌到某一程度（价位）时有一种跌不下去的感觉，这一阶段是中小投资者趁机低位吸纳中长期投资品种的最佳机会。我们看一下2008年四季度许多个股都有这种表现，如中国银行、工商银行、建设银行等金融券商股。

（四）主升阶段

经过回档阶段以后，随着价升量增，股价开始全面上涨，各种有利的消息（利多小谣言）将股价持续拉高，投资者（以前低迷阶段割肉、切胳膊、锯大腿，包括发誓今后不入股市的人）蠢蠢欲动。今天的最高价往往是明天的最低价，量价关系呈价升量增，K线拉长红，股票价格在越抢越涨、越涨越抢的循环下，形成全面回涨（新股民开始入市），发行公司趁机大举增资配股，含权二线股大涨，新上市公司扩容增加。这一阶段是机构大户伺机出货（逐步派发）的好时机，精明的投资人（中小散户）冷眼旁观，绩优股开始补涨大幅上升。

（五）回档阶段（和主升阶段交织在一起）

由于股价相继被炒高，或题材释放，或捕风捉影，市场获利盘丰厚，发生利好出尽获利回吐（波段操作的投资者）的情况，股票价格与价值略有偏离，恶炒的（主力提前出货）股票已有部分股价下跌。但由于新股民蜂拥而入会重又托起股价（有时以盘整取代），这时题材满天飞，价跌量缩、量升价增，配合默契，黑马诱人，这一阶段虽还在主升阶段，但已逐步近尾声。这种踏浪是需要相当的技巧去捕捉的，否则只会翻船。我建议中小投资者以几只股细细观察，逐步熟悉了股性，再实际操作。

（六）末升阶段

在这一阶段交易异常活跃。新股民排队存款，涨幅较大的是投机股和冷门股，所谓的黑马频现，热门股或绩优股反而因升幅有限受到冷落。这一阶段成交量暴增（往往创历史成交量、成交手数之最），股价已升到不合理的价位，绩差、绩平股有提前下跌的趋势，再攀升指数已显困难（往往 K 线在高位阴阳相间或拉十字星），5 日均线走平或离盘中最低点震荡指数接近，K 线阳线可瞬间跌破 5 日均线，10 日均线接近 5 日均线。这个阶段短线炒卖风险极大，投机者犹如置身赌场，或赢或亏，透支者可能落得个倾家荡产，例如 1510 点、1422 点、1300 点、1210 点乃至 2005 年的 998 点、2007 年的 4788 点、6124 点无不如此。

（七）初跌阶段

由于多数股价已属偏高，少数庄股拉长阳飙升，以引诱新入市的贪心投资者。机构、法人、券商、大户大笔抛售，冷门股、撤庄股大幅度下跌是行情的主要特征之一；成交量比末升阶段有所萎缩，但仍维持高额成交是特征之二，是新股民（经验缺乏）与高位抛售后又贪心补回的人的套牢之日，是理性的投资者退场观望的最佳时段。

（八）主跌阶段

反弹阶段与主跌阶段交织在一起。这一时期大部分股票的价格越跌越惨，各种坏消息和谣言满天飞，成交量呈典型的价跌量增，绩差绩平股领跌大盘，庄股会逆势而上或盘整，绩优股体现抗跌性，新股一级收益率越来越少。狂炒新股以后，炒新越炒越套，市场一片悲观气氛，投资者信心动摇，成交量不断萎缩。

（九）反弹阶段

第一次反弹也称“逃命期”。由于成交量暴跌，市场发现跌幅过急，于是出现回稳和反弹。一些高价卖出低价吸入的投资者入市购买，加上其他投资人的跟进使股价略有上升，但是欲涨乏力，弹升未久再度滑跌，量价关系呈上升无量下跌放量的背离状态，少数投资者趁价格反弹机会将所持股票抛出以求“逃命”，主力股上涨迅速。抢反弹高手暴跌一次抢一次，获益匪浅，一般投资者不宜抢反弹，宜先割皮肉，不能逢低摊成本。

（十）末跌阶段

一般与低迷阶段连在一起。这一阶段股价跌幅已很大，亦有很多股票已跌破发行价及配股价，上市新股一级市场获利极微，是选择的好机会。一般投资者手中股票已抛空，除重度套牢的，这是有实力的机构（券商、社会大户）利用低位分批吸入的好时机。

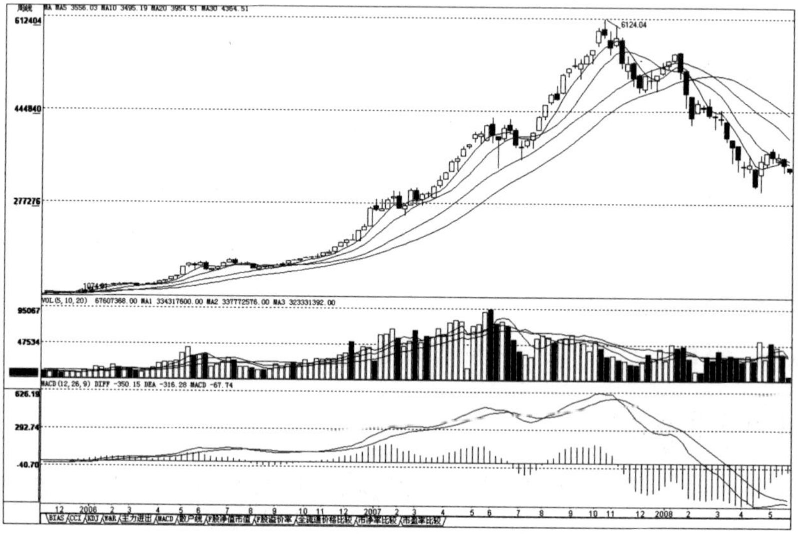

图 4-2　2007 年上证 MACD 周 K 线图

十个阶段犹如东、南、西、北，可大可小，可长可短，均能衡量，看 K 线图宜远看不能近看。了解和把握股市循环的一般周期及其不同阶段，有助于投资者根据股市所处的位置，采取相应的选股买入、抛出及长、中、短等策略的制定。例如 2007 年上证指数 MACD 周 K 线图，从图中很容易看到股市短线的十个阶段，配合 K 线的阴阳线很容易区分。

第五章

识个股

一、选股的要点

投资之前最重要的工作就是选股，选得好与选得差在于投资者平时的思维、看盘经验、心态、胆量和性格。

有些投资者看到某个板块开始上涨，他第一时间想的就是风险，控制风险的本意没错，但往往某个板块中涨得最多、最有力的个股就是近期这个板块的领头羊，风险反而较小。有的人却由于其涨得多了点而拒绝买入，失去了介入领头羊的机会。有的投资者偏爱介入同一板块中涨得较少的股票，但我发现，领头的个股一般会比跟涨的要多涨 20% ~30%，而且比跟涨的股票更稳定，如果出现调整，领头的股票下调 2%，跟涨的股票往往就会下调 4% ~7%。如果领头羊下调了 5%，那些跟涨的股票会连命都不要了似的向下杀。

在实际运用中，还要结合当时板块能否真正成强势来判断。该做长线还是短线？我认为长短线都可以做，但原则是要常赚而不是常亏，长线或短线只是一种选择，而不是赚亏的理由。

一般说来，如果大盘向好并伴有成交量的逐渐放大，均线又处于全面多头排列，特别是大盘股在放量，我们就可放长点时间，也可做它的波段，但这必须要有相当的看盘经验才行。

大盘走势不好还做长线，很有可能得不偿失，其实这时就该改做短线了，把自己的思维和资金全面转入战略性防御，而不是进攻。

大盘向好，表明多方强势，大盘向下运行表明空方气势汹汹。这时我们要进入战略守势收回资金，主动观察大盘动向，有短线机会时，我们就可派出小股资金短线出击，一旦攻势受阻，要立即撤回资金，再次总结教训，以备再战。

要做好短线，必须要具备智慧、勇气、战术技巧和应战经验，短线操作的最大要求是首先要学会保存实力。短线操作的真正目的不是不想赚大钱，而是为了不参与走势中不确定因素太多的调整。"走势中的不确定因素"就是一种无法把握的巨大风险，用短线操作的方法，可以尽量避开这种风险。

因此，只要一只股票的攻击力消失，无论它是否下跌，都必须离场，这是短线操作的原则。

二、我的选股原则

不少股民认为，牛股是自己选出来的，但我认为：牛股是等出来的，而不是选出来的。不可否认，选股的技术方法是必需的。比如，符合科学的交易理念、强者恒强的"马太效应"，就可以用来在横向选股中定义强势坐标；艾略特的波浪原理，其中的主升浪定律，就可以用来发展对三浪牛股的定义和选择。这些都是成熟而正确的交易哲学，在此原则上选股，可以事半功倍。但埋下头、沉下心做历史测试，数字化检测你的选股理念在历史状态中的表现，作出可行性的分析，总结完善系统，并满足期望收益，然后，一如既往地执行。这就是我个性化的选股理念。注意，不是基本面选股，也不是基于大势状态下的临时突发行为，而是长期的、恒久不变的一个系统选股，或者交易准备过程。但是，这个工作做完以后，更重要的是在交易中坚决的执行力，或者就是前面所讲过的“等待”。

做一个系统的分析选择如果需要三个月，以后的交易执行，可能是三年、三十年。建立自己的交易系统可以用几个月时间，但是执行完善这个系统，却要有十年的测试，没有听说不停地改变系统而能让交易行为持续规范的。选股方法和交易的关系也是如此，不断地改变方法，最后的结局会是什么呢？我认为一定是追涨杀跌，不赚股票又赔钱。

知道了这个道理，是不是交易反而变得简单了，就像“傻子”一样。问题就出在这里，没有人认为自己是“傻子”，都以为自己很聪明，会在突发的事态里做得更出色！要做一个交易场上的“傻子”，我想这一点，比开发一个技术层面的交易方法，会难上一百倍。你得停下来等待，你得不看、不听、不想，你仿佛就是一根木头，你常常要呆若木鸡……这是就定力。可是交易的世界就是这么奇妙，它把一个一个美丽的诱惑，其实是交易场上的魔鬼放到你的心里，占据你的心灵，然后你在它“聪明”的指使下，做着一个又一个看起来非常新鲜合理的交易，最后却是伤痕累累。朋友们，难道你们还没有看到这个自从有交易以来亘古不变的规律吗？

交易的游戏，就是针对人性的弱点设计的，只要是一个具备正常思维并执行这个意念而行动的人，就不可能在交易中获得最后的成功。

相比之下选股是相对简单的，而且可以放到历史规律的范畴中去总结和运用，它具备科学的认知属性，我想每个有一定市场经验的交易者都会或多或少拥有一些自己的成熟方法。接下来的事情，就要交给等待或不折不扣的执行去了。**控制了损失，利润不请自来。**

2007年5月20日，我早抛了被别人认为少赚百分之十的股票，但那是纪律，执行起来应该感到开心，而不是沮丧。在大盘相当美好，个股行情层出不穷的时候，我的提早兑现看起来是不是很笨？我是不是应该睡觉不香？没有。我知道任何一个方法的局限性，没有否认它的长期期望收益，而是让信心见证未来，毫不手软地继续它的规范。这样，2006 年以来我一共操作了 4 个轮次，其中一次盈利超过了 120%。我不能和那些在牛市里动辄五倍六倍利润的朋友比，但是当我知道自己的交易方法建立在熊市里规避风险的基础上，我不得不感到骄傲和充满了信心。

2008 年底，大盘进入底部区域，这时可以有几个原则选股：（1）被大资金、基金大有作为的股票，这可以从他们的三季报中分析出持仓成本，你进入比他们低，借力最舒服；（2）2007 年发的新股，是在低迷时发的处女股，价不高，抱住一定会有收益；（3）主力套牢股，明显看得出在上涨放巨量的，那是主力补仓，可以极早跟上。

沉下心，埋下头，做好自己的功课；识大体，知局限，履行成熟的交易。牛股是等出来的，是规避了熊股，不请自来的。

三、短线个股判别

短线投机必须是以股票为职业、天天泡在股市中的人才可行。

（一）短线好股票的特点

1. 买入量较小、卖出量特大，股价不下跌的股票

这种现象说明此股票处在主力收集后期或拉升初期，大量的卖盘是由主力为低价收集筹码而设置的上压盘，或是拉升初期涌出的短线浮筹；股价不下跌是由主力的隐性买盘造成的（主力在盘面上所显示的买卖盘通常是假的）。此类股票随时可能大幅度上涨而脱离主力的成本价，通常是大券商、大机构。他们有刘邦的耐心，犹如十圈不开和，一和夺江山。

2. 买入量、卖出量均较小，股价轻微上涨的股票

主力吃货完毕后，其主要任务是提高股价增加利润，而此时这种状态正是主力拉升股价的最好机会，投入小效果大。

3. 放量突破最高价的上档重要趋势线的股票

此举是典型的强庄行为，因为实力弱的主力和散户都是“小鸟”，想飞也飞不高。

4. 头天放巨量第二天仍然是强势上涨的股票

项羽式的信奉资金武力的大期货主力会这么干，对他们而言时间比资金效率更重要，而且闪电般的刺激，正所谓“江山易改，本性难移”。

5. 大盘横盘时微涨，大盘下行时却加强涨势的股票

此类情况是该股票主力较强，属于收集中期，成本价通常在最新低附近。大盘下跌正好给他们加快执行预定计划和显示实力的机会。部分老总级的操盘手很喜欢这么干，是一种大玩家的习性——“说你行你就行，不行也行”。

6. 遇个股利空放量而不下跌的股票

该跌不跌必有大涨。此类股票生米煮成熟饭，木已成舟，这是这类主力唯一的选择。

7. 有规律且长时间小幅上涨的股票

此类股票的主力有两类，一类是机构操盘手；另一类是操盘手无决定权，按他人计划指示办事，但股票走势通常是涨的，时间较长，而且在最后阶段都要放一根大阳线。

8. 无量大幅急跌的股票是超短线的好股票

这类股风险不大，却特征明显，买股票的最大乐趣就是买个最低价，等待套牢主力发红包。

9. 送红股除权后又涨的股票

此类股票的形象和股性都是非常漂亮的。

（二）短线坏股票的判断

（1）买入量巨大，卖出量较小，股价不上涨的股票

（2）买入量、卖出量均较小，股价不上涨的股票

（3）放量突破下档重要趋势线的股票

（4）头天放巨量下跌，第二天仍下跌的股票

（5）大盘上涨而个股不涨的股票

（6）遇个股利好且放量而不涨的股票

（7）流通盘大而成交量小的股票

（8）经常有异动而股价没有明显上涨的股票

（9）除权（送红股）后放量下跌的股票

四、概念股投机

这类投机纯粹以赚取差价为目的。该做法大多为次日或几日内见利即收手的短线交易。有的是于除息或除权前数日才短线买进，除息或除权后赚取填息、权。差价即予卖出，也属此类。投机方式操作大多顺势而为，低吸高抛，获利即卖出。在一高一低的起伏之间来回操作，只要操作正确的话，往往比求稳投资的收益高出许多。

投机操作虽然本轻利重，每次亏损也较少，但由于股市行情瞬息万变，有时见涨抢进，却不幸买到最高价；有时见跌卖出，却卖到最低价；有时抢进之后见跌即卖出，股价反而上涨；有的卖出之后见涨加倍补进，股价反而下跌，吃力不讨好，正反两面挨耳光。此外，频繁地进进出出，交易费用惊人，经常是得不偿失。如果以一个较长的时间段来比较投机盈亏结果，最后大多仍是以亏损收场，除非赚一票就走人。

投机者往往关注题材股。这些题材可供炒作者（所谓主力）借题发挥，可以引起市场大众跟风。例如，能源紧张了，一些替代性的生产酒精的、生产太阳能电池的工厂就成为炒作题材，称为新能源概念股；外资进入股市了，又出现了外资收购概念股；奥运申办成功了，立刻就出现了奥运概念股。总之，题材股往往是容易使人相信的话题，却大部分是庄股。

投资是一个很专业的工作。在成熟市场中，绝大部分居民在安排家庭资产分布时，除了留出必要的生活开支以外，其余主要用于购买基金，少量用于存款。但近年国内很多老百姓，受股市大潮吸引，盲目入市，根本不管公司的实际价值如何，会给你带来的是什么收益。事实上，2007年“5·30”之后的行情已实实在在给新入市者上了一堂很好的风险教育课。在大牛市中，几乎人人都能获利，因而有“搏傻”之说。我认为即使投机者对以下方式也要摒弃。

炒作“垃圾股”。虽然专家多次提醒股民不要炒作“垃圾股”投机，但只要股市存在，总会有人被吸引去炒“垃圾股”。特别是2007年以来，ST等绩差股沦为炒作工具，股价飙升，涨幅惊人，大幅超越大盘，先是“消灭”3元以下的股票，继而5元以下的股票日渐稀少，市场的平均股价达到11元以上。许多刚入市的股民，在ST股票的连续涨停中获利，而大盘蓝筹股却表现平平。这样的赚钱经历促使他们产生了一个很大的认识误区，特别是缺乏经验的新股民，更偏爱低价股，错误地认为低价股有更多上涨的机会，而忽略了其潜在的风险。此类股票的市盈率、换手率大多远高出市场平均水平，弥漫着浓厚的投机气氛。然而缺乏实质性的投资价值作支撑，“跃龙门”的低价股终究风险很大，在2007年年底大盘风云突变中，低价股一泻千里，中小股民根本没有出逃的机会。由于资金量和经验的限制，不少新股民投资于低价股和“垃圾股”，这正是当前股市的风险所在。

购买“消息股”。新股民所犯的最大错误之一就是听信于来自专家媒体、亲戚、朋友、同事等各种渠道的消息，要区分谣言和新闻是极端困难的。一个主力很常用的伎俩是先助涨然后下跌，是典型的拉高出货。内部消息发布者会在短时间内引诱中小股民购买某一低价垃圾股，由于很多人在同一时间内购买，股票价格开始被推动而上涨，也就是助涨。一段时间过后，股价上升到一个历史新高，在这个时候，消息发布者就会抛出自己持有的股票以获取巨额利润。股价随后开始下跌，跌至购买价之下，而此时留在股民手中的只是一堆不值钱的"垃圾股"。例如2007年年初的杭钢萧构事件，由于发布惊人利好消息，杭钢萧构连拉10个涨停，短时间内股价从4元迅猛蹿至10.75元，翻了2.7倍。而随后的停牌公告又让投资者惊呼陷入庄股陷阱。因此，当准备投资某只股票时，一定要检测几种基本数据，如资产回报率、市盈率、公司主营业务等，确定其有业绩支撑，再购买不迟。

五、资产注入股的时机把握

大集团下的小公司、关联交易占公司经营比例大、区域经济的发展等都是我们寻找资产注入概念的主要方向，而大非解禁则可以帮助我们从时点上去发现资产注入题材。大非减持很可能带动资产注入行情的发展，这意味着中长期内最具挖掘价值的主线依然是资产注入概念股。如何挖掘资产注入概念股，以下是几个方向：

（一）大集团下的小企业

大股东旗下是否拥有大量优质资产以及是否有强烈的注入意愿，是挖掘资产注入机会的关键。所以，如果自身规模较小，而母公司却拥有大量未上市资产的公司，具备较大资产注入潜力，这类个股往往具备长期的持续资产注入能力和大的成长空间。但是这种注入周期一般长短不一，要注意搜集信息，把握时机，以免过早占用资金。

（二）挖掘地域经济发展框架下的资产注入题材

在中央的"十一五"规划中，区域经济的发展（东北、中部、西部）是一个值得注意的重点，而区域经济发展必然会支持区域资本市场。资产注入无疑是推动资本市场和实体经济发展的强大动力。如在振兴东北战略下，东北上市公司就很可能迎来整合与资产注入的高峰期。此外，水泥、港口等存在地域半径限制的行业，往往成为地域经济发展中资产注入可能性最大的行业，相关上市公司值得重点关注。

从地域经济的发展中去寻找资产注入概念，往往更加符合国内的实际情况，符合行业政策发展的方向。行业发展必然会带动产业结构调整和资产重组。实际上，军工、零售、医药、钢铁、能源等行业在产业政策的推动下，都正在进行而且必将继续进行大规模的产业结构调整，这一点也是值得我们重视和关注的。

（三）大非解禁是把握资产注入时间的要诀

要注意的是，我们这里所指的是大非解禁而并非大非减持。大非解禁说明大股东可以开始减持上市公司股份了，但是并没有开始减持。这和实际上的减持所代表的情况可能有较大差距。为什么我们认为大非解禁是一个重要的参考因素呢？主要原因在于，大非解禁意味着大股东手中所握有的筹码开始流通，大股东开始进入到拉高股价以备日后高价减持阶段。也就是说，大非解禁一旦开始，意味着大股东开始具备通过注入资产来推高上市公司股价的利益动机。所以，在目前的情况下，大非解禁对上市公司是一个实际上的大利好而并非利空，也在一定程度上将成为上市公司资产注入的利益所在。从这点上来说，2007 年到 2008 年仍将是资产注入行情的主要发展阶段。

（四）关联交易规模大的公司

一般关联交易是出于调节上市公司利润目的，大股东通过关联公司从上市公司低买高卖，或者上市公司从大股东关联公司高买低卖，从而将利润直接向大股东或者大股东关联方进行转移。应该说，在上市公司业绩和股价对大股东利益影响并不明显的情况下，这很容易成为大股东及关联方利用不对称交易来剥夺上市公司收益的常见方法。但是由于大非流通，这一情况发生根本改变。上市公司的业绩增加和在此刺激下的股价上涨将直接给大股东带来丰厚的减持收益。所以，很多大股东极可能通过将关联交易的相关资产注入上市公司中，这既符合目前管理层完善上市公司治理结构的相关规定，也可以通过注入关联交易资产来达到增加上市公司收益，从而推升上市公司股价的目的。在这样的情况下，关联交易多的上市公司，存在较大资产结构改善和利润提升空间。大股东出于推高自身股价的目的，将关联交易资产注入到上市公司后，将极大地提高上市公司收益，从而推高其二级市场股价，值得跟踪关注。

六、从涨停股中选个股的技巧

涨停显示股价走势较强，特别是连续涨停的个股，短期可获取丰厚收益。但大涨之后往往也会大跌，因此，利用涨停股可以提高短线收益，当然高收益的同时伴随着高风险。通过对近两年涨停股的分析可发现，涨停股次日往往会顺势冲高，经统计涨停次日最高点平均涨幅为 3.92%，因此，如果短线介入涨停股后，次日平均收益也大大高于二级市场的收益率。

如何挑选涨停股呢？参与涨停股，应以短线为主，而且应选择低价、小盘股为主，这些个股一旦涨停，往往能形成持续的上升趋势，流通盘最好在 3000 万 ~ 8000 万股之间。中、大盘股涨停之后要继续拉升难度较大。

从介入的时机看，个股涨停时间离开盘越近则次日走势越佳，如果某只股票在收盘前涨停，其次日走势却不理想，也往往是介入时间。大部分个股涨停后在盘中总是有一次打开涨停板的机会，最佳介入时间应为再次封涨停的瞬间。

涨停股的买点，需要注意以下几点：

市场的强弱，在极强的市场中，尤其是每日都有几百只左右股票涨停的情况下，要大胆追涨停板。极弱的市场切不可追涨停板。涨停前的形态较佳，如上市数日小幅整理、某一日忽然跳空高开并涨停的新股；或是选股价长期在底部盘整，未出现大幅上涨的底部股；或是在整理末期显示逐步结束整理而涨停的强势股；有量能配合，盘中若发现有三位数以上的量向涨停板推进的，可立即追进。盘中及时观看涨幅排行榜，对接近涨停的股票翻看其现价格、前期走势及流通盘大小，以确定是否可以作为介入对象。当涨幅达 9% 以上时应做好买进准备，以防大单封涨停而买不到。追进的股票当日所放出的成交量不会太大，一般为前一日的 1 ~ 2 倍，可在当日开盘半小时之后简单算出。整个板块启动，要追先涨停的领头羊，在大牛市或极强市场中更是如此。一段行情低迷时期无涨停股，一旦强烈反弹或反转要追第一个涨停的，后市该股极可能就是领头羊，即使反弹也较其他个股力度大很多。

涨停股的卖出时机，要注意以下内容：

可在 5 日均线走平或转弯时即可抛出股票，或者 MACD 指标中红柱缩短或走平时则果断抛出。第二天 30 分钟左右又涨停的则再大胆持有，第二天不涨停，可在上升一段时间后，股价平台调整数日时抛出，也可第二天冲高抛出。追进后的股票如果三日不涨，则应抛出，以免延误战机或深度套牢。

七、挖掘公开信息中的黑马

对那些火爆的强势股，投资者大多望洋兴叹，不少投资者甚至有吃不着葡萄说葡萄酸的心理，认为这些强势股大多是掌握了内幕信息的资金推动的。在此并不排除随着牛市氛围的聚集，部分资金利用市场所不知的信息操纵股价的可能性，但就贵研铂业、泛海建设等当时出现的强势股来说，却是实实在在的白马股，其强势的背后有着公开资料的逻辑关系。比如泛海建设，从公开资料中可见，2006 年 12 月 9 日公司公告称，将收购泛海信华 35%股权，泛海信华地产项目已销售，预计可获 10 亿元的净利润，如此数据不难推断出泛海建设的业绩将因此而暴增，这可能也是该股持续涨停的原因。再如 2008 年政府出台 4 万亿支持基础建设投资决定，受益的工程建筑、水泥等板块是很易理解的，那从中去选黑马方向不是很清晰吗？

因此，投资者并不一定非需要内幕信息，从公开信息中就能寻找到黑马股，而且只需做到两点：一是一双慧眼，能够敏锐地从公开信息中寻找到对上市公司内在估值将产生实质影响的资料；二是投资耐心与自信，因为有时候这些资料并不为市场所认同，此时需要自信，更需要耐心，方能够成正果。而从实际操作来看，投资者往往具有慧眼，但却缺乏足够的自信与耐心，结果也与黑马股擦肩而过。

八、我的选股5法则

（一）大势研判法则

大盘是否处于上升周期，宏观经济政策、舆论导向有利于哪一个板块，该板块的代表性股票是哪几个，成交量是否明显大于其他板块，确定几个目标个股。收集目标个股的全部资料，包括公司地域、流通盘、经营动向、年报、中报、股东大会、董事会公告、市场评论以及其他相关报道。剔除流通盘太大、股性呆滞或经营中出现重大问题暂时又无重组希望的品种。

（二）中线地量法则

选择（10，20，30）均线经6个月稳定向上之个股，其间大盘下跌均表现抗跌，一般只短暂跌破30均线；OBV稳定向上不断创出新高；在大盘见底时地量出现，以8000万流通盘日成交10%～20%为标准；在地量出现当日收盘前10分钟逢低分批介入；短线以5%～10%为获利出局点；中线以30%以上为出货点；以10日均线为止损点。

（三）短线天量法则

选择近日底部放出天量之个股，日换手率连续大于5%～10%，跟踪观察。（5，10，20）均线出现多头排列。60分钟MACD高位死叉后缩量回调，15 分钟 OBV 稳定上升，股价在 20 分钟 MACD 之上走稳。在 60 分钟 MACD 再度金叉的第二个小时逢低分批进场。短线获利 5% 以上逢急拉派发。一旦大盘突变立即保本出局，以利再战。

（四）强势新股法则

选择基本面良好、具成长性、流通盘 60000 万以下新股观察。上市首日换手 70% 以上或当日大盘暴跌，次日跌势减缓立即收较大阳线，收复首日阴线三分之二以上。创新高买入或选择天量法则买点介入。获利 5%～10% 出局，止损点设为保本价。

（五）成交量法则

成交量有助于研判趋势何时反转：高位放量长阴线是顶部的迹象，而极度萎缩的成交量说明抛压已经消失，往往是底部的信号。

口诀：价稳量缩才是底

个股成交量持续超过量比 3 倍是主力活跃其中的明显标志。短线成交量大，股价具有良好弹性，可寻求短线交易机会。个股经放量拉升、横盘整理后无量上升，是主力筹码高度集中，控盘拉升的标志，此时成交极其稀少，是中线买入良机。如遇突发性高位巨量长阴线，情况不明，要立即出局，以防重大利空导致崩溃性下跌。

九、2009 年初可以考虑的三类股

我在 2008 年对媒体访谈中提到，当年是技巧年，年底和 2009 年初可以考虑的是三类对象：

（1）从基金三季报公布中可以看出哪些是他们重仓套牢的个股，我们选择质地好，进入价比他们成本低（事实证明没错，现在花 2007 年几分之一就可以买到的绩优股遍地都是）；

（2）2007 年秋后发行的新股，行情不好溢价少，现在水涨船高；

（3）券商在低迷时发行的处女股。

十、我绝对不碰的几类股

有几种股我自己决不碰，也建议股民不去冒险。

（1）带 *ST 类；

（2）靠传言炒作的个股，这是最容易被操纵的股，很多黑嘴靠这种坑人的方式把不明真相又糊涂敢干的散户拖进深水，为主力抬轿；

（3）概念股，当年的杭萧钢构就是例子。

第六章

盯主力

一、积累看盘识主力的硬功夫

很多人对主力感到既现实又神秘，现实的是主力总能在这个市场中赚到钱，跟着主力走赚钱就快；神秘的是总是把不准主力的脉，无论自己怎么操作，总是跟市场中主力反着，买进去行情就停止不前或干脆下跌，在外面等待吧，股价就不停地向上走。

我每次讲课，听众都很欢迎。讲完课，大家都恍然大悟一样地松了一口气。可是下次再打电话来，他又不明白，还是不会做。

2007 年 9 月 29 日我在广州就主力的话题讲了两个小时，最后我觉得还是没有讲透，时间可又无法延长了。后来我告诉大家，对于跟庄者最主要的是：**不能以散户的心态和思路理解主力，而是应通过盘面表现出的一些环节综合推理，并从主力思路的角度去判断。**

我经常听到有人这样说："我要是主力就再拉高一些"；"这么高了还得往上拉，不然怎么抛售？"等等。这些都是臆测。任何人都不可能对每一个主力的情况真正了如指掌，但作为一个职业选手，必须能从盘面的变化中看出内在力量的变化，眼光要有穿透力，这一点都不能吹牛。因为虽然主力做盘套路离不开吸货、震荡、拉升、出货几个阶段，但形式却千变万化，花样不断与时俱进。如果根据各种图形的固定形状判断主力的动向，失误率极高。

我讲课后常常有人拿着周六版的证券报，指着上面的图形问我是否有主力。我根本就没有一眼断庄的特技。有人曾写过一本有关战胜主力的书，影响很大。上面有些内容很符合当时实际情况，但环境越来越复杂，主力也随之而变，我们不能像背公式一样死抱着老套路不放，否则会屡屡上当。跟庄也是这样，首先要看透；其次要知道打提前量；再次要伺机而动。

有一种理论是随机理论，认为根据对过去的分析而预测未来，是一件费力而不讨好的事，有人甚至把随机找出的股票与一些证券分析师的股票组合加以比较，得出证券分析师的操作并不优秀的结论。是的，也许证券分析师比不了那些没有情感波动的随机组合，但以我的经验，一个股票老手要比一个刚入市的新手强很多的原因在于，有些经验确实十分管用。几轮大行情过后，老面孔少了一些，而新面孔减少得更多。所以，还是让我们从历史的轨迹中多吸取一些经验与教训，以便在未来合适的时候使用。

以我个人跟庄的理念，是一定要长期观察一只股票，发现它波动的每一个环节，并从环节中得出有用的结论。一只股票有没有主力在里面？这个主力在操作上有什么样的习惯和思路？目前这只股票正处于主力操作的哪一阶段？等等，这些都要从细致的观察中得出。这样的观察会对以后的操作起十分好的作用，心中有数，信心十足，不会因暂时的波动而心烦意乱，利润也容易有保障。

主力携大资金进入市场，目的只有一个，以较短的时间获取较大的收益，还要保证资金的安全。主力为什么能够屡屡达到目的呢？这是因为主力资金比较集中，虽然价格总是有买有卖，但一笔集中的资金往往会使价格按照一定目的波动，从而影响散户的心态，达到高抛低吸的目的。如果发现一只股票里有一股较集中的资金在运作可以作为跟庄的基础。要想观察到这个动作，必须时刻关注盘面变化。

识庄第一招。如果有人在借大跌势低位吃货，价位总是短暂下跌后就马上回升到一个相对的高位；在大盘下跌的时候，股票却逆势而涨，或者当环境不利时，却有明显护盘，这就是识庄第一招。这是一件非常容易做的事，也是一件需要耐心观察的事，困难在于你必须时时关注这只股票，而时刻关注一只股票是相当累人的事，而且这种做法本身就限制了你介入一只股票的速度和股票数目。没有人能够同时盯住所有的股票，所以必须有选择性地放弃。被放弃股票中也许会有好的表现，比如大众交通，当年我观察了两周，没有觉出有内在力量，把它排除到观察对象外的第三天，它却涨了 10%。但必须有所取舍，否则观察就会比较盲目，无法观察到主力吸货阶段的动作。

主力吸货手法一般比较隐蔽，即使有目的、有选择地观察，稍不留意也会放过去。这种选择一般可以按这样的顺序：一是符合近期热点或近期有成为热点的可能性；二是价格相对处于低位，处于一个相对平衡的状态；三是成交量比前期稍微有所放大，行情露出活跃迹象。

其实我每天关注的股票数目很少，大概只有 30 只以下。这其中当然会有淘汰和补充，但不是很频繁。我很少介入特别热的股票，投机性太强的股票风险也会倏然而至。集中精力和资金盯住几只股票，最大的好处是你可以非常清楚地观察到主力的吸筹阶段，对行情大致的演变情况做到心中有数。

识庄第二招。另有一种情况的逆势吸货，大跌以后，大盘行情人气不足，在这种情况下我观察的一只股票却止跌了，这是明显有资金护盘。当时盘中这股资金感到力量很强，但对它的性质却揣摸不透，因为这样的资金在这样的价位进来，肯定是要参与配股的，而配股行为会使资金在相当长的时间里失去机动灵活的性能，所以这股资金能在盘中驻留多久人们是有担心的。从后来的走势看，这股资金的性质是准备长期参与的。还有一种情况指一些盘中逆势行为。主力不一定只在吸货阶段利用逆势操作的手法，在其他一些没有特点的阶段也会出现逆势情况：能看出头部形态，上方压力越来越大、行情轨迹突然改变，其逆势动作出现后，仔细观察就能发现主力运行的痕迹。

盘中注意到主力的逆势吸货是非常重要的。这里所指的势并不一定非是大跌势，也有其他几种情况：股票年中、年终业绩不佳，或比预测的差得很远，股价下跌，但明显有支撑。或是股票配股，配股价与市场想象不配套，使散户失去投资信心。再有其他信息对个股不利，行情却表现出强劲走势。盘中常见的一种逆势吸货，在人们普遍恐慌的时候，却有一股资金，认为这是占便宜的大好时机，奋力护盘。

对于研究主力介入的股票来讲，任何情况下的逆势行情都是十分值得注意的。这种逆势时而是逆大盘的，时而是逆业绩的，时而是逆消息的，时而是逆心理的。散户不敢追，谁在追？心理的逆势是主力惯用的手法，无论是在吸货阶段、震荡阶段还是在出货阶段都经常见到，形式变化多样，但万变不离其宗，那就是逆散户心理。

通过长期的观察，还要尽可能熟悉主力的操盘手法。主力性格各异，操作手法也就会迥然不同。有的主力喜欢冒风险，大幅拉升；有的认真，靠技术赚得应有的利润，并能全身而退。有的主力手法比较符合规矩，该抬拉的地方抬拉，该回档的地方回档，能够走出节拍来。同时主力的手法是有个性的，有的发缓劲；有的发狠劲；有的温柔，有的刚猛。要是分清楚了，就算是知己知彼中的知彼了。

之所以观察出主力的吸货阶段这么重要，还有一个原因，就是主力拉升每一波的高度可以由此算出。

一般认为，主力拉升股价的高度会在高于成本价 20%左右。也就是说，用吸货阶段的价格乘以 1.2，得出的价格就是主力拉升第一目标。当然主力获利并没有 20%，因为有操作成本在里面。为什么是 20%呢？因为如果价格升幅过快过高，主力将面临由于追随者少而出货困难的风险。有钱谁都能把价格打高，问题是如何控制盘面，顺利获利了结。如果股价升幅令人难以接受，则散户会有恐惧，怕碰到高位反转，主力容易形成孤军奋战的局面。若低于20%，主力就白忙活了。用观察得到逆市吸货的成本，算出拉升的力度，就可以避免波动对心理的打击。瑞士军刀锋利，但绝没有人会用瑞士军刀去砍树，虽然瑞士军刀要比斧子快多了。操作股票也是这样，当我们有了投资与投机相结合的技术和艺术，有了长线与短线结合的技术，有了看出主力吸货的能力，并用这些作为我们获利之刀的锋刃的话，就还需要有一种技术作为获利之刀的刀背——耐心的技术。有些书上说，耐心是如何如何的重要，只要求人们去忍耐，去等待。而我认为，只是一味地忍耐是一件非常难以做到的事。“耐心”这个词是带有一定褒义的，可惜市场却两个方向都有。常见有人这样，一旦因过早出货而放过大好的挣钱机会，就急得直跺脚，怪自己没有耐心；而若是因为持仓太久而错过抛售的机会，就会怪自己过于心急，这都是因为心中无数。关键不是苦等，而是要清楚地了解等下去的意义和目标，不然即使一次苦等有了结果，下次依然是糊里糊涂。

为什么总是在不该等下去的时候等呢？有位朋友1997年7月把5万元钱全部投入到青岛啤酒上，价格7.10元，并决心做长线。正赶上我刚从青岛回来，劝他说：“它的市场很小，山东人喝的是趵突泉和北冰洋牌，很少喝青啤了，所以它的利润现在还看不到大起色。短线投机可以，但长线投资未必合算。”但这位老兄真有耐心，从1997年7月一直持到了1998年。虽然没有赔钱，但也没有赚钱，至少一年的利息全赔了进去。

二、如何看出主力洗盘还是出货

分清主力洗盘与出货是非常实用的功夫。这也就是我们常讲的，高手应有庄家或机构思维。主力洗盘时会千方百计动摇人们的信心，等到出货时又以最美好的前景来迷惑人们。

（一）洗盘的特点

1. 股价在主力打压下快速走低，但在下方获得支撑缓慢盘上；

2. 下跌时成交量无法放大，上升时成交量慢慢放大；

3. 股价始终维持在 10 日均线之上，即使跌破也并不引起大幅下跌，而是在均线下缩量盘稳，并迅速返回均线之上；

4. 盘面浮筹越来越少，成交量逆减；

5. 最终向上突破并放出大成交量，这表明洗盘完成新的升势开始；

6. 整个洗盘过程中几乎没有利好消息，偶尔有坏消息，一般人持怀疑态度。

（二）出货的信号

1. 股价在主力拉抬下快速走高之后缓缓盘下；

2. 上升时持续时间短，成交量并不是很大，有许多对倒盘，但下跌时伴随着大成交量；

3. 股价盘跌、均线走平，终于跌穿 10 日均线并以阴跌形式向下发展；

4. 盘面浮筹越来越多，成交量保持较高水平；

5. 最终盘局向下突破，但成交量不一定迅速放大，当阴跌走势表明主力基本出货完毕，由散户支撑必然阴跌；

6. 整个出货时期好消息不断，大部分盘整后还会创新高。

主力之所以屡屡成功，散户年年落入圈套，根本原因是由于人性的弱点，这些弱点正是主力依仗的最有力的武器——人性中的恐惧与贪婪。

（三）识破主力伪装的伎俩

回顾主力每一步，无不是依靠散户的弱点而成功的，用惨烈的下跌或漫长的横盘来击垮散户的心。在洗盘阶段用反复剧烈的振荡来不断折磨持股者的心；在拉升阶段是轻易赚钱的欲望促使无数人跟风追高，而主力出货的时候贪婪的人们总以为股价还会涨得更高，谁也不愿意抛售手中的股票。

恐惧使人们在最该买入的时候抛售；贪婪使人们在最该抛售的时候买入。唯有战胜贪婪与恐惧，做到常人做不到的事，才能在股票市场中得到丰厚的回报。这就是市场的逻辑，自然的法则。

主力的成功建立在散户的错误之上，赢者的快乐却是因为战胜了自身的弱点。在所有的投机市场中，成功者无不经历了这个过程，自然的法则决定了只有少数人能够战胜自己。

“股市不信眼泪”，假如一味沉溺于过去的失败中而愤恨不平，你永远只会在因失去阳光而流泪时，又将失去月光。只有自强不息、加强学习，不断总结失败的教训，懂得失败之所以然，才能将失败化为下一次的成功之母。

具体来说，我认为要坚持三点：**一要学习，二要忍耐，三要知足**。学习是前提，忍耐最重要，知足才常乐。只有这样才能获取在股市生存的空间，才能使自己的钱袋不被掏空反而慢慢鼓起来。

学习　首先要学习选股。学习更重要的在于看盘，绝对低位放量的股票是值得跟踪的对象，特别是低位持续放量而无任何消息公布的股票，一旦缩量回调到跌无可跌时便可大胆买入坐轿；高位放量的股票，消息再好也不碰为妙。与其冒险到树上摘桃子，不如安稳地在地上捡西瓜，两者风险与收益的比重显而易见。还要学习辨别真伪，大涨或大跌时利好或利空消息满天飞，都应该按常理去判断。

忍耐　就是要谨防股市“涨也涨过头，跌也跌过头”，要懂得忍耐一定要有自己的操作基准。按常理推断，涨过头时要忍耐住人性的贪婪，懂得见好就收；跌过头时要对自己选好的股票坚定信心，克服人性的恐惧，就像对情人一样爱你致死不渝；而当自己的“情人”在涨过头成为“大众情人”时便悄悄离去，把爱埋入心底。这的确是股市中难以做到的取舍，作为我等凡夫俗子，对“情人”股票不妨采取如下愚人之法：在恐惧中抱紧“情人”去冬眠，在贪婪时放弃“情人”去旅游，才能把这种失恋般的折磨尽量化解。

知足常乐　“谁笑到最后才笑得最好”。知足的一方面是要懂得并做到高抛低吸。作为散户，绝对的底和顶是不可能捕捉到的。如果你是个有心人，一旦对大势或自己关注的个股在相对底部买入，或在相对顶部抛出就应感到万分欣慰。只有按照自己的基准，所做股票跟得上大盘走势已非常成功。试想如果你真正做到了这一点，主力扣除打压和拉抬股价及利息成本后，其收益能高出你几多？记住：留点利润给别人吧，见好就收才会是赢家！

知足的另一方面是选的股少而精。作为散户更应掂量自己的实力加以选择，与其遍地开花，不如专心致志于一两只股票。所以选股如谈恋爱，根据自身条件选中适合自己操作的股票后进行长期跟踪，分批吸纳，然后坚定持有，定有良好的回报。懂得了选股的省略与坚守，才能真正做到知足常乐。假如你定要自命不凡，甚至天下利润想赚尽，很可能在最得意的时候已不知不觉成了“大鳄”腹中的鱼虾，说到底就是贪婪的下场！

我们知道，主力的优势是资金与信息，散户的优势是时间。所以我们只有发挥自己的优势“只输时间不输钱”，才能在这个涨跌循环的市场中生存下来。只要我们加强学习、吸取教训，而不是在抱怨中犯同样的错误，我们就会有从负到正、从零到一甚至到十的突破，在市场同样游戏规则下，来个卧薪尝胆、长期投资，等到证券交易部门可罗雀、股市报刊杂志无人关注、股评人士一次次跌破眼镜转而全线看空时，大胆分步吸纳低位放量或低位放量后又缩量回调的股票，条件有限的朋友或者干脆就在相对低位只买永远有庄活动的股票去睡觉或干脆冬眠。

三、从成交量变化揣摩主力意图

量价关系的基本原理是“量是因，价是果；量在先，价在后”，也就是说，成交量是股价变动的内在动力，由此人们推导出了多种量价关系的规则，用于指导具体的投资。但人们会发现，根据量价关系买卖股票时，也常常会出现失误，尤其是在根据成交量判断主力出货与洗盘方面失误率更高，不是错把洗盘当成出货过早卖出，从而痛失获利的良机，就是误将出货当成洗盘、该出手时不出手，痛失出货良机。

如何根据成交量的变化正确地判断出主力的进出方向，或者说，判断出主力是在出货还是在洗盘呢？一般说来，当主力尚未准备拉抬股价时，股价的表现往往很沉闷，成交量的变化也很小，此时不能断定主力的意图。但一旦主力放量拉升，其行踪就会暴露，研究成交量的变化就具有非常重要的实际意义。此时如果能够准确地捕捉到主力洗盘的迹象并果断介入，往往能在较短的时间内获取非常理想的收益。

实践证明，根据成交量变化的以下特征，可以对强庄股的主力是不是在洗盘作出较为准确的判断：由于主力的积极介入，原本沉闷的股价在成交量明显放大的推动下变得活跃起来，出现了价升量增的态势。然后，主力为了给以后的大幅拉升扫平障碍，不得不将短线获利筹码强行洗去，这一洗盘行为在K线图上表现为阴阳相间的横盘震荡。在主力洗盘阶段，K线组合往往是大阴不断，并且收阴的次数居多，每次收阴时都伴有巨大的成交量，给人的感觉是主力正在大肆出货，其实不然。仔细观察一下就会发现，出现巨量大阴时，股价很少会跌破10日均线，主力低位回补的迹象一目了然。

在主力洗盘时，作为研判成交量变化的主要指标OBV、均量线也会出现一些明显的特征。主要表现为，出现巨量大阴时，股价的5日、10日均量线始终保持向上运行，说明主力一直在增仓，股票交投活跃，后市看好。

另外，成交量的量化指标 OBV 在股价高位震荡期间，始终保持向上，即使瞬间回落，也会迅速拉起，并能创出近期新高，这说明单从量能的角度看，股价已具备大幅上涨的条件。

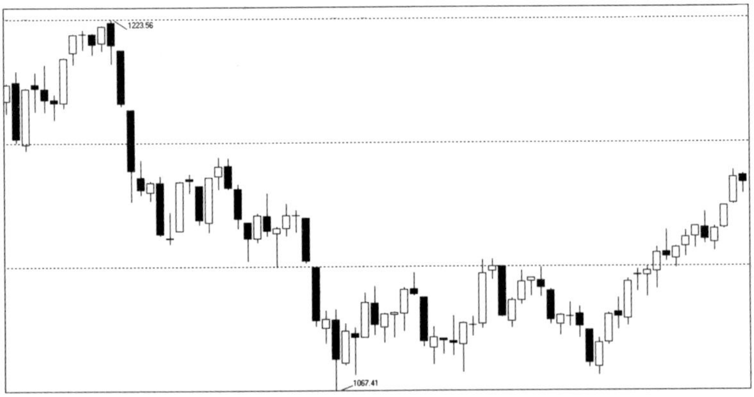

图 6-1　阴阳相间的横盘震荡

我们可以很明显地发现，在顺势低开后，成交量的突然放大导致短线获利盘的涌出迹象明显，然后又再度温和，说明持侥幸心理的投资者还为数不少，但所占据的比例并不是很大。在维持一段时间的震荡以后，成交出现阶段性放大迹象，在盘中上涨初期形成的成交量放大走势说明主力资金在盘中开始了积极的建仓，由于此时量能的放大又对应着市场指数的上扬，所以可以认定主力在利用市场恐慌性还没有完全消失的前提下进行了拉高建仓操作。在这种拉高指数建仓操作之后，指数又继续维持在一个较小的范围内进行试探性的攻击，形成区间震荡，建仓走势迹象明显。不过由于场内外的普通投资者大部分都持谨慎的态度，主力再次拉升的操作并没有紧随其后，在考虑到投资者交易的热情不够的情况下，成交维持水平缩减的态势。

在主力逐步利用缩量推高指数的操作下，既引发了那些意志不坚强的投资者纷纷抛出短期获利筹码，又使得那些观望资金不敢贸然入场。随后出现的连续几波放量打压动作，从图形上看，在指数杀跌的每一个低点位置，成交量连续形成盘中的放大迹象，此种行为可以认为量能的放大是一些极具恐慌投资者的抛盘，而敢于在这种恐慌的过程中买入的必是主力资金！很多投资者不明白强调的趋势到底是何物，在事态还不是非常明朗的情况下迟迟不敢做出买进或者卖出的动作。从人性的本能上来说，这是完全可以理解的，因为每个人多多少少都存在一种恐惧心理，只有把结果放到眼前才敢放心去进行操作，但这样的情况主力会提前告诉你们吗？只有能站在主力的动作做出之前去进行果断把握机会才是抓取利润的关键所在，这点长期跟随我操作的朋友们都应该深有体会。在学习的过程中，他们已经形成了这样的习惯了，而养成这样的习惯需要以时间换取空间的思维作为铺垫。

四、从盘面上看完成建仓后的主力操作手法

在资本市场上，投入这场游戏的人花的是金钱，斗的是心理。谁在心理上被打败，谁就将失去了财富。主力建仓完毕之后，一般并不会马上就进入拉升状态，虽然此时其拉升的心情十分急切，但还要最后一次对盘口进行全面的测试。

首先必要的试盘。其目的是测试多空双方的力量，了解市场上的浮筹情况。一般而言，在较长的吸货阶段，主力不能肯定在此期间有无其他主力介入，否则的话就会造成麻烦。在操作过程中，两个主力几乎同时介入的情况是十分常见的，持仓比例差不多，吸货阶段都十分吃力。虽然这只股票不错，但就是不涨，上下震荡，成交量时大时小。出现这类情况多半是几个老大碰在一起，彼此相互制约。一般的试盘方法是主力用几笔大买单把股价推高，看看市场的反应。主力将大买单放在买二或买三上，推动股价上扬，此时看看有没有人在买一上抢货，如果无人理睬，说明盘面较轻，但股性较差。如果有人抢盘，而且盘子较轻，就成功了一半。

主力在拉升到相当的价位时，忽然撤掉下面托盘的买单，股价突然回落。尔后，再在卖一上压下一个大卖单，这时股价如果轻易下挫，说明没有其他主力吃货。在推升的过程中，盘中有时会有较大的抛压，这时主力大多先将买盘托至阻力价位之前，然后忽然撤掉托盘买单，使股价下挫。如此往复，高点会不断降低，该股的持有者会以为反弹即将结束。主力突然打出一个新高之后又急转直下，此时比前期高点稍高，眼看很快要跌回原处，人们再也不敢不减仓了，集中的抛单就会被买单吃掉。

试盘可以探明市场上的持仓情况，主力试盘的主要目的是了解多空双方力量的大小，其抱股者是长期被该股票套牢的投资者，而对手是那些持股心态不好的投资者。但谁也无法与主力长期共捂，主要原因是大多数投资者没有恒心和耐心忍受这种上上下下的折磨而终于离场。

其次是洗盘。主力在试盘时如果发现其中有相当多的坐轿者、短线客，在这种情况下，拉升前的洗盘就变得非常必要：洗盘的目的是抬高其他投资者的平均持股成本，让持股信心不坚定者和短线客出场。

洗盘常用手法及盘口的特征：既然主力洗盘的目的是吓出信心不足者和短线客的筹码，他们必然会制造出疲弱的盘面假象，甚至进行凶狠的跳水式打压，让人产生错觉，才会在惊恐中抛出手中的持股或者引诱短线客贪差价而丢失持股。但在关键的价位，主力往往会护盘，要让另一批看好后市的人持股，以达到抬高平均持股成本的目的。

常用的洗盘手法有：（1）上下震荡。此手法较为常见，即维系一个波动区间，让投资者摸不清主力的炒作节奏；（2）打压洗盘。先行拉高之后，实施反手打压，在低位停留的天数或时间一般不会太长，大幅回落。打压洗盘一般发生在调整时，机构会顺势而为，借机低吸廉价筹码，边拉边洗。在拉高过程中伴随着回档，将不坚定者震出。洗盘阶段 K 线图所显示的盘口特征有：成交量无明显规则，但有递减的趋势；常常出现带上下影线的十字星；大幅震荡，阴阳夹杂排列，飘忽不定；股价一般维持在主力持股成本区域之上。当洗盘已经持续了一段时间且整体看成交量已萎缩到一个较低的水平时，再也没有太多的抛盘了，若出现这种走势，股价的大幅上升即将出现。拉升的目的是使股价快速脱离成本区。

主力利用试盘、洗盘等多种手法观察盘面后，基本上已了解了整个盘面的形势，在清楚了大概有多少筹码是不流动的之后，也就明白了会有多少力量和自己进行争夺。拉升前主力将仓位基本部署完毕，接下来的股票走势图一般会按主力的意愿行走，只有在遇到大势异动时才会随机修改。筹码是股票，资金是动力，激烈快速的筹码对换拉升行情就此展开。

拉升行情方式有快速拉升，主力对敲、快速拉高价格，制造短线盈利的效应，吸引更多的短线客进出，让短线客和短线客之间进行筹码和资金的对流。这时主力的主要任务是让筹码在股价上涨中升值，而短线客的频繁买卖可以节省主力资金的消耗并消除上涨时获利盘的压力。

股票高涨幅、封涨停是拉升行情的主要手法，主力力求迅速达到目标价，使股价远离成本区，时而放量拉升，时而缩量盘升。放量拉升的原因有两种：第一，主力大手笔对敲自己手中的筹码，虚构市场热钱的运动方向，吸引短线客的目光；第二，主要成交来自短线客对短线客的对流筹码互换，让短线客为主力做广告，吸引另一批短线客进场。缩量拉升表明筹码的锁定性非常好，主力几乎可以为所欲为，在这一致看好的前提下，对敲几笔就能够把股价拉高，绝对控盘的牛股涨起来往往会令人瞠目。

五、主力惯用的几种手段

你如果能识破主力的手法，在主力发动攻势前进入，则获利又快又好，而且风险小。但是往往在主力发动前的一天两天，甚至是发动前一两个小时，散户会被行情震荡得难以忍受而平仓了结。当然由于主力的资金很大，他可以非常清楚地掌握盘面行情及盘中筹码锁定情况，所以从理论上讲，绝大多数散户难逃一劫。如果盘中散户持筹较少，他将采取震荡或打压的手法吸筹。注意：这是震仓，要忍耐！这里引出两个话题：主力要在什么样的情况下震仓，以及主力为什么要震仓。所谓震仓是个术语，它指的是主力利用在一定时间内控制价格波动这一行为，达到其降低成本和积蓄力量的目的。这是一个似是而非的解释，但有一点可以肯定，震仓行为贯穿于整个操作过程中，在吸货阶段、拉升阶段、出货阶段都会伴随其中。从这个角度讲，震仓行为常常在形态上的表现是持续形态。

通常主力操作的四个阶段

主力操作的几个阶段是：吸货，震仓，拉升，出货。在整个一轮行情中，震仓行为时刻伴随在各个阶段中。必须分清在不同阶段震仓行为的不同特点、不同表象以及内在的根本目的。首先在理论上有个清楚认识，然后再到实践中去体验和锻炼。在拆解震仓行为之前，要明白震仓是各个阶段中变化最多的，它完全要看盘中情况和时机的掌握。

（一）吸货

在吸货阶段，主力会以降低吸货成本，增大筹码锁定为目的进行震荡。首先你要确定无疑地发现主力的吸货。

（二）震仓

此阶段主力的震荡大致可分为打压震荡、拉抬震荡和横盘震荡三种方式。而整个吸货阶段的震荡行情开始以后意味着行情开始从吸货转入拉升，震荡就是过渡阶段。把震荡分成一个个阶段是为了强调其重要性。其实在行情发展过程中，各个阶段是连续的、彼此融合的。

1. 打压震荡

让我们来了解一下打压震荡。当主力在一个相对低的价位有了一定量持仓后，就很难在一个相对静止的价位继续扩大自己的持仓了。这个时候他就必须作出选择，是利用自己手中已有的筹码往下打压，使得更多散户斩仓出局，还是进入拉升阶段？打压有风险，万一打压不成功，盘面控制不利，就不能形成散户斩仓的局面。同时还要冒着低位筹码被别的主力抢走的危险，这个危险在主力与主力之间是一目了然的。所以，吸货阶段中后期是整个吸货阶段最关键的一段时期。如果主力想利用打压震荡的方式吸收更多的筹码，往往要利用大盘不景气、悲观气氛较浓的行情。

横盘吸货。从成交量上可以看出日益萎缩的态势。也就是说主力很难吸到货了。这时，主力采取了打压式吸货手法，使价格向下跌穿支撑线，甚至一度跌穿心理线。这样，引出部分斩仓盘。也许有人会问："价格的下跌是怎样造成的？主力为什么能在下跌过程中吸到货呢？"其道理如下：当一轮行情下跌并跌破关键支撑价位时，会使得很多关注这只股票的人确信它没有支撑。主力也常在一些心理价位向下卖出，使该股价位一个接一个地失守，形成一个大跌在即的感觉。当然不必担心主力在这轮下跌过程中只顾打压忘记吸货，其实在下跌过程中，很少有散户大胆买入，主力往往是以小单量一点点吸入的，总体上在低价位买入的要比卖出的多。在这期间，真正只有几万元的散户斩仓并不多，也不足以在以后的上升阶段构成压力。而主力实际需要震出来的是那些持仓上万股的中级户。所以如果你仔细观察就会发现，往往是在几笔大一点的杀跌盘出现后跌势反倒停止了。**这是一个现象，却很关键**。一个形态最重要的不是它的样子，而是它所处的位置。这个位置包括两个方面，一个是行情的高低，一个是所处的阶段。那种圆弧状的形态看似像个顶部，其实是个整理形态。圆弧状的整理形态，往往是有意作出的，在价格上是渐渐滑落的，直到大幅下跌，人们心理压力会随之增加，成交量放大给人以即将大幅下冲的感觉，这就是震仓。认识清楚这些特点，可以看出，主力操作存在这样一些特点：

第一，主力吸货一般会先形成一个横盘区域，而这个横盘区域一般要先被跌破，形成一轮小的跌势，使在横盘区域中的买单先被套住。然后价格再回升至前期横盘的水平，形成第二个横盘整理区域，目的在于消化前一个横盘整理区域中的套牢者，使众多被套者有一种解套后的放松。有一批人已经在第一次被套出局了，现在轮到那些忍耐力稍差的人出局了，因为好不容易解套了，还不出局等什么呢？最后一个杀招是再跌一下，使好不容易解套的人又有一种被套住的危险。一不留神就会被挖坑击中。

第二，在真正大涨前往往有一次较深的快速下跌，动人心魄。这次下跌的特点是快和狠，绝不会是小幅度的，但时间不长。如果是一个有经验的操作者，会在此时勇敢买入，获利又快又好。

2. 拉抬震荡

震荡的第二种方式是上涨。有时，下跌会使人恐惧，但有时，上涨也会使人恐惧。在吸货阶段，有时震荡幅度是比较大的，先急速上拉，后逐步回跌，形成一个有很长上影线的 K 线，或阴或阳。一般这根上影线较长的 K 线处于一轮小涨的头部，其上影线有许多用意在其中，但最大的用意是套牢一部分关注这只股票的投资者。市场中总有些人几乎每天都要把所有股票浏览一遍，当他发现有个股票有小涨以后，也许就关注起来，等待突破时介入了。我自己也常常这样观察和等待。主力借机向上急速拉升，使人误以为拉升阶段的到来而迅速跟入，但主力马上向下打压，告诉那些冲动的人们：这是假突破。其实这样的拉抬震荡是十分有讲究的。很多人常问："主力怎么做得那么准？"主力操作经常根据盘中情况熟练地变化。比如拉抬震荡，如果在庄家向上拉抬的过程中，发现追随的散户太多，往往自己还没有吸着单子就被抢跑；自己还没有使力气，价格就轻而易举地跑起来，那么说明场内看好的人太多。主力是不会轻易让这些人获利的，所以后面紧接着的手段就是向下震荡；如果拉抬时没有引起过多的注意，价格走得比较慢，那么以后的震荡也许就没有必要了。

散户投机者的心情往往十分急切，恨不能买了一只股票后，这只股票马上就一根阳线接着一根阳线地向上急蹿。而有经验的人会清楚，太快的涨势往往意味着后势的盘整或下跌，而真正的涨势又往往令人猝不及防。

主力就是不断利用手中的筹码，试探盘中的人气情况，只在合适的时候发力。所以，大多数散户亏损也是情理之中的。看到猛涨就冲入的人，心理准备往往不充分，价格也许还会再上冲一段时间，但很快就回落了。刚在一个相对高位冲入的人十分矛盾，既盼着赶快涨上去，又怕被套牢在顶部，这样矛盾的心理，当行情稍有风吹草动，就会感觉风险无比的大，自然会斩仓出局减轻心理压力。

拉抬震荡同时有利于迅速吸货。由于拉抬震荡往往发生在前期高位附近，使人有危险之感；同时，散户抛售虽然获利不多，但亏损较少，两边一挤，对大势不明者就自然而然地抛售了结了。

3. 横盘震荡

第三种震荡方式是横盘震荡。由于向上震荡有提高成本的风险，而向下震荡又有失去筹码的风险，有些主力就干脆选择了横盘整理的格局，波动幅度极小。有人会说：没有波动，怎么能称作震荡呢？是的，没有波动也叫震荡，虽然价格波动小，但人的心理活动却更加激烈，反复揣摩猜测，结果往往产生错误猜测。这种状态其实是主力在和散户比耐心。无论大势怎样变化，它的价格都波动不大，可见主力能力极强，筹码锁定程度较大。对付这样的主力，你必须有极强的耐心，因为如果你没有耐心的话，就很难再找到合适的价位补进仓。刀锋刀背有锋有背：技术是刀的锋，耐心是刀的背。

震荡行为贯穿各个阶段，无论是向上震荡、向下震荡还是横盘整理，一般讲都不是以单一的形式出现的，它们常常以复合形式出现。向下震荡往往使主力手中筹码更充足，使得以后的上涨更有劲。向上震荡又常使之后的向下震荡更有利可图。而震荡发生的区间又常常是前期的敏感区域，震荡的目的就是为了消化以前的筹码。无论是主力还是大盘都是如此，这不是哪一个人说了算的，而是本质的利益在驱动。

能够识破庄家的震荡手法，若是技术高超，随着主力高抛低吸，自然大获其利，而且成本降低，风险减少。当然，在这个阶段做短线也极有风险——踏空。当我们在吸货阶段买入后，往往把向上涨的空间想象得比较高，所以常常面对可能出现的下跌不予理睬，心里希望价格下跌幅度不会太大，而偏偏有时价格的下跌幅度令人吃惊，使我们错过了大好的短线机会。

我的体会是做震荡要在了解庄家的基础上敢字当头。有些朋友就总怕震荡做不好而踏空，这说明对震荡的本质还不了解。第一，震荡是主力必做的，不震荡以后上涨就没有高度。第二，价格总是以波动的形式出现的，从来就没有直线的行情。建立波动的思路，就敢于抛于波峰抄于谷底了。也正是由于对价格的波动性认识不清，小到一个几分钟的短线，大到一个中长期的趋势，都不敢高抛低吸，总认为今天涨了明天还会涨，今天跌了明天还会跌，这一点思路一定要搞清。

面对任何震荡，我们既要有胆大心细作短线、搏短差的勇气，又要有坚定的信心。很多人牺牲在大涨前的一跌或大涨前一涨上了。我在讲课时常说："希望大家在股票市场上，不要成为烈士，不要在革命即将成功的前夜被主力震出局。"抓住了主力在吸货阶段的震荡，识破了涨前跌或涨前涨等各式手法，就又向赢家靠近了一步。

主力操盘也是这样，低吸高抛是本质，这本质就要求主力无论在吸货阶段作了怎样充分的准备，在震荡阶段有怎样的娴熟手段洗盘，它都必须进入不断地用资金把价格推高的阶段。当然，这个操作是要花费成本的。而跟庄的目的，也就是希望能在这个阶段获利。

散户不是来要饭的，利润没有达到要求，决不轻易放弃。"耐心让利润自己成长"是一句好说不好做的话。以我个人的经历讲，基本从头抓到尾的股票也不很多，理论很正确，经验很丰富，但干扰的事太多，心态常常把握不好。话又得说回来，有很多股票幸亏抛售及时，不然也会被套。

人必须有股狠劲，就像市场欠了自己许多钱至今没还一样，向市场讨债。很多人的心里倒像是他欠了市场的钱，刚获利一点就急忙平仓溜掉了。

有些人入市抱着薄利多销的观念，希望每次都赚，但不一定要赚得多。每次都赚是肯定达不到的，而且从概率上讲赔的多，赚的少。那么，好不容易到手的一次赚钱机会如果草草收场的话，岂不是必赔无疑。

我可以告诉大家一个思路上的秘诀：当获利的时候，获利的满意程度绝不是平仓了结的理由。平仓的唯一理由就是主力出货了，主力没有出货迹象就不平仓。**主力何时出货？上涨过程中的震荡往往在形态上有一定的表现，上升三角形、上升旗形、上升楔形，等等。**

这时候非常需要耐心，有些人常常碰到这样的情况：自己的一只股票赚了钱，而另一只却被套牢了，结果为了挽回损失，平掉了获利盘买进了亏损的股票，以求摊平。市场往往是获利的那只股票经过盘整继续上涨，而亏损的股票还在下跌。

这个市场是一个有众多人赔钱的市场，要想赚钱就必须抵抗住心理的本能冲击，像常人一样的操作是很难挣钱的，很多人认识到了持有盈利股斩掉亏损股的重要性，可事到临头又变了回去，这是经验还没积累到一定程度的结果。

为了控制住自己的心态，我给自己编了一句顺口溜：**短线反心理，长线要捂仓。**短线反心理的意思是，对自己看好的一只股票，如果行情的变动引起冲入的冲动时，一定要等待而不杀入。当一只股票下跌很厉害，似乎面对剧烈的行情要忍不住斩仓时，一定要等待。操作要和直觉相反。先忍住再分析。有些懂技术、懂主力的人并不是技术差，而往往是在非常时刻的一刹那犯了错误。长线要捂仓的意思是要耐得住行情的波动或是寂寞，一定要等到抛售理由充分时再抛售。有些人是见利就走了，有时是因为行情太过寂寞，使人没有任何想法而平仓的。

最后讲心理的直觉问题。这个问题很难讲，只是在这里希望能引起大家的注意和重视。“短线反心理，长线要捂仓。”只是针对我个人而言的一种总结，不一定适合他人。行情、心情的变化都不是一样的。主要是根据自己的性格特点和操盘经验总结出适合自己的东西。股市有时很奇怪，在日常生活中慢慢腾腾的人到股市上反倒急急躁躁的，一会儿建仓一会儿平仓；而在日常生活中特别不能安静的人到股市上却极其冷静。一定要在注意研究技术的同时也注意研究自己、调整自己。

（三）拉升与出货

主力在低位吸货、震荡、拉升以后，就面临着抛售了。主力其实是在进行一场非常危险的游戏，如果说把钱换成股票这种特殊商品是件不太复杂的事的话，那么把股票再还原成金钱就是惊险的收割。所以当行情进入出货阶段的时候，常常意味着整轮行情进到了最后的收获阶段。由于目前我们国内的股票只能先买后卖，不存在做空机制，所以在这个阶段，主力往往要制造概念给人以非常美好的想象，使散户跟进，把手中筹码派发出去。主力手中筹码的派发远不像散户想象的那么容易，因为在出货阶段，主力要用各种手段激发人们的想象力，其中主要靠价格的上扬。同时，派发筹码，必然会引起价格的下跌。犹如一边要保持炉火的燃烧，使水沸腾，一边要不断撤出炉中的木头，釜底抽薪一样。所以，出货阶段是矛盾尖锐化的一个阶段。散户常常认为主力出货时间是很快的，其实主力出货是一个过程。很多散户一看到股价上涨就以为主力是要出货，赶紧跑掉，而且嘴边常挂着：主力拉高出货了。主力出货无论手法怎样变换都是有迹可循的，是有规律的。

主力在出货阶段又可以分为几个层次：一是急拉阶段，二是出货阶段，三是震荡阶段，四是再出货阶段。并不是每次出货都要经历这四个阶段，要视抛售情况而定，有时会跳过其中某个阶段，有时又会多做出一些花样，但大体有如此的顺序。

2007年市场内有许多股票一直有大资金在里面，既然吸货是如此困难，筹码如此难得，主力就不会倾仓而出，而是一直打波段，用滚动打法，在价格的涨涨跌跌之中赚差价，成为长庄。面对这一变化，散户心里还要多一份准备。在没有发现主力确实出货的迹象前，千万别自以为是地抛掉（我也因此少赚了许多钱），如果那样，研究主力出货，并在这方面积累经验就没有什么意义了。出货阶段的四个层次如下：

1. 急拉阶段

急拉的目的是给派发腾出较大的利润空间。所以，当一只股票的价格经历了吸货、震荡、拉升几个阶段以后，急拉行情的出现则预示着上涨行情进入了出货阶段，需要警惕了。在这个阶段，行情往往借助拉升阶段的众人追捧开盘在高位，然后迅速地上冲，在半个小时到一小时左右的时间里冲至全天的最高价。盘面看似压力很轻，然后逐级回落，在K线图上常常留下长长的上影线。行业内人士对这样的动作称为“放鸽子”或“对倒冲刺”。

在这个过程中，主力用少量资金把价位快速推高，给人以主力发力的感觉，但很快就会在一个高位出现一根大量线。当持有这只股票的人面对飞涨的行情正乐得合不拢嘴的时候，是谁在高位冷静地放量出货呢？从这时候开始，要严密注视成交量的变化。拉高自然是为了抛售。

2. 出货阶段

在出货阶段，主力是不会急于打压的，因为那样做，不仅不能顺利出货，反而会吓跑本想参与的人们。所以，这时主力往往采取挂单的方式等待成交。所谓挂单就是指委托在一个价位等待成交，而不是马上就成交的单子。

挂单的价位是极有学问的。主力在吸货阶段也常采用挂单的方法。吸货阶段挂单的尾数常常在0 ~ 9这十个数字的两头，即0、1或8、9，比如一只股票市场价格是12.35元，那么主力常常在12.28元或12.11元吸货，因为这些数字给人有压力感。若是在出货阶段，主力是很少在一些关键价位挂单派发的，因为明摆着阻力位很少有人愿意碰。所以挂单的价位往往是中段间的那几个数字。当然挂单的技术属于小道，不能因小道而误大道。

3. 震荡阶段

当你看到在一个高价位有许多的主动性买盘去冲击的时候，有时甚至冲破卖的阻力，这并不意味着买气很强，或许是碰到主力挂的单子，要小心了。主力不是散户，出货是不可能一下子就干净的，所以接下来就进入了震荡阶段。在这个阶段，多空力量短时间内达到平衡，一方面已有股票的短线投机者获利平仓；另一方面，场外的短线投机者又看到盈利的可能而积极地参与进来。

这时候的情况非常关键，震荡行情的出现常常使人心情波动，已有股票的人想出来，没有股票的人想进去，平衡的结果将影响主力使用的手段。

4. 再出货阶段

为了使已有股票的人坚定持仓的信心，同时使场外更多的投资者参与进来，主力往往会让价格在合适的机会再度拔高，这就进入了再出货阶段。再出货阶段亦称二次派发。在市场中，我们可以找到许多这样的例子。

从 K 线图上分析，最明显的特征是：出现双峰或三峰。这也就与主力理论和形态理论的双重顶、三重顶或头肩顶有了明显的吻合。

也许有人会问，主力出货，价位已经见顶，为什么还要预测底部，还把行情看成回档？我是这样认为的：有时一轮中级行情的结束，会出现一段时间的下跌或盘整的低迷期，但这并不意味着一轮大趋势的结束。主力做长庄，有靠不断震荡博取差价的行为。所以，当胜利大逃亡以后，还要注意继续关注和调整。

要想在一个行业不断取得进步，一个人必须做好两件事：一是不断吸收、借鉴他人经验，二是不断总结自己以前的成功和失败的经验，调整操作行为。由于主力不可能一下子把手中的筹码出干净，也由于人们对于高位风险有相当高的警惕性，使得主力掉头翻身很困难，因此，目前市场上的主力出货时间越来越长，也有靠不断震荡出货的趋势。

一般说来，高位放大量就需要高度警惕。所以，成交量的放大要和它所处的时间以及在成交量放大之前进行比较才能得出正确的结论。不过市场变化万千，诡秘多多，在高位的成交量放大也有时会因为市场的节奏变化而出现复杂的情况。当价格上涨到高位并放量时，很多人并不是不愿出货，而是实在舍不得走，总是希望价格高些再高些，对市场缺乏主动性敏感，不能克服贪婪积极出货，而往往是在价格下跌时被逼迫斩仓，使利润大幅缩水。

主力经常会在一些关键的价位摆迷魂阵。比如在相对高的价位摆出有强大阻力的架势，使人误以为主力逢高出货，其实也许第二天这个阻力又荡然无存了。主力用行情告诉所有持有这只股票的人："主力正在准备偷偷出货，高位不胜寒，不如平仓获利了结为妙。"但到第二天，行情却摇身一变，急走上穿阻力位，使得即使平仓的人们也无法在原价位买回这只股票。有见识的也许会因此只踏空 0.1 元。而有些人就会死抱住阻力位的空头思维不放，从而与整个一轮大的涨势行情无缘。主力的行为过程是一个先在低位消化别人，再到高位让别人来消化的过程。人们在进货阶段，怕跌盼涨，所以小心谨慎；但到了出货阶段，却由于已经获利而掉以轻心，不知抓紧时机抛售。这也正说明人们的投资心理异常丰富，使得写股市心理的作品有了市场。无论如何分析，我觉得有一点是十分重要的，那就是自己心里不能矛盾，要做到这一点，就必须事先把矛盾双方考虑清楚，权衡利弊后再操作。

市场中的消化方式有：长时间小成交量，常出现在主力吸货阶段；短时间大成交量，常出现在主力出货阶段；中长时间的中度成交量，可能变化比较大，最有可能出现在从拉升到出货的过渡阶段。

股市的大涨和大跌都不可喜也不可怕，因为这是一场永无结局的比赛，一时的失败与成功都算不上什么。在股市中的成就取决于智慧和耐力，缺一不可。如果是因为希望有事情发生才买一只股票，在事情没有发生时就该把股票卖掉。无论一只股票涨得多么好，只要我没买入，就和我无关，算不上是一种伤害。只有那些我拥有的股票才会伤害我。消息的传播是呈放射状的，所以一般人所听到的消息和实际情况之间有着很大的区别。想赚钱你就必须找出别人不知道的东西，或别人不会做的事。和常人一样地操作是很难赚到钱的。早年我从事人人不关注的国债交易就是这个道理。

最恐怖的馅饼就是买到令人振奋的却没有盈利的股票。有点像只闻到了香味，却吃不到的东西。买最便宜的东西，若不幸失误，损失也不会太大。这很像台湾投资专家邱永汉先生的理念。在观察趋势的时候，应该留心正反两方面的投资观点。当有利和不利的两种主要压力同时出现时，市场不会显现平衡的中庸趋势，而经常会在不同的时间反映这两种不同的因素。因此你必须牢记这两种因素，随时准备反应。

投资者与投机客之间的最大不同就是他不必担心价格的短期波动。而投机客一开始就必须准备承担他能承受的风险。正确无误地确定自己能承受风险的程度，是投机成功的根本基础。

我的方法之所以有效，是我有调整错误的空间，并不是我能做出正确预测。既然进行技术分析，就要相信它的结果。当然首先是肯定它，在实际运用中不断总结，灵活与坚定地适时而为，力求达到进退自如的境界。超越技术，不是守一点两点的经验，而是要站在宏观分析的大局去分析理解，利用日积月累的经验去融汇它。当你进入技术分析的世界，又能放眼技术之外，用之而不为之困，技术才真正发挥奇效，从游戏本身中去体会游戏的法则。

在思考的同时，还要关注股市中测市技术的最新发展。这些技术就是我们的武器。过于专业化往往导致钻牛角尖，缺乏灵活性会付出沉重代价。图表只能帮助那些能读懂它的人。图表对人最重要的作用是表达内涵。不要第一个买进，也不要第一个卖出。遭受挫折是在股市中常遇到的事。站稳脚跟，冷静分析，清醒地知道这是暂时的。不要因为某个朋友的无私和清醒，就相信他的疑惑或消息，放弃自己的思考和原则。如果他不从错误中吸取经验教训的话，他将得不到上帝的一个铜板。

在实际操作中，一个人必须警惕许多事情，特别是与他相对立的故事，也就是说与人性相对立的事情。职业投机者最主要的敌人往往产生于内部，与人性的希望和恐惧是不可分割的。

在投机中，当市场对你不利时，你每天都在希望这是最后一天，而价格变化却远不会停止。市场转变得有利时，你就害怕了，撤退了，不敢去赚该赚的钱了。必须同这两种本能的冲动做坚决的斗争，别人都害怕的时候你该乐观，别人都充满希望的时候，你该谨慎。

六、识破主力难以掩饰的技术纰漏

主力影响股价涨跌的手段是五花八门的，其中的关键是资金实力与概念的策划，但这些最终都会落实到价量关系上。这种情况对于资深投资者来讲是有迹可循、有机可乘的。

深入研究主力操作中不可避免的技术纰漏也是中小投资者提高投资水平的关键。由于中小机构的资金实力有限，大多中小主力机构的选股标准是流通盘在 1 亿以下，主要控股股东较少，股份公司最好选与集团公司有关联、基本面普通同时含有可分配利润的次新股。而多数机构的选股标准主要是基本面成长性突出的品种，其运动的特点为平时不动，一动就是不惜资金地连续涨升，一次到位。

由于超级主力的操作目的在于控制指数，盈利是第二位的，因此选股的标准主要是市场影响力大的大盘股，其发动的特征是连续出现巨量。大众股的品种往往不符合上述条件。

在主力进货的初期，当然力图以尽可能低的价格成交，其主要手段是制造一些非实质性的利空或利用大盘弱势打压股价，其股价的下跌速度会明显快于其他品种，并且不出现本能性的反弹，以影响持股者的信心而低位抛出股票，这样便于主力吸货。

在进货的后期，由于低位筹码已被主力吸纳了较多，这时主力会一方面抬高股价，另一方面又会控制价格，使其涨幅不大，股价小范围上涨诱使获利者与缺乏耐心的套牢者将持股抛出，以达到更快建仓的目的。

在机构建仓时能量指标会逐渐上升，不管股价怎样运行都会这样。经过一段时间的收集，主力手中已持有大量筹码，但机构担心有部分短线集中性的低成本筹码由于种种原因不抛出，为了在拉升的初期更加顺利、在低位吃到最后的筹码，同时彻底击溃散户的持股信心，主力会较为激烈地制造上下震荡走势，其特征是走势吓人，但在低位停留的时间不长，只需少量买盘便可上涨不少。

主力拉升初期会出现较为迅猛的连涨，其后便参照某一个技术指标进行规律性的涨升，通过仔细分析能发现，这个技术指标可能是均线系统、上升通道或是某个动、静态指标。在通过重要阻力区时，会展开窄幅震荡走势来消化阻力，越过阻力后会加速无量上扬。拉升的主要特征是涨升有量，下跌无量；大盘强时不动，整理时加速，具备独立走势。

经过上述四个阶段的操作，最终目的当然就是为了高位变现。

主力出货的主要方法有三种：在高位反复横盘整理，K 线图上经常带有上下影线；出现利好，加速高开上扬，并上下宽幅震荡；放大量打压股价，制造换庄的假象，全天低位交易，尾市时上拉股价。

投资者抓住一只良好的庄股后，应集中精力操作，不要见异思迁。主力纵有上亿元的资金，也只能操作一只或几只股票，中小机构更没有必要操作太多的股票。每天都在跟不同的主力斗法的投资者，失误的概率远大于成功的概率。确认所关注的股票是庄股后要有耐心，机构的操作周期一般要一个季度，不要一跌就认为是主力出货，一涨就是主力进货。在分析时，应站在机构的立场上，客观一些，避免买入就想猛涨，就只想看见利好，看不见一些明显的利空，反之亦然。

主力洗盘时千方百计动摇人们的信心，等到出货时以最美好的前景来麻痹人们。

七、不要坚信“缺口必补”

曾经深入人心的缺口理论把向上的第一、第二、第三个跳空缺口分别称之为突破缺口、持续缺口和竭尽缺口（向下的缺口亦然），并有“缺口必补”的股谚四下流传，其实，在2007年的大牛市中，所谓“缺口必补”的理论最为害人。先看大盘，以上证综指为例：2006年“五一”黄金周后1444.71点～1446.99点的向上跳空缺口至今未补；紧接着第二天又是一个向上的跳空缺口，至今亦未补；其后在11月16日、11月17日、12月18日分别出现向上的跳空缺口，至今都未补。再看看招商银行、浦发银行等强势股至今都存在着向上的跳空缺口未补。我认为，这轮行情中大大小小的主力们最明显也是最狡猾的建仓手法就是“制造向上的跳空缺口”，用“制造缺口”来强行建仓。每出现一个向上的跳空缺口就会阻止一部分投资者在缺口上方买股票，就会恐吓一部分投资者在缺口上方抛出筹码。在牛市中，缺口就是一条沟，股市的车在上面走，才能震出套牢盘和获利盘；缺口就是一条河，使胆小的人坐在岸边望着对岸；缺口就是一口很深的陷阱，掉进去的是无数带血的筹码。缺口处主力与你招招手，然后扬长而去；缺口处基金经理与你说声再见，然后急忙钻进电梯；缺口处主力与你吻别，然后走进安检口、登上登机梯。在大牛市中，任何一只大牛股焉能没有一个甚至几个向上的跳空缺口？

散户就应该像蚂蟥一般地紧紧叮住机构吮血、分食它。股价在某个位置出现阶段性上涨，又在某个位置反向性地走出下跌，从事物的表象中很容易得出简单的认识，这无非是由于买盘的不断推动或者说在卖盘的强劲打压下所导致的两种截然不同现象。可再对其进行深一步追究，为什么股价到了相应的位置会有买盘的跟进或者说卖盘的随机抛出，而不是无规无矩杂乱的波动，这说明股价波动的本身就遵循着某种内在的规律，这恰恰是股价的相对性支撑和压力，他们的关系应是相辅相成的。所以，不要太相信“缺口必补”，没有经验的投资者最好不碰缺口股。

八、巧骑黑马大投机

庄是从赌博中引进的概念，具备通吃通赔的资金量与众人赌博者称之为庄，其主要的赌具就是庄股。虽然在各国的证券法中都有限制做庄的条文，但是无论是在成熟的市场或是新兴市场，庄股都存在。由于主力在综合因素上有着非常明显的优势，其重仓持有的股票就存在非常大的涨跌空间。如果投资者能够及时在低位发现并洞悉主力的魔术手法，就会获得远远超过市场上的平均利润。

（一）识别大庄股

识别的手段：在日涨跌、日震幅、首次量比进入前茅股中选择，在量价指标位于历史高位股中、出利空后很快走出放量阳线股中、总股本与流通盘子均较小股中、基本面较好没有送配历史股中和有明显后续大题材股中选择。

（二）印证大庄股

印证的手段：具备独立行情，个股走势不跟随大盘波动、在大盘跌势中个股的抗跌性明显好于大盘，大阴线、大阳线、上下长影线数量较多但绝对股价波动不大、对于个股的消息面反应比同板块其他股敏感、在行情发动的第一阶段表现弱于大盘、成交量较小、历史上曾经逆市连续放过大成交量、尾市经常发生砸盘方式的异动。

以上所有条件的基础是个股的股价处于K线的低位区域。

（三）坐轿大庄股

跟庄的经验：上面论述的是观察方法，在用这些方法发现大庄股后的主要操作是要做到“知行合一”。

我们要进一步认清主力的本质，要认识多数主力具有下列特征：通吃、狡猾、残酷、会魔术，资金是有成本的，投资者需要忍受前几种特征，利用最后一项特征。

大庄股的运作特点主要有：大庄股的整个收集、拉抬、派发时间在1个月至10个月之间，其中收集与派发占据了主要时间，拉抬时间只占很少部分。大庄股的消息面特点是低位全是利空，普通投资者心情悲观犹豫；高位全是利好，普通投资者十足乐观，主力反大众心理操作。大庄股在收集完毕时，在发动前都要震仓洗盘，最直接的目的是逼迫已经跟进的人离场，间接的目的是打击准备跟进人的买进信心，其手段往往是多样的并异常折磨人。笔者听说早年某大庄股在发动前的洗盘中，居然把机构的一位副总经理都给洗跑了，以至这位副总对人说：“他妈的，我不赚他的钱，也不能受他这么折磨。”大庄拉高时速度极快，不给投资者以低位的追进机会。在低位时易低开，不易产生涨停板；在高位时易高开，喜好产生涨停板。在股价达到高位时往往会有利好不断地传出，并且股价会配合上涨。需要注意的是站在自己的角度考虑问题时，要同时站在对手主力的角度想一想，如果两者的利益是一致的就需要反省。另外，考虑问题的时间与广度要宽一些，不要被一两天的K线表现所迷惑。

如何识别主力是出货还是洗盘呢？要看重大关口处主力是打压还是护盘，前者是震仓，后者是出货；看重大关口处反弹的幅度。反弹力度较小是洗盘，这样不会恢复持股者的信心，反弹力度较大是出货，这样可以使场内场外的投资者对庄股很快地恢复信心；跌破重大关口后有买盘力量是洗盘，否则是出货。

在股市要想获利，必须要在分析上多下功夫，平时多流汗，一旦决定踏上战场，在设立好适当的风险防范措施后（如设立稳妥的分批计划），在投资论据没有发现明显失误后，应坚决实施投资计划，而不要被其他的表现机会所诱惑。买进大庄股后，要有耐心，要保持一个良好的心态。2005 年 11 月 22 日中海发展启动时价 6.50 元，沪市大盘涨了数百点，该股一动也不动，成功地树立臭不可闻的市场形象，使持股者禁不住诱惑纷纷去追当时的黑马股时，半死不活的中海发展一举成为 2006 年、2007 年创造了深沪两市买进来臭、卖出去香的明星，时至 2007 年底股价已达 34.50 元。

第七章

做波段

一、做波断：体会一买就涨、一卖就跌的炒股乐趣

在大盘平衡市中，市场热点的持续性不佳，此时针对大盘与个股进行波段操作就显得尤为重要。而小时图稳健、快捷的风格此时便会起到很大的作用。实际上，经过多年的实战经验我们可以将60分钟小时图均线设置为55小时、110小时、26小时和8小时均线。其中55小时线是主要代表趋势行情的均线；而110小时（一个半月趋势）、26小时（6~7个交易日市场成本）和8小时（2个交易日）均线则可辅助55小时均线来判研个股及大盘方向。

具体操作如下：

中短线进场买入标志　8小时均线上穿26小时均线，26小时均线上穿55小时均线，形成三线金叉，是重要的中短线进场买入的讯号。

持仓、守仓　8小时均线、26小时均线、55小时均线和110小时均线呈多头排列时，为可靠的持仓、守仓讯号。

吸货　对于55小时均线趋势向上且温和放量，同时26小时均线有一定上升斜率的个股，往往可在股价回档至26小时均线或55小时均线附近时大胆吸纳。

获利了结 8小时均线下穿26小时及55小时均线，且55小时均线出现向下的拐点时，需注意获利了结。

清仓 8小时均线、26小时均线及55小时均线若形成死叉，当坚决清仓出局观望。如果个股的20日、40日、60日均线系统的买卖讯号，与小时图均线系统发出的买卖讯号相同，那么出入市的成功率就会大大提高。

实战举例：

隆平高科，该股在2008年4月6日14.2元附近，小时图上的8小时均线、26小时均线、55小时均线发出金叉买入信号，5月10日股价达到16.14元，已经有20%左右的短线获利。

鉴于小时图均线攻防符合“不买最低、不卖最高”的实战波段操作原则，一旦运用成熟，自有机会体验“一买就涨、一卖就跌”的炒股乐趣。

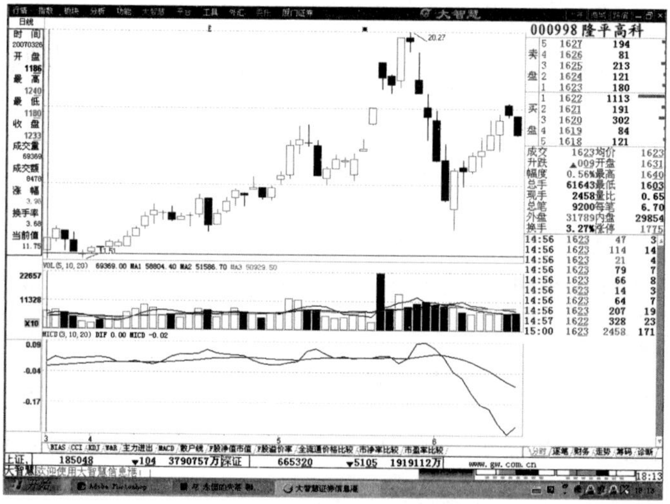

图7-1 隆平高科图例

二、股价的初升段

根据多年来我投资股市的经验，结合许多个股典型的初升段走势，前面讲了底部的形成和认定要具备三个条件：（1）所有短中长期均线皆在5日均线的上方；（2）成交量在近期经过一波连续大幅（累计跌幅不小于20%）下跌后也见了近期地量；（3）多个指标显示超卖。

如何正确地找准最低点，是每个投资人的梦想，实践证明要做到这一点是非常困难的，底部区域好确定，低点的确定却非易事。我提出一点思路供大家参考：**个股底部的认定可在缩量加速下跌后的放量横盘时认定。**个股在缩量加速下跌后，如果连续几天放量，说明有资金进场接盘。这里要区别庄股跳水后的对倒放量及底部漫长的横盘后的连续放量小涨。

以600621（上海金陵）为例，该股从2003年10月27日起缩量加速下跌，

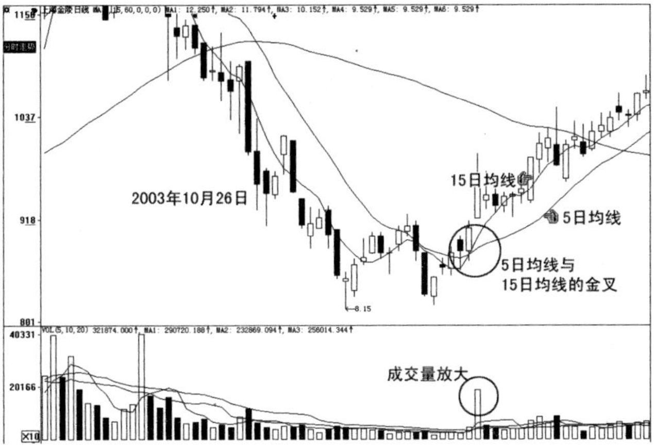

图 7-2　上海金陵日线地量

11个交易日，跌幅达26%，其成交量仅34382手，换手率1.86%，此后3天继续以极其低迷的成交量横盘，11月14日，以前一交易日6倍的成交量涨幅3.32%开始启动，此后再以每天4个点的震荡横盘3天，实现了5日均线与15日均线的金叉，这以后初升段的行情就开始了。如果我们在一周的底部地量横盘期间介入，那么初升段的收益将非常可观，当然风险也很大。我个人习惯在连续放量后的缩量横盘时再介入。我们怎样提前知道它的走势呢？请看该股两次相同周KDJ和MACD的提示：该股前期在

2005 年 7 月 4 日 J 指标见底超买，7 月 11 日见了阶段性低点，相对于前期来说也是见了地量和看似的低价，但是四周的反弹和横盘其震荡幅度只有 10 个点，且成交量不见放大，MACD 继续向下发散，KDJ 停留在 20 以下，这种弱势反弹并不能改变趋势，如果我们只看日 K 线图，8 月 4 日势必介入，其后就肯定要被套。同样的地量地价，但此时的周 KDJ 和 MACD 显示的情况是完全不一样的。

（1）8 月份见底后，MACD 继续向下发散，KDJ 反弹后仍在弱市区（20 以下）,KDJ 三指标缠绕在一起；

图 7-3　上海金陵日线 V 型反转形态图

（2）10 月 24 日见底以后，至 11 月 21 日这一个月的时间里，KDJ 及 MACD 与 9 月份并没有大的不同，所不同的地方就在于之前有一波缩量加速的下跌，仍不能算是安全的介入时机，但是此后周 KDJ 向上发散的幅度应该引起重视；

（3）大盘的配合也完全是不同的，这也是我们决定短线是否介入抄底的重要因素；

（4）周 KDJ 和 MACD 的组合中，当 KDJ 中的 J 指标见底，处于 - 7 以下时，股价将继续向下，时间一般在一到两个月，此时股价与指标开始背离，股价朝下；而 KDJ 指标朝上，当金叉发生后，在量能、大盘及消息面的配合下，个股的初升段就是启动的时机。

该股初升段的走势是典型的 V 型反转形态，其初升段的行情还有向上空间，阻力位在 6.63 元，在大盘的配合下，可能一举冲过 V 型反转的初升段，甚至往往超过前期缩量横盘区间，这与操盘主力的实力有关，此时，可结合前期密集成交区进行确定，前期密集成交区是不可能一举冲过的。

上面结合股价位置、量能的变化，周 KDJ 和 MACD 指标，大盘形势对个股底部形成做了分析，但愿能对大家在个股处于启动阶段的操作有所帮助。

在前面我们将股价走势的底部区域的波段操作进行了简单分析，从以上的分析中可知：底部可实现短时间内的高收益。底部反转的股价走势粗分可以有两种类型，一种是超跌温和反弹型，一种是 V 型反转型。两种形态都可在短期内获得丰厚收益，尤其是 V 型反转型，往往在一周不到的时间内便可达到几十点的收益。这就是许多投资人喜欢抄底的原因。如果经过大幅下跌股价确实已经很低，即使被套，解套也容易，相对安全，但是它将在底部横盘多长时间，就成为波段投资人要考虑的问题了，毕竟波段投资者的时间也是金钱。

底部的风险也是我们必须高度警惕的。前面我们说了，上市超过一定时间的股票，其间经过派、送、转、增后，股价成本已经很难计算，加上主力经过高抛低吸，成本很有可能等于零，所以我们在自认为是底的价格介入后，如果不能及时止损，往往会被套一段时间。

主力的操作手法各有不同，有的主力绝不允许股价被打到自己的持仓成本以下很多，而有的却用打压手段，在股价远离成本区间、成交极度低迷的情况下，长期慢慢吸筹，进一步摊低成本，这需要极大的耐心，与主力比时间、比耐心，显然是波段操作者最大的风险。有的操作者以为长期低迷的地量就是个股的底部，所以也进行补仓操作，结果再次的放量大跌会彻底动摇持仓信心，迫使操作者最终割肉出局，损失惨重。底部横盘的时间也与主力的操作手法和大盘形势有很大关系，低部温和放量后的走势捉摸不定，看起来是启动反弹了，结果可能再次加速下行。

底部操作最重要的策略是：抄底操作时要快进快出，一旦发现与判断不符时及时止损出局；放量上攻时要大胆追进，时机一过就失去了介入机会；追进后被套，要果断止损。掌握反弹力度，区别反弹性质非常重要，如果反弹不是以快速拉升的方式，其反弹的第一波空间是不大的，介入后，如果不属 V 型反转型的应在股价反弹力度减弱时止盈出局，否则可能前功尽弃。

三、股价的主升段

个股的主升段是投资风险和效率都较高的阶段。股价从底部进入初升段后，一般都会有一个较长的横盘时期，这个时期就是高风险时期。在这个阶段，股价看起来已经脱离了底部区域，一般上涨幅度都在 20% ~ 40%，短线抄底资金获利盘会获利出局，主力需要在进一步加大持仓量的同时，降低自己的成本，拉高市场持筹者的持仓成本，抬高股价重心，这个横盘洗筹的过程会因种种因素变化莫测。有的横盘时间会很长，股价震荡幅度就在底部约 30% 的区域，这个时期就是散户投资人常常反复亏损的阶段。

举一个例子：中成股份（000151），在 2002 年“6·24”以后长期高位缩量横盘，2003 年 1 月份大盘反弹而该股不涨反跌，1 月底底部放量反弹，我的一个学生在反弹前介入了该股，短线获利出局。当时看起来该股正进入了我们现在讨论的横盘区，其后经过约一个月的横盘，于 2 月底 3 月初经一周的缩量上攻，走出了向上的趋势，短期均线系统向上发散，他以为该股进入了拉升的前期，重仓介入，此后被套，又经补仓降低成本，至4月14日，该股连续两天拉升，本可平仓出局，但由于对大盘形势与该股走势判断错误而延误了止损良机，结果造成了近30%的亏损。如果后来不在8元左右果断割肉（其2003年最低跌至4.83元），那结果就不堪设想。

总结介入该股并持股重套的过程，有如下几个方面的错误：该股在10元、9元、7元处的反弹都不是见底后的反弹，特别是7元钱处的反弹更具有欺骗性；介入前后，对南方证券重仓该股抱有的希望值太大，当时刚刚有消息说南方证券有问题，但并没警觉；当时大盘反弹气势如虹，不相信中成这样的绩优股会一心一意地下跌出货，所以一旦横盘后向上，就以为要启动；不相信指标提示，当时长、中线趋势并未走好，本不该持仓，应快进快出，及时止损。

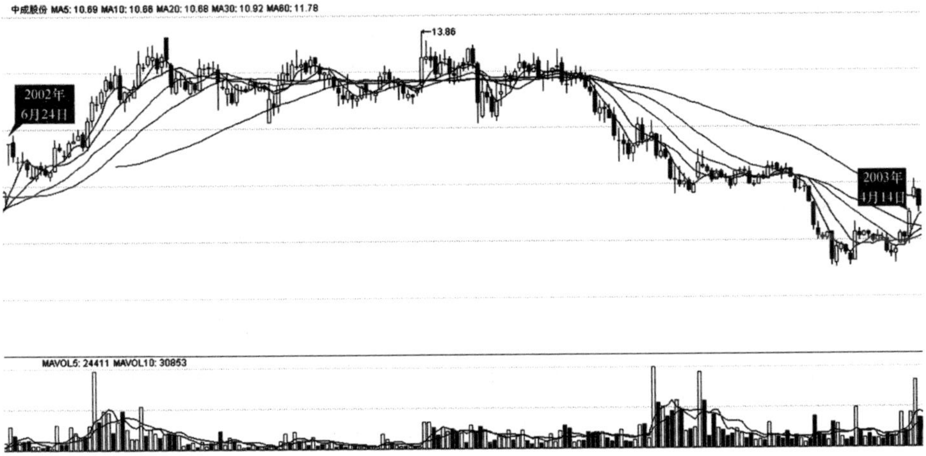

图7-4 中成股份图例

那么，与我们今天讨论的主题有关的错误中有哪些今后是可以直接避免的呢？底部区域是否确认是我们前期已经讨论过的话题，但由于短期内确认的底并不见得是中期底，这是上述例子中的重要提示。横盘震荡即使是在20~40点之间进行的，风险也已经足够大，如果横盘后再次探底后没有及时出局，时间一长可能失去耐心，把肉割在地板上了。周 KDJ 指标完全可以明确指示不应该持股的区间，只要周 KDJ 没有向上金叉，其 D 指标没有在 40 以上，或者 MACD 指标没有进入强势区，都不适合中线持仓，只可短线操作。

所以，消息面永远是主力让散户上当受骗的工具，不听或少听为佳。

四、横盘整理：找准突破方向

横盘整理行情是由以下三种情况形成的：下跌行情形成的横盘整理、收敛三角形成的横盘整理、上涨行情形成的横盘整理。

图 7-5 下跌行情形成的横盘整理

横盘整理行情突破方向的研判技巧：横盘整理往往是变盘的前奏曲，特别是股价经过一定下跌过程后的横盘整理，很容易形成阶段性底部。下跌行情形成的横盘整理行情结束时，绝大多数情况将选择向上突破，这种概率较大。其中，股市往往能形成阶段性反转行情或极有力度的反弹行情。

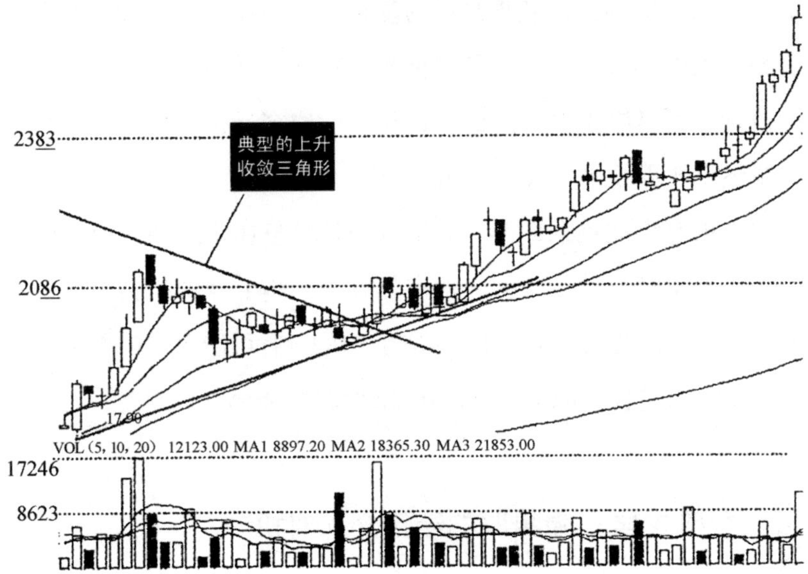

图 7-6 收敛三角形成的横盘整理

收敛三角形其形态特征是上涨高点不断下移、下跌低点不断抬高。这种形态通常表示投资者比较缺乏信心和趋于犹疑，投资行为更加谨慎，观望心理占据上风。这种形态在大多数情况下会延续原有的趋势选择突破方向，只有四分之一的概率会演变成与原来运行趋势相反的走势。

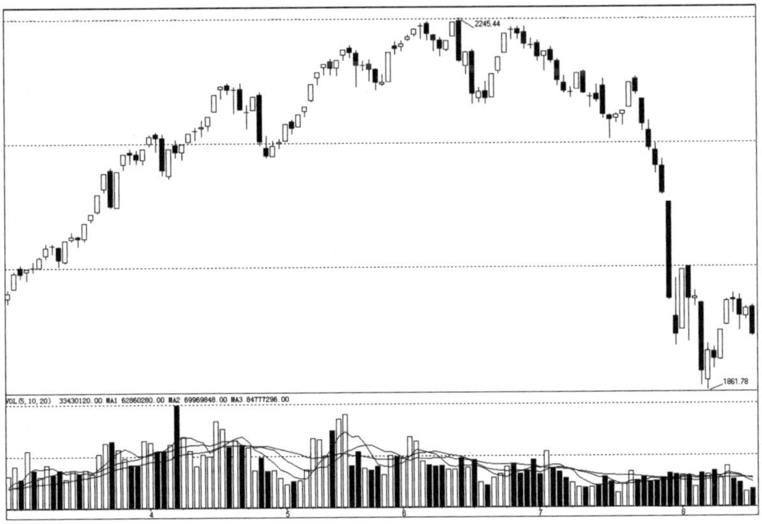

图 7-7 上涨行情形成的横盘整理

上涨行情形成的横盘整理是最为复杂的整理行情，其最终的方向性选择具有相当大的不确定性，必须根据量价特征，并结合技术分析手段进行具体的研判。通常看上升以后的横盘整理的成交量是否处于萎缩状态，如果成交量萎缩不明显或成交量有放大迹象，说明其中有部分主力资金正在外逃，后市极有可能见顶回落。如果成交量是急速萎缩的，说明做空动能不强，当横盘整理行情结束时，后市仍有进一步上涨的机会。此外，上升以后的横盘整理走势持续时间在5~15天内的，有可能形成向上突破走势。但如果横盘时间过长，向上突破的可能性就越小。

五、鱼吃中段：强势股的最佳介入时机

个股在完成初升段的拉升后，一般会有一个较长的横盘整理期，这个时期，主力持筹的仓位会有很多种变化，横盘的时间也不尽相同，而且与大盘走势的关联度、主力操作手法等都有很大区别，但是唯一不变的是，如果主力不吃足筹码，主升浪是肯定不会到来的。**吃足筹码的判断就是初升段与横盘期的换手率。**

现就如何介入强势股进行探讨。如何判断主升浪是否即将展开？首先股价应站稳在了年线上方，这是个股及大盘是否走牛的分水岭。所谓站稳在年线上方，一般指股价冲过年线后，再回试年线甚至击穿年线，然后再上穿年线，股价经过初升段的拉升及横盘后，放量实现突破，这是相对横盘所形成的箱体而言。在实现这个突破前，成交量大幅萎缩，而后以几倍于前期几天均量的幅度上攻，但换手率并不大，有的甚至不到1%，涨幅却超过5%。这种突破有多种形态，有的是以不引人注目地温和放量的方式来几个小阴小阳，过前期高点后说明主力已经控筹；有的是放量大阳，一举冲关，以突然涨停的方式冲关。

突破横盘箱体与突破一年内的高点是有区别的，有时是同时，有时则

相差很远，但有一个共同点：股价必须站稳在年线上方，放量上攻，换手率不能接近或超过 10%。

对于这个阶段的介入没有必要十分讲究，如在第一个放量阳线中就能肯定拉升，就可以追进，不论它当日涨升达到多少点，追涨停也是可以的。最合理的介入时机是第二个交易日的 10：30 前后，如果前一交易日大幅涨升或涨停板的成交量只有前几日均量的 5 倍以下，换手率不超过 5%，而第二天早盘没有大幅跳空高开且成交量也没有放量，即可介入；如果前一日是缩量小阴线或双十字星，当然是最好的了。如果此时突破的是一年内的高点，尽可放心持股，收益不会小于 15%；如果此次突破仅是相对横盘的箱体，则注意突破前期高点时股价会有不同程度地反复，但趋势既已形成，一般很难改变，震荡幅度也不会太大。

要注意几个问题：分清真假突破是关键，横盘期间要注意大盘动向，如果大盘走向不明确，不要介入第一个突破及第二天的收阴；突破如果并未过横盘箱体，不要怕失去了最大获利机会；横盘突破前后该股的消息面有没有变化，如果是一般的消息面利好引起的突破，绝不要介入，这往往是短线资金所为；如果大盘方向向下，横盘突破不可介入，防止短线资金看空大盘而拉升出货，但对走出独立行情、突破年内或半年内高点的个股则是最好的介入时机；介入主升浪个股对介入时机并不需要很精确，我们应该有“只吃鱼身不吃鱼头尾”的理念，成功的概率就会大大提高。不吃鱼头鱼尾只吃鱼身其实质就是不贪婪到通吃。

提倡只吃鱼身的操作方法，就先说说头部的研判吧。当个股周 KDJ 中的 J 进入 90 以上，而 KD 正向上发散，数值不超过 85，成交量相对前期并不大时，个股进入加速区间，可安心持股。以宝钢为例，2003 年 3 月，个股周 KDJ 中的周 J 线从上向下，而 KD 值处于横向运动，量能大大超过前期，个股走势进入了中期调整，放量期间中期头部正在形成，此后的高点都是出货时机。但是结合 MACD 看中长趋势，该股仍处于上升趋势之中，中长线投资者仍可持股，此后股价达到 8.05 元。

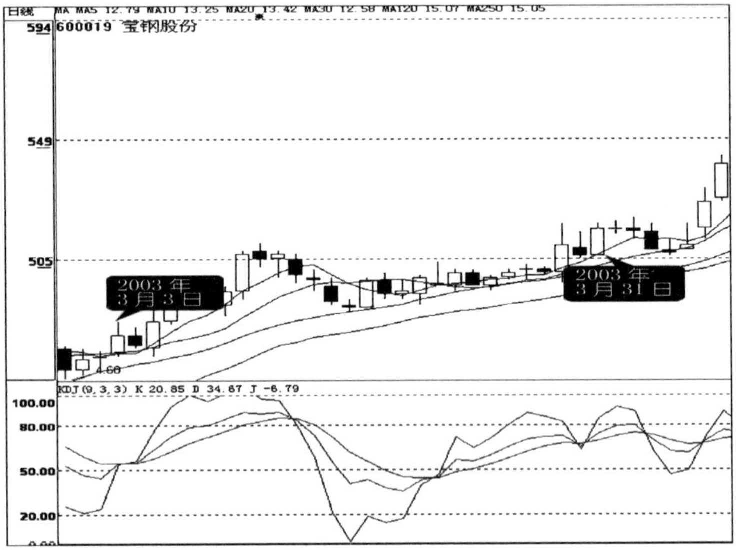

图 7–8　宝钢股份 K 线、KDJ 图

波段操作重点研判的是短期走势中的阶段性头部，我常用的方法仍是周 KDJ 与 MACD 配合进行。我们还是以宝钢为例，2003 年 10 月 10 ~ 20 日，该股以小幅放量的方式接近前期横盘的上箱体而后放量突破，此时的周 KDJ 中的 J 达到 98，而 KD 向上发散，其 KD 值分别为 70、56。此后 J 值开始横盘向下，而 KD 值仍然向上，最后分别达到 87.5、82.6 并与 J 值开成死叉，KDJ 值的大小开始反了过来，而此时股价却再创新高（2004 年 1 月 2 日前后）。在 3 个月的时间里，股价从 5.80 元涨升至 7.25 元，涨幅达 26.7%，此后股价创新高也有 10% 的涨幅。我们是否可以将前 3 个月突破后的 26.7% 确认成是鱼身，最后的 10% 是鱼尾呢？

其实我运用此方法和理念就成功地回避了 2007 年“5・30”大跌 930 点和 10 月 17 日大跌 1300 点的风险。我们使用 KDJ 指标进行研判个股走势分析时，不要忘记首要条件是该股流通盘要较大，我用宝钢股份为例进行说明也是这个原因，流通盘在 8000 万上下时主升段的跨度就不一定需要 3 个月以上了。

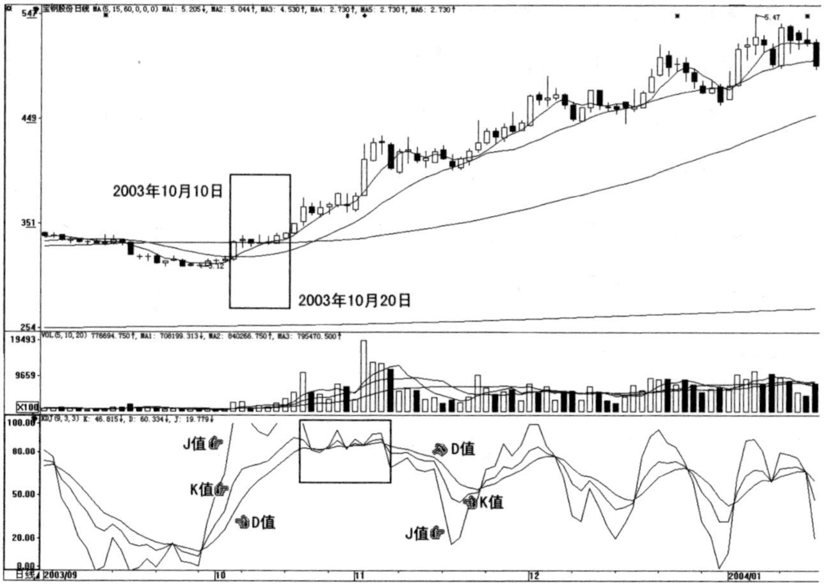

图 7-9　宝钢股份走势图

我们对个股的底部建仓到阶段性头部进行了分析，从中我们可以了解到，大盘也好，个股也好，都存在从底部至顶部，再回到底部的循环周期，这个周期时间的长短因各方面因素有异，个股从底部到顶部涨幅的大小也有很大的区别，但都存在着同样的过程。

因此可知：

个股初升段有高效率的可能，股价一般都可在几天时间内，达到或超过 15%，如果碰上 V 型反转，一周内上涨 30% ~ 50% 也有可能。该区间风险也不小，如果抄底抄到了阶段的顶，或者确认个股启动后才介入，进入横盘或二次探底的概率又较高，平均收益则大打折扣。

横盘整理期间风险较大，可操作性不强，个股股价震幅在 30% 上下，一不小心就会被套住。这个区间的效率最差，也是散户亏损的主要区间。

个股主升段如果发生在与板块、大盘的共振时期，则总的升幅可达 30% ~ 50% 甚至更多。主升段风险最小而收益较高。这个阶段如果细分，还可以分成几个阶段，股价发动主升浪可从半年线开始，冲过年线，回探年线，再次过年线，过年内高点等等，每一阶段都会有不错的收益。股价在放量加速上攻后，顶部风险将越来越大，而收益也将越来越小。以宝钢为例，两次阶段性头部的收益都只在 10% 上下，可其后的跌幅则不会少于 10%，如果是到达了中长期头部，则风险更大。

不吃鱼头鱼尾只吃鱼身，就是不贪婪，把利润留点给别人，同时把风险也一起给别人，何乐不为呢?

第八章

投资的最高境界：抄底逃顶

我们股市中出现了太多被奉为股神的人，其实，能预测到真正大底点位的那不是人，一定是神仙，一定是妖怪。因为市场的走势受多种时段、因素影响，不是任何统计数字能准确计算出来的。我不主张去猜测底部、顶部，我只知道底部区域来临，趋势和区域是可以凭知识和经验作出正确判断的。

进入2008年末，中国股市已经进入底部区域，不少个股价值显现。但抄底是有先决条件的，那就是不要想你今天投，明天就想涨停，抄底是为了以后抛，买股票是买未来，这个未来究竟多长，需要根据市场发展看，经过牛市的投资者知道，有价值的股，抱得越长，获利越丰厚。经济的恢复，市场的回暖，就像一个久病的躯体，来如烽火，去像抽丝。老股民十分谨慎，新股民还未杀入，虽然政府频频出台支持经济的措施，但金融危机造成的创伤对各国经济打击惨重，对我国经济影响巨大，加上周边和欧美市场对我们的影响，投资者求维稳，观望情绪严重，市场信心的恢复需要一个很长时间。

底部刚开始的反弹，都是低价股涨在第一板块，所以最好做差价，买那个两三块钱的，一涨就是一毛钱，一毛钱对两三块就5%，一般规律，牛熊过渡中第一阶段都是涨低价股，2007年“5·30”前就不涨绩优股，就像2008年跌的一样，前面跌的多数都是绩差股，但到一定时期，你会发现跌到两三块的股票，不太跌得动了。

在进入底部区域时，资金进入风险就较小了。底部空间不会太大，在这种点位买进股票一般不会错，原则上整个市场都闻股而退的时候，就是大资金建仓的好时机。因为我们可以判断2009年，一定会超过2000点，那么我们现在买的，放到那个时候，收益肯定要比不断在下调的银行利息多。

一、高级修炼：抄底逃顶有多难

我能20年不倒的原因。

股市的门槛很低，入市做股民较容易，然而要搭准市场的脉搏，准确地把握出入时机，成为赢家，就不是那么简单了。我在股海搏杀20年，始终把自己当成小散户，时刻警惕被大鳄所吞噬，这便是我近20年不倒的根本原因。散户在资金和信息上都处于劣势，但能利用“船小调头快”的优势，与主力周旋。我因为长年炒股经验的积累，躲过2007年5月30日和10月17日二次股市暴跌的风浪，保护了自己。我在这里把自己的体会，与新老股民分享。

一是顺势而为，见好就收。

我国股市仍然没有摆脱政策市的束缚，2007年9月下旬管理层多次提示投资风险在加大，可市场还不理会，股指继续上冲到6100多点，盘面放量滞涨，累积了巨大的获利盘。从这种情况来看，风险越积越大。听话听音，我想应顺应政策意图，少一点贪念，多一点谨慎，见好就收。9月，我陆续减仓。10月中旬，股市开始下跌，许多股友问我是否有内幕消息，我说：“物极必反，泡沫那么多，走向反面还用内幕消息吗？”

二是跌出机会，人弃我取。

“别人疯狂我恐惧，众人绝望我疯狂。”我的经验又一次得到应验。

有的散户看到股市大涨就兴奋，见到调整就恐惧，很难卖出最高价和买到最低价。2007 年 6 月 5 日，各大证券报刊刊登 4 只新基金获准发行的利好消息，可股市开盘后依然惯性下跌，到上午 11 时，指数跌到 3404 点，大部分股票已跌去四成以上。我认为这是机会，人弃我取，便动用 50%的资金，在跌停板上买回自己熟悉的股票。扫货原因很清楚：反弹行情往往在过度的非理性暴跌中产生。市场严重超卖，短期做空动能集中释放的同时必然会吸引场外抄底资金，产生一波报复性极强的反弹行情。这就像弹簧，被压得越紧，其反弹的动能就越足，这种反弹行情常常是短线高手追逐利润的最佳时机。

历史总是惊人地相似，历史又不会简单地重复。总结我的投资经验，那就是：平时虚心学习历史，学习新知，练就良好的心理素质和周密的逻辑思维能力。在把握牛市格局的前提下，保持理智，不因暴涨而冲动，也不因暴跌而恐慌。

面对市场风险及风险提示，新老股民心里各有“一本账”。

老股民们常坚持价值投资。一位资格很老的股民，选股只选成长性好、有业绩支撑的，从不听消息，不买垃圾股，不跟风炒作。经历过股市的风风雨雨，2007 年以来的几次大调整他都没有抛股票，他当时的收益率可能接近 300%。牛市里的股票选准了就一个字“捂”，不为股市的调整所动，不为股价的波动所动，只要没到目标位，坚决不动。

目前股市政策干预较少，而笔者认为整体来说中国经济还是在向好发展，因此，还有很多机会，但是如果频繁换股，不但会有高位选股的困难，而且会带来高买低卖的风险，更重要的是交易成本太高，没钱赚。

中国股市走过了这么多年，对于新的高位，股市的风险是不言而喻的，但并不用害怕，就像风浪中游泳，熟悉水性可收放自如，反之则会被呛、被淹。

二、做好基本功：识别底部与顶部区域

（一）抄底

成功地抄底与逃顶是衡量一个股民操作水平高低的重要依据，优秀的投资者总是能把握好进出的时机，虽然他不一定能抓住最低点。与之相反，有的人却容易踏错节奏，买在最高点而卖在最低点，损失自然惨重。抄底要有耐心和逆向思维。

1. 底部的两种形态

我们可以将底部形态简化作两种，即尖底与圆底。

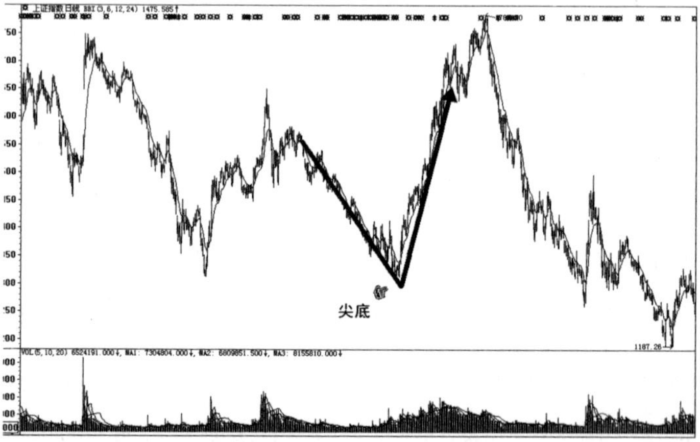

图 8-1　尖底形态

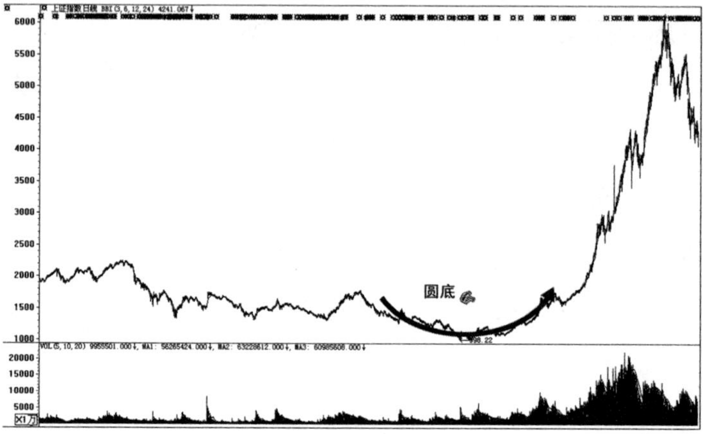

图 8-2　圆底形态

2. 尖底的识别与介入

尖底也就是V形反转，其特征是股价上涨迅猛，坡度很陡，它的形成一般是由于前期的加速下挫导致各项指标超跌、乖离率过高，从而出现报复性上扬，有时在下跌过程中突发重大利好消息也会构成V形反转。对付尖底有一招非常实用，那就是

“越跌越买”。大幅下跌有时候是主力在大力震仓，故意把图形做得很难看，很凶险，等到把意志不坚定者震出局后，主力就开始大幅拉升了。其实，这给那些头脑清醒、善于逆向思维的股民提供了一个很好的介入机会，因为尖底所引起的短时间的股价大幅波动是最容易给股民带来丰厚收益的。

3. 圆底的识别与介入

圆底要比尖底平稳得多，其特征是股价在底部长期做平台整理，成交量也长期维持在低水平上，当然，不排除有些股票以底部小幅震荡的方式来构筑圆弧底。要确定圆底的最佳介入时机的确比较困难，这要求股民具有良好的耐心，因为你永远不知道何时股价才会真正启动。启动之前该股票只会死气沉沉，惹人生厌。散户要介入这类股票只有等它真正启动之后才能万无一失，能买到次低点也是不错的。**至于如何判断个股的启动则要把股价与成交量结合起来分析，只要股价慢慢上行，摆脱平台，配合成交量稳步放大，就可以初步认定为股价启动。需要注意的一点是，其启动后多半会一波三折。**

（二）逃顶

1. 顶部的两种形态

把最后的利润让给别人同时也把风险留给别人。与底部两种形态相对应的是，顶部也具有尖顶和圆顶两种形态。

以前股市见顶多出现尖顶形态，股指在最后的疯狂中迅速见顶回落。但最近一年多以来，股市几次见顶都出现圆顶形态，股指在高位筑平台数

日或摆出几只圆弧形的小乌鸦之后才开始下降的过程，这似乎已渐渐成为一种趋势。对散户来说，尖顶形态要比圆顶形态容易掌握一些，只要在大盘疯狂的时候头脑冷静，摆脱贪欲，一般都能成功地逃顶。

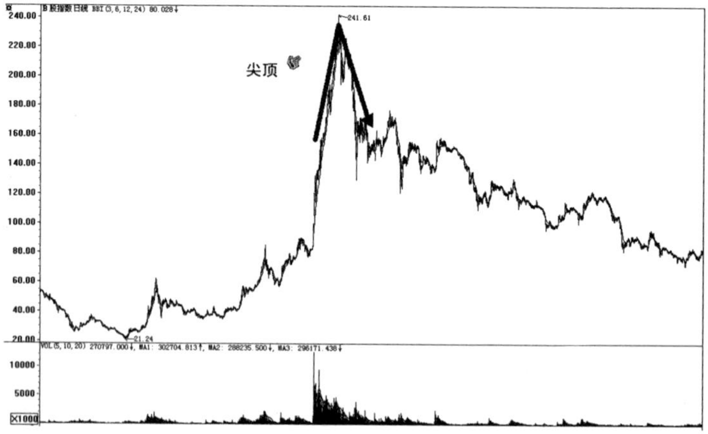

图 8–3　尖顶形态

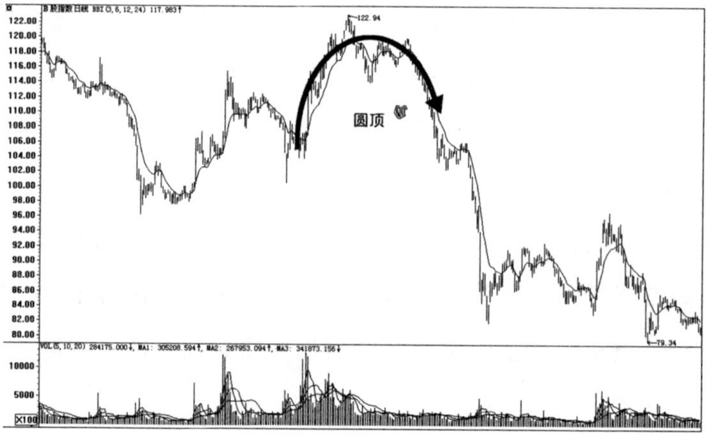

图 8–4　圆顶形态

2. 见顶前的主要标志

股票进入最后拉升阶段的主要标志就是连拉大阳，加上成交量迅速放大。当股票的换手率达到 20% 以上时就非常危险了，在其后几天内随时可能见顶回落，虽然也有再拉几根大阳的可能，但理智的股民应该及时果断卖出，把最后的利润让给别人，自己落袋为安。

三、巧用四大特征：发现顶部

在股市中，投资者经常会听到这样一句话，会买的是徒弟，会卖的才是师傅。这是因为股价在底部徘徊的时间较长，可以有充分的时间考虑，但在顶部高点的时间经常是非常短，不少投资者还没有来得及卖出，便开始下跌了。市场上有“底部百日，顶部三天”的说法，说明逃顶的难度。市场的高手也是会逃顶的高手。投资者如想在投机性非常强的股票市场上生存和获利，必须学会一些逃顶的技巧和方法。

（一）政策特征

中国股市是一个新兴的市场，政策调控将直接影响股市。**在历史的走势中，可以看到许多头部是由政策调控促成的。**如1995年停止国债、期货交易，造成“5·18”行情的大幅上涨；数日后公布新股上市额度，股指形成头部，大幅下跌。1996年12月中旬，深沪股市连续上涨，上证指数已涨到1258点，随后数日人民日报发表社论，认为股市市盈率太高，泡沫过多，结果股市大跌，形成阶段性头部。1997年5月中旬的大顶部也是由直接政策调控造成的。5月9日证券印花税率由千分之三上调为千分之五，紧跟着公布了300个亿的新股上市额度；1997年5月22日又出台严禁国企和上市公司炒股的规定，连续的政策调控使股指形成一个大头部，紧跟着是一轮大幅下跌。因此，一个投资者如想成功逃顶，必须把握住政策导向，广泛搜集政策信息，并通过精心分析这些政策信息，通过政策面的微小变化，及时发现管理层的调控意图，这样才可以领先一步。如在1997年5月，刚宣布印花税提高时大规模离场，将可以逃出一个大顶，随后的300个亿的上市额度，增加幅度之大是空前的。而每次大扩容，股市都伴随大幅下跌，因此，投资者对扩容消息一定要非常敏感。

2005年时，管理层出台多项措施，支持股市发展，我意识到股市要涨了，就把房子都卖了进入股市，事实证明是对的。但是现在情况完全不同了，管理层对股市大涨感到很担忧，股市其实在3000点左右的时候就应该跌了，但为什么不跌呢？主要有两个原因：一是由于我国的外贸顺差过大，导致流动性过剩；二是投资者的金融理财意识提高了，纷纷进入股市。正是新股民的不断入市，改变了股市的既有投资结构，导致股市不跌反涨。以前散户要看机构操作跟风，现在机构却要看散户“脸色”，每天都要关注股市的新开户数，来判断大盘后面的走势。现在这些新股民缺乏理念和技巧，有的只是贪婪，更容易增加市场的盲目性。从2007年5月初开始，管理层不断提示风险，并出台调控政策，可市场对此却毫不理会。后来又进一步出台了调控措施，因此政策面对后市很不利；而且，经过一年多的大涨，选择个股也很难了。所以，那时我把手中股票抛光了，只是打打新股，赚点无风险收益。

（二）利好出尽将形成头部

在股市中，由于信息的不对称性，主力有时利用掌握的信息在低位开始悄悄进货，并一路推高。**等到消息传开时，反而是主力逢高派发的好时机，这种情况被市场称为“见光死”**。如：浪莎股份（600137）2007年4月13日重组消息公布，4月20日上市复牌，一连十几个跌停，从85元开始了漫漫下跌路，至今已经到8.6元。因此，当股价已连续上涨非常大的

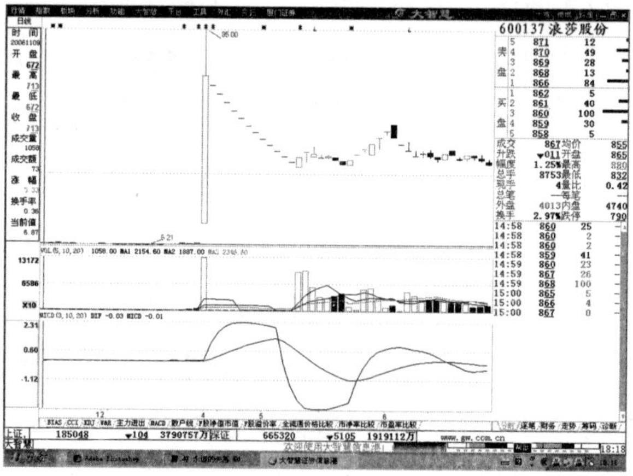

图 8–5　浪莎股份图例

幅度后，出利好消息反而容易形成头部。投资者想学会成功逃顶，就必须了解主力常借利好出货的手法。

再如1999年9月9日公布了三类企业（国企、上市公司、国家控股公司）可以进入二级市场的利好消息，当日上证指数即大涨了100多个点，但第二日股指便开始下跌。

（三）市场现象标志

当散户大厅人山人海，进出极不方便的时候；当你周围的人都争相谈论已经挣了大钱的时候；当证券公司大厅全都是新面孔的时候；当证券交易所门口自行车极多，没有地方停的时候；当证券类报纸、杂志炙手可热的时候；当一个股市新手都敢给你推荐股票，并说这是庄股，目标位要拉到多高多高的时候；当卖冰棍的老人家都来买股票的时候；当大型股评报告会人满为患的时候；当证券交易所工作人员服务态度极端不好的时候；当开户资金大幅提高再提高的时候……以上现象出现时，市场已在顶部或是顶部区域，投资者应开始减磅离场。

（四）技术信号特征

当一个顶部出现时，技术分析方法可以给出明确的头部信号或卖点信号。前面我们讲了很多观察方法，如果我们学好技术分析，将可以在图形上提前发现顶部。

八种形态法逃顶成功：

（1）当K线图在高位出现M头形态、头肩顶形态、圆弧顶形态和倒V字形态时，都是非常明显的顶部形态；

（2）当股价已经过数浪上升，涨幅很大时，如5日均线从上向下穿10日均线，形成死叉时，显示头部已经形成；

（3）在K线图上，高位日K线出现穿头破脚、乌云盖顶、高位垂死十字都是股价见顶的信号；

（4）周 KDJ 指标在 80 以上，形成死叉，通常是见中期顶部和大顶的信号；

（5）5、10 周 RSI 指标如运行到 80 以上，预示着股指和股价进入极度超买状态，头部即将出现；宝塔线经过数浪上涨，在高位两平头、三平头或四平头翻绿时，是见顶信号；

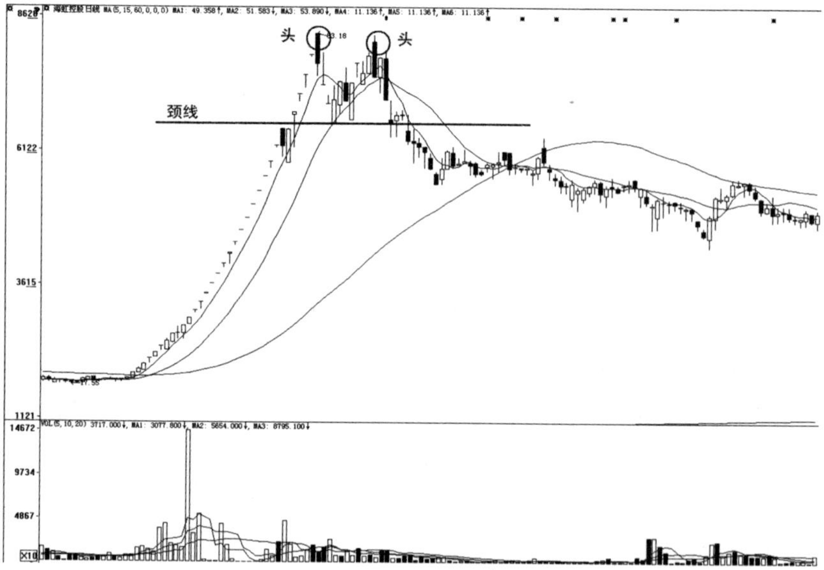

图 8–6　M 头形态

（6）MACD 指标在高位形成死叉或 M 头时，红色柱状不继续放大，并逐渐缩短时，头部已经形成；

（7）股价随布林线上升较长时间，当股价向上穿越（趋势阻力线）BOLB1，又下穿 BOLB1，随后再下穿阻力线 BOLB2 时；

（8）当长期上升趋势线被股价向下突破时。

投资者逃顶时要坚决果断，一旦发现信号，要坚决卖出，决不能手软和抱有幻想。即使是卖错了，也没有关系。因为，买入机会非常多，而卖出的机会往往只有一次。因为股价通常运行在头部时间非常短，大大少于在底部的时间，一旦逃顶不坚决，很可能被长期套牢。

四、强弱市中都存在：阶段性顶部的识别

常态下的顶部有多种形式，有单顶、双顶和多重顶。在一般情况下，如果没有基本面上的突然加压，单顶形成的可能性不大，而双顶和多重顶的情况倒很常见，如 2007 年 5 月 30 日和 10 月 16 日都是波段的双重顶。因为在一轮多头行情催逼下，由于惯性思维的影响，人们总以为股指会在很短时间内重拾升势，再创新高；也往往会认为每一次反弹都是探寻底部成功的标志，这种心理很容易被市场主力所利用，主力在不断给市场留下还能再创新高的幻想中边拉边撤，中小投资者也就在不断抢反弹中层层吃套，越陷越深。所以我们常说，顶部不是一个点，而是一个区域，道理就在这里。

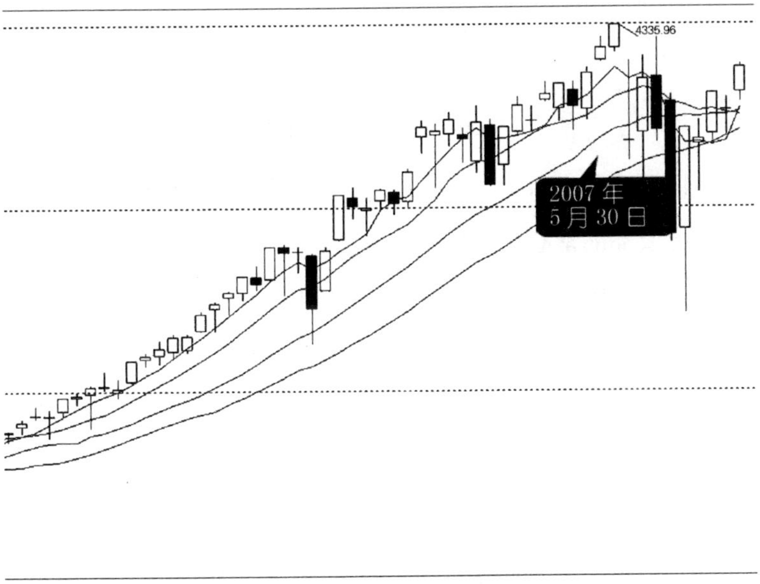

图 8–7　2007 年 5 月 30 日的“政策顶”

那么，真正的顶部怎样识别？在沪深股市中，顶部的形成总是伴随着两个因素。一个是政策因素，2007 年 5 月 30 日是政策顶。一个是技术因素，2007 年 10 月 16 日是市场顶。前者很容易导致急跌，而后者却能一步三回头地持续很长一段时间，才会让人看明白顶部的威力和它的破坏性。所以，

如果将这两个因素结合在一起考察，顶部的形态就昭然若揭了。

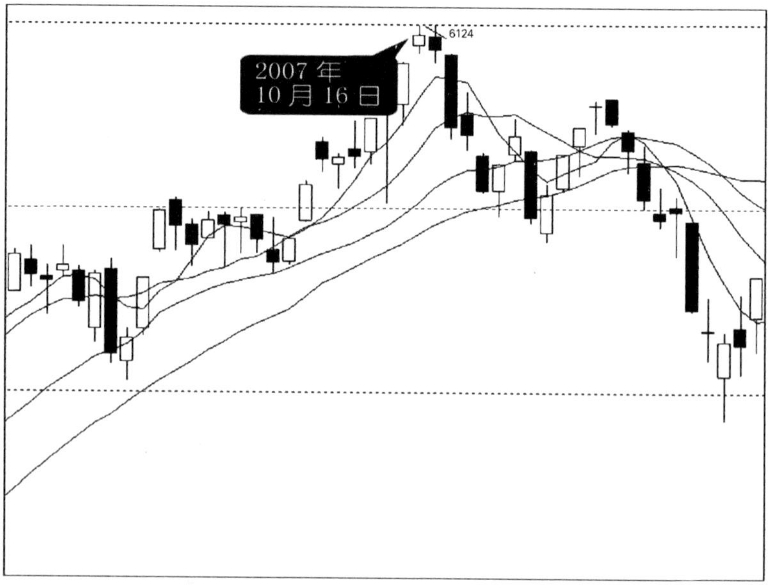

图 8-8　2007 年 10 月 16 日的“市场顶”

对阶段性调整的特征相对容易把握，投资者一般可以从以下一些指标中寻找**阶段性顶部的常态识别标志：**

一是布林线（BOLL）跌破下轨。利用布林线看盘或选股，主要是以布林线指标开口大小为依据，对那些开口逐渐变小的盘面要多加留意。因为布林线开口逐渐变小，说明股价的涨跌幅度逐渐变小，多头力量不再强悍，短期盘势将会选择突破方向。开口越小，盘面的突变性就越强；二是傻瓜指标 SAR 发出卖出信号；三是 5 日均线死叉 10 日均线并击穿 25 日均线、30 日均线，中线多头趋淡；四是盘中反弹乏力，平滑异同移动平均线（MACD）红线消失，绿头时隐时现；五是短线指标（KDJ）和相对强弱指标（RSI）从高位钝化状态回落到 50 附近甚至更下面；六是市场在经过一段买方力量强于卖方力量的升势之后，多头趋弱或仅能维持原来的购买力量，使涨势缓和，而空头力量却不断加强，最后双方力量均衡，此时股价会保持没有涨跌的静止状态。如果卖方力量超过买方，股价就会回落。开始也许只是慢慢改变，跌势不明显，但后期则由空方完全掌握主动，跌势转急，此时调整市道将来临，而盘面在这段时间阴线会明显多于阳线，且这方面的弱性趋势还会受到成交量的支持。此时的成交量多表现为自左向右逐渐变小，说明市场短期环境有变，人心趋于谨慎，操作上出现保守的倾向。

五、底部的八大特征

对于如何在实战中看K线形态来测定底部，我认为普通投资者主要是掌握一些特征，记于心并在实践中熟练应用。回顾市场多年的走势，甚至世界各国不同市场的底部区域，几乎都能证明以下这些规律是中期、长期底部所共有的，以此判断，准确率会相当高：（1）周K线、月K线处于低位区域或者长期上升通道的下轨；（2）总成交量持续萎缩或者处于历史地量区域；（3）涨跌幅榜呈橄榄型排列，即最大涨幅3%左右，而最大跌幅也仅3%左右，市场绝大多数品种处于微涨、微跌状态；（4）指数越向下偏离年线，底部的可能性越大，一般如果在远离年线的位置出现横盘抗跌或者V型转向，至少表明中级阶段性底部已明确成立；（5）虽然时有热点板块活跃，显示有资金运作，但明显缺乏持久效应，更没有阶段性领涨、领跌品种；（6）消息面上任何轻微的利空就能迅速刺激大盘走中阴线，这种没有任何实质性的做空力量却能轻易引发下跌，表明市场人气已经脆弱到了极限；（7）相当多的个股走势凝滞，买卖委托相差悬殊，按买1、买2价格挂单100股做测试，成交率很低；（8）债市现券普遍出现阶段性脉冲行情，基金经理们开始一致看好国债。

这八大特征在18年来股市行情发动的前夕都表现出惊人的一致。当然，把底部的形态特征总结成简单易懂的规律加以记忆仅仅是第一步，读者还应该学会举一反三。例如，上面所述典型特征完全反过来就成了中期、长期顶部的技术特征。

六、抄底逃顶的五个信号

在股票的交易活动中能获利的手段只有四种，即波段操作、股本扩张、追寻黑马、持有原始股。在目前股本扩张属于长线投资；追踪黑马属于跟主力行为，一般散户投资者是不易做到的；持有原始股需要上网认购，概率比较小。因此作为散户投资者波段操作最重要，所以抄底逃顶信号的识别是一般投资者，包括长线投资者扩大盈利或是确保盈利的最有效手段。主要从五个方面来综合识别信号。第一，移动平均线；第二，K 线；第三，纯技术分析；第四，市场特征；第五，消息和政策。下面先来谈谈移动平均线。

（一）抄底逃顶的信号之一——移动平均线

移动平均线是从时间上来追踪短、中、长股价波动的方向。应该说这个理论的精髓是投资领域前辈倾家荡产、血与泪换来的成果。2007 年 5 月和 10 月不少投资者套牢均是不懂移动平均线系统。这段时间股市强劲上涨盲目抛售后又涨的后悔者也是没有看到移动平均线强劲的上升。移动平均线周而复始不断地出现峰与谷，产生反方向变动往往是转点出现时最有利的时机。

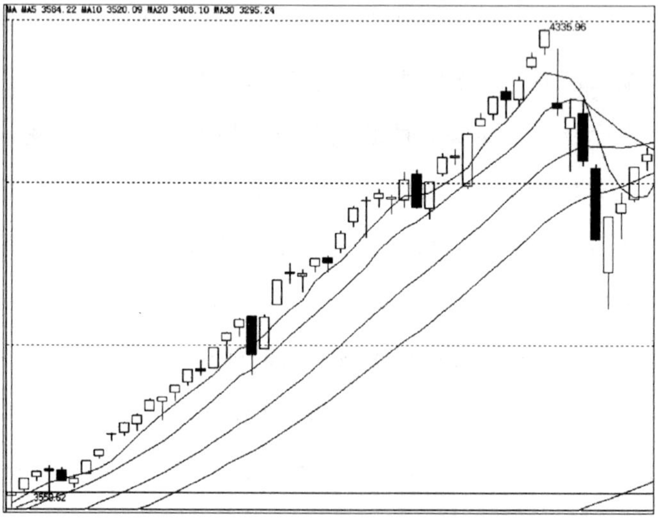

图 8-9　2007 年 5 月上证综指移动平均线

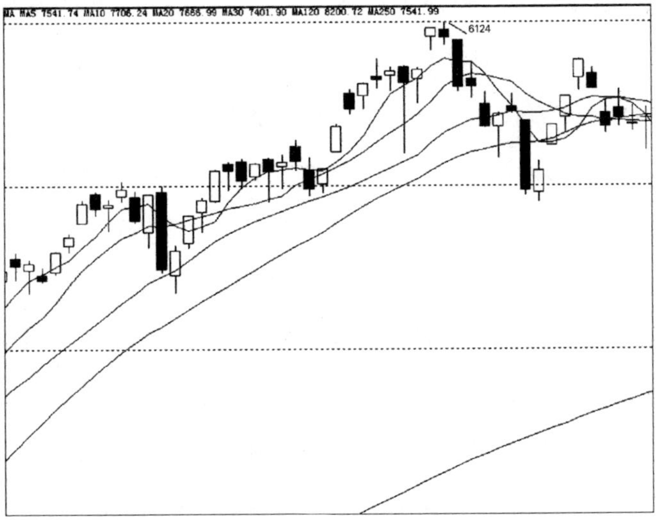

图 8-10　2007 年 10 月上证综指移动平均线

短线应用日移动平均线作参考；中线则以周移动平均线作参考，两者互相印证，抛股一定能抛在高峰区域。以上升行情来说，移动平均的波动方向会在 K 线的下方，托着 K 线往上涨（见图 8-9），经过一段上升以后 K 线走平，继而跌破 5 日移动平均线，甚至跌破 10 日移动平均线，这就是一波的拐点也就是抛点（见图 8-10）。以下跌行情看移动平均线会压制着 K 线向下移动，一直到 K 线穿越移动平均线形成谷底，包括下跌当中的反弹和上升当中的回档无不如此。

（二）抄底逃顶信号之二——K 线

股票交易活动中，K 线是最权威最有效的分析方法之一，整个 K 线就是多空双方的争斗图。股票市场行情的波动决定于供需不平衡的状况，也就是在同一时间内买方大于卖方股价则上扬，反之则跌。

将行情用 K 线表示法画下来，就会发现不同的种类隐含着不同的意义，买卖双方力量的增减、转变可以从 K 线之“影线”或“实体”部分表现出来。“上影线”表示卖方稍强，“下影线”表示较低价格有较强的买气。因此利用 K 线系统抄底逃顶的操作必须会辨别 K 线的含义，正确认识 K 线所揭示的行情变动方向。这是因为在证券的买与卖交易过程中始终有三种人，一种是对市场感觉灵敏对趋势有领先认识，虽然有时候捕风捉影却能掌握涨跌方向的人，因而获利机会较大；第二种属于反应也灵敏但动作谨慎，不在最低价进不在最高价出的人，此种人获利并不是最大但很平稳；第三种是对大势不了解却又禁不起诱惑和考验的人，在股市最热的时候本着赚钱的愿望（1756 点、1500 点、1410 点、1310 点、1210 点时）却遭受着套牢的痛苦，但往往股市最低潮的时候这种人已忍无可忍，突生退意，抛出所有的股票绝望地离开股市。

由于上述人性的不同表现，K 线在上升与下跌中会形成一个基本的规律，用 K 线无声地描述了不同心态。一般说，从底部跃起的 K 线往往是几根阳线，然后经过第二种人的追涨会形成跳空高开高走，在 K 线上留下缺口分别为突破缺口、持续缺口和竭尽缺口，特别强势会有 4 至 5 个缺口。由于大资金在里面拉高出货，会有一根大阳线，高开以后由于大量的抛盘出现高开走低，并伴随着成交量的巨放拉出一根大阴线，遮住了前面阳线的一部分或是一半，这个形态是典型的乌云盖顶。市道不太强的时候，往往是缓慢上升以后出现 K 线的小阴小阳或者十字阴线、十字阳线，结合均线看就是 5 日均线走平的时候，股价开始下跌，以较多的阴线转向或调整，例如 2007 年 10 月的 6100 点附近是阴多阳少（见图 8-10）。

[JP+2] 下跌市道正好与上升相反。刚刚开始下跌的时候，由于人性的弱点，先是由小阴线出现，经过其中的反弹以及小阳线出现，K 线称之为下跌抵抗型，也同样经过 3 到 4 个向下跳空缺口，K 线阴线的实体越拉越长，这就是第三种人形成的恐慌性抛售造成的长阴下跌，继而又能见到下跌中小阴小阳或者十字阴线，又进入了另一个循环。

只要股票市场存在多空之战，就会在 K 线的形态上表现出来。要认识到股价（指数）受到各种因素而调整、涨跌过程中多空双方力量的表现和形成一个个循环的规律，因此在经过一段时间上涨以后的乌云盖顶、十字阳线、十字阴线俗称为射击之星、死亡之星都是逆变或者回档的信号；同样道理，经过一轮下跌以后，阴包阳、小阴小阳横走，特别是缩量以后的十字小阴、十字小阳俗称希望之星都是K线抄底逃顶的信号，那么K线信号配合上文均线系统的信号佐以成交量的一个完整的系统综合应用成效会特别大。

（三）抄底逃顶信号之三——成交量

1. 成交量是晴雨表

股谚云："股市上什么都能骗人，唯有成交量不能骗人。"成交量[HJ2.9mm]是一个重要的信号，但较难掌握，需有经验的投资者才能辨别。成交量能反映出股价波动有高潮也有低潮，有高峰也有低谷，这种循环过程反映了人气的聚和散。股市人气的聚散都需要一定时间的酝酿，不是呼之则来挥之则去的。兴风作浪前都会有明显的征兆，将人潮数字化便是成交量。

一段行情初起时，成交量开始增加，是渐进的并非急剧的。例如，2007年5月19日掀起的那波行情，成交量就是逐步放大的，至6月15日沪市成交量便放大到280亿，直到以后无法再增加，行情便告一段落，进入盘整阶段，成交量萎缩。另一波行情再起时，股价继续上升，成交量再度逐渐增加。

股价创新高维持不跌，必须要有大成交量做基础。因此，上涨必须有量，下跌可以无量。有量就表示换手积极，能维持股价；无量则股价下跌，人气四散，成交量开始迅速或缓慢萎缩。无法再减少时，下跌行情会告一段落，股价进入整理或反弹；成交量再增加，另一波下跌行情再起。股价继续下跌或成交量继续萎缩，就是买气不断削弱，形成供大于求的现象。所以成交量是股市的元气，股价则不过是它的表面现象而已。成交量通常比股价先行，股市上有"先见量后见价"之说。

2. 多头前的成交量

市场突然反转时，多空必然展开搏斗。多头市场行情的初期，成交量与前期的空头市场相比必然大增；短期内股价迅速上涨。因此，股价突然突破盘整，成交量大增，而股价仍继续上涨，是多头市场来临的征兆，也是抄底买进的信号。多头市场结束前，成交量也会有信号暗示股价即将会下跌。经过长期上升，股价无法再升时，每日或一周始终维持较大的成交量；当成交量显著萎缩，表示主力已撤退，股价立刻会开始下跌。这就是所谓的成交量风起云涌，股价不涨行情到顶。

3. 空头前的成交量

空头市场成交量的特征，就是股价下跌导致买盘不积极，成交量随股价创新低而萎缩，直至跌无可跌时就可能出现反弹。这样一波一波地往下跌，出现新的低价，直到成交量再也无法萎缩时，下跌行情就结束。

空头市场行情的初期，由于投资者的看法不一，成交量依然是巨大的，直到出现大跌，使多头受到重创，不敢再买入股票，交易逐步停滞，而股价远离大成交量聚集的价位，继续下跌，这就是空头市场来临的征兆，也就是卖出的信号。

空头市场结束转为多头市场前，成交量也会发出信号。空头市场的尾声成交量都已萎缩，随后成交量有放大的迹象，股价有时会升、有时依然横盘或缩量下跌，但上涨的种子已经埋下，上涨势在必行。**所以在空头市场成交量创历史最低，次日应迅速买入。**

4. 量价背离说明什么

多空市场的成交量始终在轮换，由低到高、由高到低，循环往复。经验不足的投资者可看乾龙静态或其他分析软件中“线能，量能”（PVEL），它很直观。该指标主要以K线搭配成交量来观察价量的关系，具有很深的实战参考价值，用它抄底逃顶少有骗线。在高价圈，K线下跌量能下降，表示是跌势初期；在低价圈时，表示股价跌势已届末期。K线下跌量能上升，属于量价背离现象，在低价圈时意味着低档接手积极，股价近谷底；高价圈时表示主力大户出货。

以我的经验来看，多头市场连续涨

三天，指数跳空而上必有深幅的回档。股价（指数）加速上涨，行情到尽头。

（四）抄底逃顶信号之四——趋向指标（MACD）

为了避免损失，为了稳妥地在市场上获利，应该重视学习股市的技术分析。技术分析不是万试万灵的灵丹妙药，但基本了解很有必要。

比如2007年的牛市，虽然有政策面的要求，但技术分析上也有体现。很多舆论认为技术分析在目前的市道不灵，是没有精深学透之故，且没有良好的心理素质配合，很难用技术分析指导。技术分析的精华在于“先求防身，后求攻击”。

股票市场的走势永远是没有道理的道理，永远都是二选一的课题，难就难在能否果断地做出一个决定。然而选择股票的原则，强与弱之间的互换，个股之间的循环，有时难以琢磨。因此，技术指标可以起一种辅助的作用。MACD就是一种重要的趋向类的指标。

1. 牛背离和熊背离

MACD指标又分为正值和负值，红为正；绿为负。两根线又分快速线和慢速线。红色的柱状区显示为多头市场，一旦股价的高点比前一次的高点高，而MACD的高点却比前一次的高点低时，表示指标怀疑股价的上涨是外强中干，称为牛背离，暗示股价很快就会反转下跌。市场用柱状线表现买卖，强势市场中用快速线的交叉表现买卖。一般要等MACD的快慢线两次向下交叉，才是卖点。一旦股价的低点比前一次的低点低，而MACD指标的低点却比前一次的低点高时，表示指标认为股价不会再持续下跌，称为熊背离，暗示股价很快就会反转上涨。那么这种状况一般发生在空头市场，也即负值区，也就是绿色柱状体的时候。特弱的市道，必须选快慢线两次向上交叉。

2. 要高度关注的四个买卖点

MACD 的提示买卖点有四个，卖点两个，买点两个。红色柱状线缩短、快慢线由上向下交叉时卖出；绿色柱状线缩短、快慢线由下向上交叉时买进。强势市场卖出选快慢线交叉，弱势市场选红色柱状体缩短时卖出；强势市场买进选绿色柱状体缩短时，弱势市场买进选快慢速线交叉。特强市场选快慢速线两次交叉以后一定卖出，特弱市场选快慢速线两次交叉一定买进。

MACD 是一项中线指标，也是波段操作的重要指标。买进或卖出点，最低与最高价之间的差价较大，当行情忽上忽下或盘整时，进出太忙且买卖之间没有利润，所以不能作短线。但是在波段操作或大牛市中利用 MACD 的背离和两次向下交叉是极其有用的辅助手段。以周为单位的 MACD 少有骗线，但较行情迟缓。利用其周线 MACD 高位预警，日 MACD 抛出效果极佳。

短线使用可以把动态参数修改为 6，13，5；中线可把参数设为 12，26，9；空头市场可把参数改为 24，52，18。

（五）抄底逃顶信号之五——相对强弱指标（RSI）信号

炒股是一门艺术，投资是一门科学。利用相对强弱指标来测量股价的强弱、超买超卖、形态、交叉及背离，特别是周 RSI 的背离，是一种很典型的抄底逃顶信号。

1. 揭示阶段性底部和顶部

将 RSI 这一工具和日 K 线并用，可以揭示阶段性的顶部和底部。

比如说，在股市上扬当中多高算高，多低算低，我们可以从 RSI 值 0 到 100 之间获得解答。同时，强弱指标所显示的形状有些与 K 线相类似，推断股价未来变动方向的功能也类似，所不同部分就是 K 线图形还具备预测股价变动的涨幅或跌幅的测量能力。观察各种图形在涨跌过程里，涨势中各次级波动的低点一底比一底高，更有趣的是将过去低点相连，大多可连成一条直线。跌势里各次级波动的低点一底比一底低，连起来亦会形成一条直线，这就是上升趋势线与下跌趋势线。

而在技术分析的领域中，又将股价趋势分为多头市场和空头市场。然而，无论在多头市场还是在空头市场，其股价变动都有快慢与缓慢之分。多头市场里，股价在股票需求大于供给，持者惜售的情况下而徐缓上升，这是正常的走势。在炒手介入积极炒作，形成多空激烈对峙的热门股里，有时会出现持续涨停板、股价大幅度上涨的不正常现象。这种受人为炒作的行情迟早会告一段落，回档整理后，若上升趋势未破坏，股价仍将朝高价再变动。

因此，RSI 如出现连接两个短线底部，画出一条由左向右倾斜的切线，跌破切线——卖出；RSI 连接两个短线底部，画出一条由左向右下方倾斜的切线，向上突破切线是较好的买进信号。

图 8–11　向上突破切线是较好的买进信号

2. 研判多头和空头的尾声

多头市场接近尾声，股价变动速度趋于缓慢，虽然仍屡创新高，但从强弱指标图形可以看出，强弱指标值跳动已不如先前那样强劲，出现了背离。当空头市场进入尾声，即将转为多头市场前，虽然股价表现仍不突出，甚至持续创新低，但在强弱指标图形上，却已显示一底比一底高之趋向，将前两底点连接，向右上方延伸，当强弱指标值再度回落，而获得此条支撑线支持，再度弹升时，亦是买入时机。

3. 预测天价和地价

结合移动平均线、强弱指标有预测天价和地价的作用。就移动平均线而言，能正确地掌握股价变动之短期、中长期与长期趋势，对于高价位与低价位亦能有充分的时间研判。但是，对于天价和地价则无法掌握，光靠移动平均线之转点追踪是不够的。而强弱指标却恰恰相反，由于强弱指标有其上下的极限，当强弱指标接近100或0，很自然地出现短期买点和卖点。**而当股价三度创新高，强弱指标值却呈现一峰比一峰低，显然，距天价已不远，几乎就是天价。相对地，当股价数度创新低价，强弱指标值却呈现一底比一底高，显然，距地价已不远，甚至于这就是地价。**但是，由于强弱指标值快速跳动，千变万化，轨迹虽能建立，但难持久，有效性差。因此，无法预测中长期与长期的股价变动趋势。两种技术分析方法正巧能取长补短，使投资者不但能洞悉股价变动之未来趋向，也能对天价与地价之掌握增加准确性，也是抄底逃顶绝妙的取长补短的组合方法。

我一般将RSI的短线使用指标修改为5，10；周线指标修改为4，8。短线用于日常抄底逃顶，周线用于波段。

七、忍住煎熬：把握低吸的最佳时机

高抛低吸是股票投资的有效战术，几乎成了投资者炒股的追求境界，然而成功者极少。何以如此，是因操作技术难度太大吗？不是，而是人性的弱点——贪婪所致。

当你手中所持有的股票股价腾空飞升时，征服的欲望会改变你思维的导向，变成无限膨胀的盈利欲望，涨了一波之后，仍捂股盼着第二波、第三波。涨了一个停板，还等着第二个、第三个涨停板。股价冲高回落时，瞪着双眼望着逐波下调的股价，甚至这只股票回到了启动点位时，期望获得最高价的欲望已经定格在自己的内心深处，不愿减利或止损出局而失去获利的机会。

一般说来，低位吸筹安全系数较高，获利的概率较大，但等待最佳吸纳机会需要耐心，而且要受得住煎熬，这时应该坚定自己的信念，再漫长的黑夜总会被灿烂的黎明所取代，再痛苦的煎熬总会有尽头。

然而，什么阶段、时间才是最佳的低吸机会呢？这里提供下列几个范例供投资者参考：

在底部横盘、不受大盘涨跌影响的股票，随时吸纳都安全，特别是K线的最后一根阴线开始启动向上突破时是最佳的低吸机会且获利空间较大。股市上的众多黑马股都曾出现过这样的走势：K线图长期空头排列、股价连下了几个台阶、跌破所有均线仍未止跌、日成交量呈现逐步萎缩状、K值呈负值、J值在负值10 ~ 20处多日钝化、乖离率在1 ~ 10以上钝化、强弱指标在10以下钝化。如果出现上述其中一个特征的股票都会有一定的涨幅，上述特征都具备的股票涨幅会十分大，获利不仅可靠，还十分可观。

高抛低吸要果断且快速进出，稍一犹豫就会失去最佳的机会。股市的机会是稍纵即逝的。机会是时间流动中的闪现，失去后难以获得相似的机会。把握机会利用时间差获利是炒股的核心之核心，盈亏就是在这关键的瞬间决定的。

八、入袋为安：确定出货时机

会买的是徒弟，会卖的是师傅，要保住胜利果实，应该以入袋为安为原则。以下几个窍门：

计划中买入 无论什么时候，买股票之前就要盘算好买进的理由，并设想好出货的准备。千万不可以盲目地去买，然后盲目地等待上涨，再盲目地被套牢。一定要设立止损点。凡是出现巨大的亏损的，都是由于入市的时候没有设立止损点，而设立了止损点就必须坚决果断执行。尤其是刚买进就套牢，如果发现错了，就应该择机卖出。在斩仓的时候，可能不忍心一下子全卖出去，那就执行快刀慢割的手法。总而言之，做长线投资的必须是股价能长期走牛的股票，一旦下跌，就必须卖！不怕下跌怕放量。有的股票无缘无故地下跌并不可怕，可怕的是成交量的放大。有时是主力持股比较多的品种，绝对不应该有巨大的成交量，如果出现，十有八九是主力出货。所以，对任何情况下的突然放量都要极其谨慎。

拒绝中阴线 无论大盘还是个股，如果发现跌破了大众公认的强支撑，当天有收中阴线的趋势，都必须加以警惕。尤其是本来走势不错的个股，一旦出现中阴线可能引发中线持仓者的恐慌，并大量抛售。有些时候，主力即使不想出货，也无力支撑股价，最后必然会跌下去，有时候主力自己也会借机出货。所以，无论在哪种情况下，见了中阴线就应该考虑出货。只认一个技术指标，发现不妙立刻就溜。给你10个技术指标根本就没有用，有时候把一个指标研究透彻了，也完全把一只股票的走势掌握在心中，发现行情破了关键的支撑，马上就走。

不买问题股 买股票要看看它的基本面，有没有令人担忧的地方，尤其是几个重要的指标，防止基本面突然出现变化。在基本面确认不好的情况下，谨慎介入，随时警惕。最可怕的是买了问题股之后漫不经心，突发的利空可以把你永久套住。

投机股基本面服从技术面、投资股技术面服从基本面 股票再好，形态坏了也必跌；股票再不好，形态好了也能上涨。最可怕的是很多人看好知名的股票，当技术形态或者技术指标变坏后还自我安慰说要长线投资，即使特大的资金做投资，形态坏了也应该至少出30%，等待形态修复后再买进。要知道，没有不能跌的股票，也没有不能大跌的股票。所以对任何股票都不能迷信。对家人、祖国可以忠诚，对股票忠诚就是愚蠢。因为如果真地看好它，应该在合适的价格抛出，又在合适的价格再买进。始终持股不动，在牛市尚可，在熊市就是套牢。

不做主力的牺牲品 有时候有主力的消息，在买进之前可以信，但关于出货千万不能信。出货是自己的事情，是很自私的，任何主力都不会告诉你他在出货，所以出货要根据盘面来决定，不可以根据消息来判断。

九、丢掉鱼尾：放弃两种机会安全逃顶

凡是进入股市的人都想逃顶。逃顶难在克服人性的贪婪，其主要表现为不肯放弃风险很大、捕捉难度很高的机会。建议投资者放弃对这两种机会的介入：即放弃筑顶阶段机会，放弃逆市下跌个股的机会，从而执行逃顶晚一步不如早一步的原则。

逃顶是较难的，人的这种贪心在顶部时主要表现在：一种是指数筑顶阶段的机会；另一种是逆市下跌的个股机会。主动放弃这二种机会，就是克服人性弱点的具体表现。

每一次投资者逃顶失败都会说：误在贪婪上。而在具体操作上还是一次又一次不肯主动放弃难以把握的机会！

（一）把握筑顶阶段机会的难点

一般地说，在主升段结束之后大盘都要走一段筑顶行情，即常说的二次见顶等。其实只有一次见顶，二次筑顶是偶然，我们要抛必然，不抛偶然。除重大消息外，影响单日反转的情况是比较少的。这就形成了筑顶阶段的市场机会。这种机会的特点是：时间短、升幅大，但是在暴跌中造就的暴涨，常以个股行情为主，大多热点是从冷门股里突然跑出来的。也就是说，捕捉筑顶阶段个股机会的难点有：必须先在指数第一次见顶时成功逃顶。当大盘走完主升段之后，都会先进行一次洗盘，即筑顶性洗盘。它多数是以暴跌方式出现，而二次见顶的机会就是在这一次暴跌之后产生的。如果

事先未能准确预测第一次见顶、回避筑顶性洗盘，捕捉二次见顶的机会其实只是一句空话，只是一种主观愿望。根本就没有低位买入的资金，也就不具备捕捉这一个机会的条件。

筑顶性洗盘的特点是：大幅、急促，而且见底后往往立即就反弹，底部停留时间很短，必须心狠手辣地操作：短时间内满仓。因此准确判断、及时出击的难度很大，没有不断实践经历的投资者是很难成功操作的。

二次见顶的热点往往都是前期的冷门股，都具有很强的隐蔽性，其选股难度很高。所以说，要捕捉二次见顶的获利机会，是很不容易的。捕捉这一机会的风险很高，是不成功便成套的操作，选错股就要亏损，甚至大亏的操作。指数二次见顶后就要步入阶段性的回调中，再继续持股就会出现亏损甚至是重大亏损。与大盘主升段时买入股票，在指数不断上升的过程中，绝大部分股票都是不断上升的，只是上升幅度大小问题，与赚多赚少的问题情况截然不同。前者面对的是赚多赚少的问题，后者面对的是赚不到钱就要亏损，而且可能重大亏损。

从实战中看，绝大多数人在一次见顶时根本就没能跑出，二次见顶最多只能成为其逃命机会。所以，我认为要成功逃顶，就应该主动放弃对二次见顶的期望。

（二）把握逆市下跌个股机会的难点

在指数见顶回落的过程中，也仍然会有相当多的个股机会。尤其是像大盘走得疯狂的时刻，完全可以预计到，即使在调整中也会有不少的逆市上升个股机会。这种机会可以捕捉吗，真的是有个股上升就有获利机会吗？我认为成功率很低。在指数上升、甚至是大幅上升的时候，个股上升的概率是比较高的；而在指数不断下跌、甚至是大幅下跌的时候，虽然也有少部分个股上升，但其概率是很低的。而在指数不断上升的时候，在个股上升概率相当大的时候，很多的投资者都赚不到钱，甚至还要亏本；在指数不断下跌、甚至是大幅下跌的时候，找到并把握那么几只绝无仅有的上升的股票，谈何容易。我们认为如果没有相当成熟的技术和实战中练就的敏锐，就是一种冒险。在过去几次大熊市里，也有部分大牛股，有多少投资者能捕捉到？连当年的最专业、最有实力的投资公司、证券公司等，都未能捕捉到，一般的投资者是不是不自量力了？

这种机会与二次见顶时相比风险更巨大，利润却不见得好。有捡到芝麻的可能性，一旦失手就要丢西瓜，成功率很低。风险与收益极其不对称，为什么还要操作呢？

证券业有不少成功者，但少见靠捕捉筑顶阶段和逆市上升机会，而取得成功的。即使是各种擂台赛中，选手们在大盘下跌的时候，大部分都是亏损的，尤其是在大跌的时候，亏损少的就算是赢了。更未见在大跌时能赚到大钱的选手，连有关的经验总结都很少见。因此，我建议投资者主动放弃对这两种机会的捕捉，把克服人性贪婪弱点落到实处，从而实施先人一步的逃顶计划。当然，探讨逃顶是为后面暴升之后暴跌做技术准备的，并非不看好以后的股市，也就是把打出去的拳头缩回来的道理那么简单。

第九章

我多年积累的观盘模式

一、我的操作系统

有一个朋友曾问过我一个问题：我们不知哪些公司好坏，更没有可能去搞上市公司调查，公开发布的信息有时也有猫腻，怎么办？我觉得没有捷径解决这个问题，因为股民不是职业投资者，公司的详细调查对于一个小额投资者来说成本太大。只有一个建议，除了公开发布的信息外，就是留心身边的生活，有的时候生活给我们的启发和联想是十分重要的。

巴菲特那种顶级投资人，也把生活中无处不在的信息作为投资决策的重要依据。我曾买了一台海信牌变频空调，觉得产品的质量和价格都非常满意，就向我朋友推荐其股票，时间为 2007 年 12 月 12 日，这位朋友就在 11.90 元买入，结果第二天就涨了。人类的玄妙无处不在，深入细致地观察生活是一个投资者的融会贯通聪颖点。因为长线建仓是不能受短线价格波动影响的。

我从 2005 年 8 月初在 4.20 元买入上海电力，无论怎样波动我都很少抛售，只是在一些大的利好前我用小仓打短线，一直持仓到翻倍。其中有几次是非常惊心动魄的震荡，如果长线单子被震出局，对一个职业投机者来讲是一件很惊险的事，成本会急剧放大，利润会缩小，最重要的是很难找到好的位置，心态和部署全都乱了。

动态分析是从近处着眼的，一般来讲，时间比较短。我们对一只股票的分析可以靠动态分析得出结论，但千万不要抱着这个结论太久。长线有长线的利润，绝不要来回变化操作。短线变长线是一种被动无奈的选择，由于心理准备不足，损失可能十分巨大。

一次成功的投资包括两次成功的操作，即成功的买入，成功的卖出。大多数人在买入方面积累了很多经验，卖出时却心中无数，致使眼看到手的利润又变成纸上富贵了。

我的操作决策系统是把投资与投机分开排序的。有了这个系统，我们就可以把各方面得来的信息先分门别类地列好，投资的、投机的、宏观的、微观的、长线的、短线的，等等。然后按照先投资再投机的顺序考虑，使投入立于不败之地。

我在很多场合的讲课中介绍过这个系统，取名为杨百万操作决策系统。

这个系统是一个比较缓慢的赚钱系统，它不会给我们带来横财和惊喜，但可以保值和成长，是我们不亏大钱的前提。想赢要先学会防止输，有了这个系统，我们可以做到少输甚至不输。这就是最基本的理念。

我知道任何系统、理念、技术都不可能是完美的，若真有一个完美的东西，股市也就停滞了。我的系统也同样是不完美的，需要知道它的优点、缺点及如何调整。

首先，股市并不是在投资与投机间平衡地震荡，而往往是从一个极端走向另一个极端。当市场中的所有股票都极具投机价值，而投资价值却没有明显体现时怎么办？我们是继续参与，在投机中获利，还是出场观望，耐心等待投资价值的出现？

2007 年的 5 月 20 日，我发现我所持有的股票都获利 200% 以上，估计震荡即将来临，就平出所有的绩优股，转身买了一些低价股。当时我有这样的思考：一是绩优股从当年股市上涨以来，一直是市场关注的焦点，一热再热，这次已经在各种预测的烘托下提前发力，市场露出乏力之态，投机过度已经非常明显；二是低价股在业绩浪面前纷纷下跌，魅力尽失，风险反倒提前释放，一旦业绩有令人吃惊的表现，则会翻倍上扬，利润一定会高于绩优股；三是即使将来大势翻转，低价股由于价位较低和风险提前释放，损失也一定低于高价绩优股。这个市场就是这样，高价股转向低价股，投资转向投机，政治概念转向行业概念再转向资产重组概念，总是在动荡轮回中。所以，我建议在市场状态投资价值已经走弱，投机价值刚刚体现的阶段，是可以对系统进行调整的。即不再考虑投资价值，只关注于投机的价值。一只股票业绩不好，市场萎缩不是我们抛出股票的理由，而失去投机的价值才是不再持有这只股票的根本原因。这其中的道理是这样的：投机总能不问理由地上涨，其一涨再涨的行情及轻松获利的轰动效应会引来一群又一群赌博成性的急进者，直至最后的疯狂。**既要敢于在疯狂之前杀入，又要敢于在疯狂之际撤离。从个股中寻一个可以投机的股票比寻找投资的股票要容易和简单得多。**

关于出货时机的把握，其实我认为是技术操作中最难的一个问题。获利平仓是一件谁都会又谁都不会的事，往往获利了却不愿平仓，平仓了却又不是理想点位，问题在于，当一只很好的投资类股票投机十分过度时，我们应该在什么价位出货呢？又如何在短线的搏杀中既不踏空，又能在来回的震荡中赢得利润呢？一般在出货阶段，针对很有投资价值的股票（仅仅具有投机价值的股票除外），有这样的反思过程：投机过度时就平仓，投机气氛低迷时就持有等待。这其中的运作和对主力的认识有很大关系。

我曾有过许多自己的理论，发现过许多技术，但最终都证明，这些理论和从实践中总结出的技巧，都只有在特定的环境中才管用。也就是说，最终我领悟了一个道理，研究一种理论或技巧、技术的形成和所适用的环境，要远比理论或技巧本身更重要。

研究主力操作也有这样的体会，主力在整体上的技法也在随着大环境的演变而演变，虽然本质上仍是养、杀、套的思路，但形式和技术上却变化得越来越复杂。仅以成交量这个指标作例，大家就会发现，虽然成交量只有放大和缩小两个方向，如果持平也算是方向的话，就有三个方向，但它所能预示的市场后势则千变万化。

一般认为，价格和成交量有如下关系：价格上涨、成交量放大，后市方向上升；价格下跌成交量放大，后市方向疲软。价格下跌成交量放大后市方向下跌。换句话讲，当价格上涨时，成交量被看作是收集的力量；而当价格下跌时，成交量又被看作是派发的力量。价格下跌，成交量放大，股市后市不要悲观，反倒有上涨的希望。在中国股市中，下跌过程中的成交量放大，往往意味着后市的反转上扬。

仔细研究一下，2001 年股市走熊的图形，就会发现在这一轮下跌过程中，成交量总是呈现萎缩状态，行情却没有好转迹象。在这样的大跌势下，当成交量急剧放大时，后市却走稳了。成交量在下跌的过程中放大，其中的内在道理，一是中国股市不存在放空机制，只能先买以后再卖，无形中有利于多头的存在。二是下跌幅度较大时，盘中主力出货不易。这种时候，散户由于心生恐慌，纷纷出货。敢于逆势操作者绝非一般人，往往是对后市有一定把握的人或机构。成交量不放大，说明入市者不多；成交量放大，说明有更多的人敢于在低位吸货。三是价格下降，一般讲，散户会由于心理压力大而平仓放弃，成交量放大，说明上涨压力在低位被消化，使上涨压力减轻。成交量在涨势中放大也未必就是涨。在非常平静的走势中，价格突然暴涨，成交量急剧放大。一般高位急剧放量不是好事，因为价格再涨将面临巨大获利盘，最起码第二天不会再涨了。

许多第一天放量上涨，第二天仍然上涨的例子，怎么解释呢？大家在抢，第一次成交量放大形成的高位压力，在第二天被更大的成交量消化掉了。这种情况，除了该公司有重大利好外，最重要的，那就是主力在里面。

其次，股市从概率上讲是输赢相等的市场，各占50%，打赢关键之仗的核心是资金运用。没有资金管理的技巧你就肯定赚不到钱。资金管理相当重要，以至于有人把资金运用与管理看成是比懂得各种分析更重要的事。

资金运用是建立在各种分析基础上的统筹安排，没有全面分析前提下的资金运用是没有基础的空架子，具体的行动无法实施。资金运用和管理的目的是分散风险，争取最大程度的盈利，但风险和利润之间往往又是矛盾的。要想赢得最大利润，必须集中资金打歼灭战，但这无疑增大了风险；若要分散风险势必造成资金的不集中，使好机会错过。

我的建议：一是绝不满仓操作，以免失去资金的灵活性，一般保持60%仓位；二是绝不空仓，以免失去在市场中的位置；三是不死守一种理论，大规模资金在一段时间后会在不同的品种间转移，但在每种选中的类别中都要有一定的投入，只是比例上的变动；四是减少操作次数，投机的次数要做到少而精；五是把投资资金与投机资金分开使用，把投资与投机分开。可市场是一个把投资与投机糅合在一起的市场，它不给我们清楚的界限，那么，就要从混乱中在操作原则上把投机与投资分开。因此，要有入市思路准备，当做好入市准备以后，再进行深入细致的思考。

首先，我们准备介入的这只股票是具有投资价值还是投机价值？这个公司是不是非常有前景？包括：准备投资的上市公司高层的战略规划、历年产品的利润率如何、公司是否为保持和增加利润率而努力、公司在今后的几年中有没有一些拳头产品和服务项目能给销售额带来大幅的增长；公司的高级管理层有没有远见和策略去开发新产品和新的服务项目，以确保销售额进一步增长；公司是否有一支高水平的研发队伍；公司推销网络和推销人员队伍如何；公司在同行业中有无特色和特殊价值；公司是更重视长期盈利还是更重视短期盈利；公司的内部是否和谐；公司的财务和借贷状况如何；公司管理层是否报喜不报忧，喜欢争功诿过；公司公红配股情况，等等。

一个公司是否有投资价值要从以上角度考察。如果公司在这些方面表现良好我们就去考虑它的投资价值，如果它的投资价值表现很差，则只能去利用它的投机价值或从你锁定的目标中排除。

其次，我们不在没有投资价值的股票上进行投机买卖。由于对公司的运营有相当的了解，对公司未来有相当的信心，不容易被短期的波动干扰，所以长线投资会有相当的收益。一年、两年、三年、四年，都不着急。从长远的角度看，当一个公司有很好的成长性，在被挑中成为候选股票之后，并不意味着能立即买入，还需要看它的投入时机是不是很好，主力是否在利用投资的概念炒作出货。如果机会不是非常合适，也需耐心等待。例如2007年很多人被套在中石油上就是这个道理。有太多的人在这方面犯了一次又一次的错误。2007年听到一个人自言自语："有了股东卡，却不知买哪个股票好啊？"另一个也在办股东卡的人信心十足地说："买中石油啊，肯定会如神华神涨升华！"其实，那时的中石油价位已高达40元以上，风险很大了，等到中石油跌到30元的时候，又有很多电话打进来，问是否要斩仓。如只从投机角度看，不宜重仓。但从投资角度讲，价格在回归到适当程度，资源类股还可以持有。**不要在投机态势十分热烈的情况下去买入一只认为有投资价值的股票，也不要因为投机的失败抛出手中有投资价值的股票。**这两方面都曾给很多投资者留下深深的教训。一旦投资价值确定，就要毫不犹豫地坚持。当投机的机会没有掌握好的时候，就要用股票的成长性、业绩和时间来弥补。

想赢就要先会面对输：在战场上总有些常胜将军，但最后却在一场战役中一败涂地，比如拿破仑。还有一些将军，经常打败仗，但每次损失都很小，却一次抓住了制胜的机会，赢得全盘胜利。股市也是这样，当环境不利时，能够信心十足地等待或有条不紊地离场观望，将损失降到最低，是一个职业选手必须要学会的。在股场中，最重要的是防守，不是比谁赚得多而是比谁存活久，活得长久就在于防守的成功。所以在股市中，当我们准备进去的时候，先想一想如果输了怎么办，想得充分一些是十分有好处的。有很多次都是这样一想救了我。**在没有想好如何退出之前决不进场，我认为这是股市最重要的纪律。**当我们把退路想得很清楚的时候，无论行情如何波动，心态都会非常平稳，从容不迫。这样，我们就离赢家不远了。

二、确立自己的观盘模式

作为一个理性的投资者必须非常清楚一点，那就是股票市场的任何一个阶段都存在不同的背景。要不断地追随新的变化，在认清趋势形成的基础上，不断总结学习。在任何一波行情来临之前，主力不会大张旗鼓地宣布总攻开始的。因此，总结、确立自己适用的观盘模式至关重要。

在指数的不断稳步推高后形成的市场盈利机会不断增多，而大部分投资者在阶段性形成一个良好又安全的相对底部区域不敢介入，眼睁睁看着指数的上涨却变得更加胆战心惊，在不断被市场的表面现象所迷惑之时，做出的操作也必将是违背市场走势的！

之所以会形成这样的错误操作，说到底是受短期内市场大幅波动所出现的情绪问题影响，恐惧后遗症再次起了作用，乃至于走入一个追涨杀跌的怪圈。指标股的全体走稳造成的个股效应也不断体现，对于坚定信念低位建仓的投资者的收益却有了更好的回报。

比如说 2008 年 1600 多点时，不少股已经跌到地板上了，这时进场，从 1600 到 1900 点，那不是 20%的收益吗？

上涨空间判断的四个方面

受诸多消息面影响下市场形成的大幅震荡，是为了净化市场浮筹，只要一旦形成利空的消化，随之而来的利好消息往往是突然的。对于主力来讲这种顺势利用消息面推高股价就成了非常好的机会，如果让普通的投资者都看到已经是顶部的时候主力会拱手出让机会吗？相反，当很多投资者还在揣摩是否是市场顶部的同时，恰恰是机会来临的时刻！这样的机会，科学细致地提前准备才能捕捉而获胜，人云亦云只能最终被市场淘汰。

当市场运行于涨升行情中时，投资者关键是要能快速研判主升浪行情的上涨潜力和涨升的大致空间范围。这样才可以根据涨升潜力和上涨空间采取适宜的投资策略和相应的持股周期。

涨升行情的上涨空间主要通过以下四个方面进行研判：

1. 从涨升的节奏进行研判

如果大盘的上升节奏非常单一，是种单边式直线上涨的，反而不利于行情的持续性走高。如果大盘的上升是保持着一波三折的强劲上升节奏的，中途不断出现一些震荡式强势调整行情的，反而有利于行情的持续性发展。例如：2005 年 10 月行情爆发后，掀起一轮长达两年的牛市，股指从 1000 余点上涨到 6124 点，但是，整个上涨过程并非一帆风顺的，其中经历了多次的波折和起伏。因为只有在反复震荡洗盘的走高行情中，主力才能得以充分建仓和炒作，才更有利于行情向纵深发展。不仅大盘如此，个股亦是如此，投资者对于涨势过于猛烈的、涨幅过大的个股要注意提防风险的积聚，杭萧钢构就是典型例子。

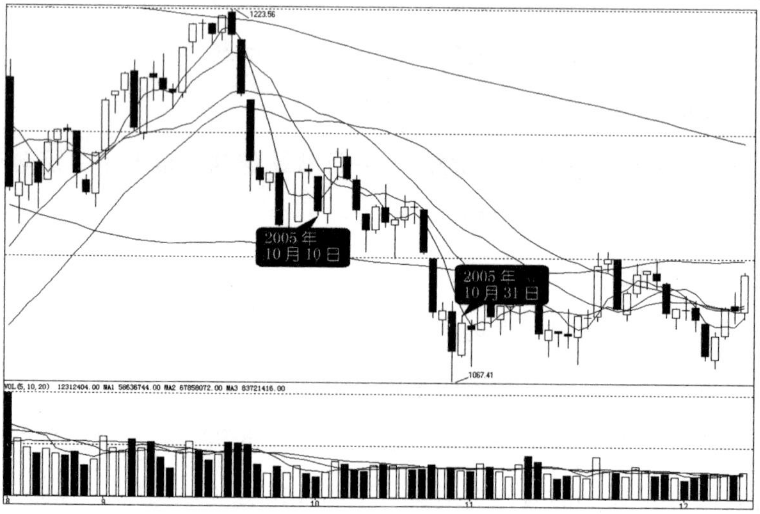

图 9–1　2005 年 10 月上证大盘指数 K 线图

2. 从量能上进行研判

很多散户误认为在涨升行情中成交量放得越大越好，这是不正确的，任何事情都要有度。如果量能过早或过度放大，就会使上升动能被过度消耗，结果很容易造成股指在经过短暂的上升阶段后随即停滞不前，长久盘整。相反，如果成交量是处于温和放大，量能就不会被过度消耗，这说明投资者中仍存有一定的谨慎心态，大众还没有一致看多，因此，后市大盘仍具有上攻潜力。因此最理想的放量是在行情启动初期时，量能持续性温和放大，但随着行情步入正常的上升通道后，量能却略有减少，并保持较长时间。

3. 从市场热点研判

有凝聚力的领头羊和龙头股是涨升行情的推动力。从某种意义上讲，可以说有什么样的龙头股就有什么样的上涨行情。凡是具有向纵深发展趋势、有持续上涨趋势、有号召力和便于大规模主流资金进出的龙头股，往往可以带动一轮富有力度的上升行情。2007 年上半年，市场中最值得关注的热点板块当属蓝筹股，由于参与蓝筹股炒作的资金实力雄厚，使得蓝筹股的行情一般具有惯性特征，主流资金参与蓝筹股运作时间长、出货时间长，主力往往无法使用一些快速出货的操盘手法。

通常情况下，蓝筹股需要采用反复震荡的整理出货手法，在走势形态上，表现为常以圆弧顶或多重顶的形态出货。这就给参与蓝筹股炒作的投资者带来从容获利了结的时间，投资者可以利用蓝筹股的这种炒作特性，在指标股出现明显滞涨现象时，再逢高卖出，争取获得最大化的利润。

4. 从政策面研判

一轮强劲的牛市涨升行情是离不开政策面的大力扶持的，中国股市中的数次重大行情都是有政策发动和推动的，例如：1999 年“5・19”行情的崛起，是受到了政策面的大力支持。当股指上升到 1300 多点，市场表现犹豫时，人民日报发表评论员文章，称当时的行情是恢复性的行情，从而在根本上坚定了投资者的信心。此后，政策面不断落实和出台实质性的重大利好举措，如，三类企业获准入市等，从而奠定了波澜壮阔的大牛市行情；2005 年的股改全流通发动了一轮上涨六倍多的牛市行情，等等。

三、盘口的技术分析

（一）技术分析的三大依托

技术分析的三大依据为：市场行为反映一切、价格趋势变动、历史会重演。

技术分析在实际运用过程中要注意三大问题：在现实运用中要时刻注意的是技术分析做的是一个基于历史发生过的事情做的统计结论，是一个追求成功概率的方法。在使用任何一种技术分析方法进行投资操作时，伴随的一个必要的先决条件是这种方法的成功率有多高，适用于哪种情况下的行情。有的方法适用于牛市，有的方法适用于超跌反弹，有的方法适用于震荡行情，不同的方法在不同的行情下成功率各有不同。

大多数投资者在操作的过程中最不明确的就是投资方式的性质。一般情况下股票投资分两种情况，一种是主动性投资，通过分析上市公司的经济价值，来寻求资本溢价；另一种就是被动投资，也可以称之为追随型的投资，主要是通过追随主动投资者的步伐来获取投机收益。技术分析投资方式就属于典型的追随型投资策略，因此在投资的过程中不可避免地会遇到信息的不对称，以及对于个股判断的被动。这种技术分析选股难免会碰到错误判断主力机构的动向，止损不可避免。

（二）从形态变化中看趋势

当投资者在股价变动过程中尝试用图形来概括时，就逐渐掌握了一种预测股市走势的工具。有若干图形是股市常见形态，初入门者应在变动过程中理解应用。在图形研判中，我们必须首先区别是反转形态还是整理形态，其中尤其要重视成交量的演变过程。对这两点的把握，可以通过以下要点分析：不论是短线还是中长线分析，反转形态的出现机会少于整理形态，掌握这点，才不致得出误差极大的分析结论。

成交量分析中，可把握这一点，即向上突破发展必须有成交量的放大配合，而向下发展则不必。在形态演变过程中，我们要坚信形态会出现多空信号，如同事物的发展过程一样，总是由量变引起质变的。股价不会不经整理过程就从一个反转形态进入另一个反转形态。如一个上升过程总是由下列形态组成的：由头肩底反转或圆底形反转等形态，冲破颈线再回抽。确认颈线后开始拉出诸如上升旗形整理、对称三角形等整理形态，中间时常还出现一些缺口。在向上发展末期，可能出现头肩顶图形、圆顶图形、M头或岛形形态，对先前走势给予否定。同样，一个下探过程也须经过类似步骤。在股市中常见的短线操作，则更离不开对动态走势曲线的分析。当发现股价加速下滑后开始止跌时，我们应马上作出反应：将形成W底，还是下降三角形形态呢？是前者则应加码进货，是后者则应注意避免更大损失。而在当日股价动态线发展过程中，我们要逐渐学会判断可能会形成上升三角形还是M头走势。

提请投资者注意的是：形态中的颈线确认工作，有助于我们测量可能的涨幅或可能的跌幅。我建议投资者多做些盘后分析工作，做些纸上谈兵式的模拟买卖动作，从而测试出你对图形的掌握程度。

（三）从技术信号找出大主力介入的黑马

如何发觉大主力介入？黑马找寻我们在第六章讲过，这里就讲几种明显信号：股价长期下跌，又止跌回升，上升时成交量放大，回档时成交萎缩，日K线图上呈阳线多于阴线。阳线对应的成交量呈明显放大特征，用一条斜线把成交量峰值相连，明显呈上升状。表明主力处于收集阶段，每日成交明细表中可以见抛单数额少，买单大手笔数额多。这表明散户在抛售，而有只“无形的手”即主力在入市吸纳，收集筹码。股价形成圆弧底，成交量越来越小。这时眼见下跌缺乏动力，主力悄悄入市收集，成交量开始逐步放大，股价因主力介入而底部抬高。成交量仍呈斜线放大特征，每日成交明细表留下主力痕迹。股价低迷时，上市公司公布利空。股价大幅低开，引发广大中小散户抛售；大主力介入，股价上扬，成交量放大。股价该跌时反而大幅上扬，唯有主力才敢逆市而为，以上信号可确认主力介入。股价呈长方形上下震荡，上扬时成交量放大，下跌时成交量萎缩，经过数日主力耐心洗筹吓退跟风者后，再进一步放量上攻。

一旦主力发觉有少量高手仍牢牢跟风，就会不理不睬该股，股价死一般地沉寂，牛皮盘整几天、十几天甚至数月，对散户进行耐心大考验。一批又一批散户被折磨得忍无可忍失去耐心纷纷落马，这只黑马再度奋起急奔。这时黑马的身份往往已远高于一些优质白马股，谁不愿坐等主力抬轿？因此，散户只能通过细心观察，发觉有主力介入的黑马后，紧跟主力耐心捂股！

四、必须遵守的20条盘口操作纪律

严格的心态控制加正确的资金管理、过硬的技术功力就是成功的投资秘诀。短线或长线仅仅是一种投资获利的方法，绝不是投资的目的。

（1）必须具备良好的综合心理素质、正确的资金管理方法和过硬的专业技术修养，这是短线高手赖以成功的盈利所在。

（2）操作的质量远远重于操作的数量，炒股成功要有耐心、细心、决心和狠心；要多学、多看、多练，这是形成投资条件反射的操作的关键。

（3）任何战术动作都有苛刻的使用条件和使用效果，不能偏废和极端；牛市找底不急，逃顶要快；既然选定了投资，就应该把它视作生命，战无不胜的真正含义是不胜不战；止损是临盘操作安全最根本的保证，每次果断地买进、卖出行为都必须要有明确的理由；不要过于贪心地想抓住每一次机会，不能过于贪心地想捉住每一匹黑马。心态轻松才能稳如泰山，贪就是贫；不以涨喜，不以跌悲，乱云飞渡胜似闲庭信步，笑看股市风云变幻。

（4）在临盘操作中必须是机器人，必须无条件、毫无情绪地执行自己的交易策略；大繁若简，大成若缺。

（5）应对不确定性，必须学会先进行试验，在标志性买进信号出现的时候，应该按照具体的交易策略建立自己的试验性仓位，并跟随有保护性仓位和追击性仓位。

（6）刻苦实战训练、深刻领悟盘面语言、忍受常人不能忍受的痛苦是成为短线高手的唯一途径，除此之外绝没有第二种捷径。

（7）不能受制于市场和他人，要能够控制自己，不要求每次看准，但要求每次能赚。

（8）只捕捉必胜的机会，绝不能随意捕捉模棱两可的机会、企图把每一件事都做好是一种“弱智”的表现。

（9）短线出击非常态高速行进中的股票，其内部运行结构安全且无破绽，绝不像仅仅满足于买进能涨的股票这么简单。

（10）能否坚持按正确的市场规律进退和坚定不移地执行自己制订的操作计划并捍卫自己的操作纪律、不以获利为唯一依据；只有大盘处于高位或调整态势中，短线操作战术才是首选。

（11）耐心等待时机出现时果断出击，这是投资高手的基本功也是最高境界；买卖动作的犹豫、迟缓是操作者成熟度心态缺乏自信的标志，是操作者自控力不稳的表现，也是妨碍投资者的最大障碍。

（12）无论是多大的投资规模和级别，绝不允许在没有充分准备的情况下受盘中股价涨跌波动的诱惑，冲动地进行操作。

（13）集中持仓，精心研判目标股票的做盘细节，用心操作才是最重要的资金管理和实战操作进出原则。盲目地集中或分散都是对资金的滥用。

（14）高位看错必须立即止损，低位看错可以补仓。

（15）任何技术方法使用效果的好坏都与是否掌握了该种方法的各种使用条件有关；追涨追的是已确定无疑的涨势，杀跌杀的是已确定无疑的跌势。

（16）利用市场要素的各种排序功能是最好、最快的看盘方法；对市场各大要素及其相互关系的正确理解是看盘的关键。

（17）规范化、专业化、科学化、系统化是临盘操作的关键，也是投资体系的灵魂；实战交易必须做到科学性、规范性、专业性、独特性和完备性。独特性要求的是要切实符合自己的个性风格；骗线就是骗心，套牢就是套心。胜负只能说明一时，意志才能决定一生。

（18）潜意识不是有效的战斗力，将它转化为行动本能和有效战斗力的唯一途径就是艺术的训练，这种训练包括无形的冥想和有形的操作方式。

（19）好的东西是要用心才能体会的，要强调的首先是专心，然后才能专业。股市没有新事物，股市自有其内在的规律。岁月流逝，时间会改变一切，大思维决定了大境界，大境界决定了大成功。

（20）要进行科学化投资和专业化管理。技术分析仅仅是一种工具，错把工具当真理，显现出的是一种哲学上的无知和人性上的幼稚。

五、实时盘口中的一些特殊现象

许多投资者经常对个股盘口的一些特殊现象感到迷惑不解，这里来给大家做一个解析。

（一）做收盘

收盘前瞬间拉高。在全日收盘前半分钟（14:59）突然出现大买单加几角甚至1元、几元把股价拉至高位。目的：由于主力资金实力有限，为节约资金而能使股价收在较高位或突破具有强阻力的关键价位，尾市"突然袭击"，瞬间拉高。假设某股10元，主力欲使其收在10.8元，若上午就拉升至10.8元，为把价位维持在10.8元高位至收盘，就要在10.8元接下大量卖盘，需要的资金必然很大，而尾市偷袭由于大多数人未反应过来，反应过来也收市了，无法卖出，主力因此达到目的。

（二）收盘前瞬间下砸

在全日收盘前半分钟（14:59）突然出现大卖单以很低的价格抛出，把股价砸至很低位。目的：（1）使日K线形成光脚大阴线或十字星，或阴线等较“难看”的图形，使持股者恐惧而达到震仓的目的；（2）使第二日能够高开并大涨而跻身升幅榜，吸引投资者的注意；（3）操盘手把股票低价位卖给自己或关联人。

（三）做开盘

瞬间大幅高开，开盘时以涨停或很大升幅高开，瞬间又回落。目的：突破了关键价位，庄不想由于红盘而引起他人跟风，故做成阴线，也有震仓的效果，也是吸筹的一种方式——试盘动作，试上方抛盘是否沉重。

（四）瞬间大幅低开

开盘时以跌停或很大跌幅低开，目的：出货。为了收出大阳使图形好看，操盘手把筹码低价卖给自己或关联人。盘中瞬间大幅拉高或打压：类似于前者，主要为做出长上下影线。瞬间大幅拉高，盘中以涨停或很大升幅一笔拉高，瞬间又回落。目的：试盘动作，试上方抛盘是否沉重。瞬间大幅打压：盘中以跌停或很大跌幅一笔打低，瞬间又回升。目的：试盘动作，试下方接盘的支撑力及市场关注度。操盘手把筹码低价卖给自己或关联人。

（五）盯盘三要点

看盘俗称盯盘，是股票投资者主要的工作。但股道新手往往把看盘仅仅理解为及时跟踪指数的涨跌，这是严重的误解，必然制约投资者把握稍纵即逝的逐利避险的机会。

1. 看量价匹配情况

通过观察成交量柱状线的变化与对应指数变化，判断量价匹配是正匹配还是负匹配。成交量柱状线由短逐步趋长，指数也同步走高，则表明推高功能不断加强，是正匹配，可跟进；反之，指数上涨，成交量柱状线却在萎缩，是负匹配。无量空涨，短线还会回调。同样，当成交量柱状线由短逐步趋长，指数不断下滑，表明有大户、机构在沽压，是危险信号，通常大盘短期很难再坚挺；成交量柱状线不断萎缩，指数飞速下滑，是买盘虚脱的恐慌性下跌，此时果断介入，短线获利丰厚。

通过量价关系看盘的学问很大。由上述几种情况又可以衍生出：当成交量柱状线急剧放大，某一只股票既未上攻又未下滑，则可能是主力在倒仓，此时投资者可观望；当某只股票股价处在高位，成交量柱状线放大，股价逐步下滑，说明主力在减磅；反之，当某只股票成交量柱状线放大后持续萎缩，股价却不断下滑，此时有可能是主力在震仓，此时投资者应“咬定股票不放松”。

2. 看热点转换情况

通过观察当日涨跌幅排行榜第一板个股，判断是长线资金在积极运作还是短线资金在游荡式冲击。通常价值型个股，例如 2008 年底涨幅第一板多为受益政策推动的板块，如水泥、基建、路桥等，常有中长线性质的资金在入市，这时可中长线跟随该类个股，此时大盘涨升态势往往也能维持一段时间；而涨幅第一板如果多为小盘壳资源股，则通常是短线热炒资金介入，该类个股的强势表现，往往无法扭转大盘的疲态，因此，跟随这些个股宜用短线速战速决战术，且入市之前先设好止损点。

3. 看指数异动原因

盘口分时指数图，有时突然会出现飙升或跳水走势，因事先没有征兆，所以称为异动走势。如果不查出原因所在，而是跟随分时图走势做投资决策，极易出昏招。一般情况，应该快速搜寻指标股，如大盘钢铁股份、建筑、金融等，是否因该类个股突遇大笔买单或大批抛单，影响大盘走势。因现行市场规模已大幅扩大，一般一只指标股突然变化走势，虽然会影响即期指数升幅，但已难撼大盘趋势走势，所以可以不必理会。过些时间，大盘指数就会稳定。但是如果某天指数的突然跳水，是一批价值型的个股突然跳水引起，则往往意味着盘势已在变盘或将有利空消息出台。同样，某天指数的突然上涨，是价值型的个股，遭遇连续大批买单，则盘势将可能出现一段升势行情。

六、盘口动态核心语言揭秘

实战解读盘口语言的核心机密是观察委买盘和委卖盘，股市中的主力经常在此挂出巨量的买单或卖单，然后引导股价朝某一方向走。

许多时候，大资金时常利用盘口挂单技巧，引诱投资人做出错误的买卖决定，委买卖盘常失去原有意义，例如有时刻意挂出大的卖盘动摇持股者的信心，但股价反而上涨，充分显示主力刻意示弱、欲盖弥彰的意图。因此，注重盯住盘口是关键，这将使我们有效地发现主力的一举一动，从而更好地把握买卖时机。

（一）上压板、下托板看主力意图和股价方向

大量的委卖盘挂单俗称上压板；大量的委买盘挂单俗称下托板。无论上压下托，其目的都是为了操纵股价，诱人跟风，且股票处于不同价区时，其作用是不同的。当股价处于刚启动不久的中低价区时，主动性买盘较多，盘中出现了下托板，往往预示着主力做多意图，可考虑介入跟庄追势；若出现了下压板而股价却不跌反涨，则主力压盘吸货的可能性偏大，往往是大幅涨升的先兆。当股价升幅已大且处于高价区时，盘中出现了下托板，但走势却是价滞量增，此时要留神主力诱多出货；若此时上压板较多，且上涨无量时，则往往预示顶部即将出现股价将要下跌。

（二）连续出现的单向大买卖单

盘口意义。连续的单向大买单，显然非中小投资者所为，而大户也大多不会如此轻易买卖股票而滥用自己的钱。大买单数量以整数居多，但也有少数是零数。但不管怎样都说明有大资金在活动。比如用大的买单或卖单告知对方自己的意图，像666手、555手，或者用特殊数字含义的挂单比如1818手（要发要发）等，而一般投资者是绝不会这样挂单的。大单相对挂单较小且并不因此成交量有大幅改变，一般多为主力对敲所致，成交稀少的较为明显，此时应是处于吸货末期，进行最后打压吸货之时。大单相对挂单较大且成交量有大幅改变，是主力积极活动的征兆。如果涨跌相对温和，一般多为主力逐步增减仓所致。

（三）扫盘

在涨势中常有大单从天而降，将卖盘挂单连续悉数吞噬，即称扫盘。在股价刚刚形成多头排列且涨势初起之际，若发现有大单一下子连续地横扫了多笔卖盘时，则预示主力正大举进场建仓，是投资人跟进的绝好时机。

（四）隐性买卖盘

在买卖成交中，有的价位并未在委买卖挂单中出现，却在成交一栏里出现了，这就是隐性买卖盘，其中经常蕴涵主力的踪迹。单向整数连续隐性买单的出现，而挂盘并无明显变化，一般多为主力拉升初期的试盘动作或派发初期激活追涨跟风盘的启动盘口。一般来说，上有压板，而出现大量隐性主动性买盘（特别是大手笔），股价不跌，则是大幅上涨的先兆。下有托板，而出现大量隐性主动性卖盘，则往往是主力出货的迹象。

（五）无征兆的大单解读

一般无征兆的大单多为主力对股价运行状态实施干预所致，如果是连续大单个股，现行运作状态有可能被改变。如不连续也不排除是资金大的个人大户或小机构所为，其研判实际意义不大。

（六）大单吸货

股价处于低位，买单盘口中出现层层大买单，而卖单盘口只有零星小单，但突然盘中不时出现大单炸掉下方买单，然后又快速扫光上方抛单，此时可理解为吸货震仓。

第三部分

我的实战定律和草根投资理念

在投资市场中能赚钱的一定是少数人，赔钱的永远是大多数，只有坚持正确的投资理念才能学成正果。

正确的投资还要有纪律，没有纪律的军队打不了胜仗，没有纪律的股民也很难赚到钱。

股票投资是一门科学加艺术的学问，艺术的魅力令人着迷而又难以掌握，股票投资还是综合智力的竞技场，在正确的投资理念基础上，还要学会熟练运用几种分析技法，成功就一步步走近你了。

遭受挫折是在股市中常遇到的事。但如果我们不善于从错误中吸取经验教训，才是失败的根源。

经过战争洗礼的人民会坚强起来，经过市场浪潮冲击的股民会成熟起来。

成熟起来的投资者在熊市会眺望牛市，在牛市会警惕熊市，进而达到熊市赚股、牛市赚钱的境界。

第十章

我的实战定律

一、百试不爽的实战定律

（一）弹性定律

股市下跌如皮球下落，跌得越猛，反弹越快；跌得越深，反弹越高。缓缓阴跌中的反弹往往有气无力，缺乏参与的价值，可操作性不强，而暴跌中的报复性反弹和超跌反弹，则因为具有一定的反弹获利空间，因而具有一定的参与价值和可操作性。

（二）抢点定律

抢反弹一定要抢到两个点：买点和热点，而且缺一不可。因为，反弹的持续时间不长，涨升空间有限，如果没有把握合适的买点，就不能贸然追高，以免陷入被套的困境。另外，每次值得参与的反弹行情中必然有明显的热点，热点板块容易激发市场的人气，引发较大幅度的反弹，主力资金往往以这类板块作为启动反弹的支点。

通常热点个股的涨升力度强，在反弹行情中，投资者只有把握住这类热点，才能真正抓住反弹的短线获利机会。

（三）时机定律

买进时机要耐心等，卖出时机不宜等。抢反弹的操作和上涨行情中的操作不同，上涨行情中一般要等待涨势结束时，股价已经停止上涨并回落时才卖出，但是在反弹行情中的卖出不宜等待涨势将尽的时候。

抢反弹操作中要强调及早卖出，一般在有所盈利以后就要果断获利了结；如果因为某种原因暂时还没有获利，而大盘的反弹即将到达其理论空间的位置时，也要果断卖出。因为反弹行情的持续时间和涨升空间都是有限的，如果等到确认阶段性顶部后再卖出，就为时已晚了。

（四）决策定律

反弹行情的趋势发展往往不明显，行情发展的变数较大，预测的难度较大，所以，参与反弹行情要以策略为主，以预测为辅。当投资策略与投资预测相违背时，则依据策略做出买卖决定，而不能依赖预测的结果。

（五）转化定律

反弹未必能演化为反转，但反转却一定由反弹演化而来。但是，一轮跌市行情中能转化为反转的反弹只有一次，其余多次反弹都将引发更大的跌势。为了搏一次反转的机会而抢反弹的投资者常常因此被套牢在下跌途中的半山腰间，所以千万不能把反弹行情当作反转行情来做。

（六）止损定律

技术止损法：它是将止损设置与技术分析相结合，剔除市场的随机波动之后，在关键的技术位设定止损线，从而避免亏损的进一步扩大。这一方法要求投资者有较强的技术分析能力和自制力。技术止损法对投资者的要求更高一些，很难找到一个固定的模式。一般而言，运用技术止损法，无非就是以小亏赌大盈。例如，在上升通道的下轨买入后，等待上升趋势的结束再平仓，并将止损位设在相对可靠的平均移动线附近。就沪市而言，大盘指数上行时，5 日均线可维持短线趋势，20 日或 30 日均线将维持中长线的趋势。一旦上升行情开始后，可在5日均线处介入而将止损设在20日均线附近，既可享受阶段上升行情所带来的大部分利润，又可在头部形成时及时脱身，确保利润。

在上升行情的初期，5日均线和20日均线相距很小，即使看错行情，在20日均线附近止损，亏损也不会太大。

定额止损法：这是最简单的止损方法，它是指将亏损额设置为一个固定的比例，一旦亏损大于该比例就及时平仓。它一般适用于两类投资者：一是刚入市的投资者；二是风险较大市场中的投资者。定额止损的强制作用比较明显，投资者无须过分依赖对行情的判断。止损比例的设定是定额止损的关键。定额止损的比例由两个数据构成：一是投资者能够承受的最大亏损。这一比例因投资者心态、经济承受能力等不同而不同。同时也与投资者的盈利预期有关。二是交易品种的随机波动。这是指在没有外界因素影响时，市场交易群体行为导致的价格无序波动。定额止损比例的设定是在这两个数据里寻找一个平衡点。这是一个动态的过程，投资者应根据经验来设定这个比例。一旦止损比例设定，投资者可以避免被无谓的随机波动震出局。市场进入盘整阶段后，通常出现箱形或收敛三角形态，价格与中期均线（一般为10 ~ 20日线）的乖离率逐渐缩小。此时投资者可以在技术上的最大乖离率处介入，并将止损位设在盘局的最大乖离率处。这样可以低进高出，获取差价。一旦价格对中期均线的乖离率重新放大，则意味着盘局已经结束。此时价格若转入跌势，投资者应果断离场。盘局是相对单边市场而言的。盘局初期，市场人心不稳，震荡较大，交易者可以大胆介入。盘局后期则应将止损范围适当缩小，提高保险系数。

无条件止损法：不计成本，斩仓抛售的止损称为无条件止损。当市场的基本面发生了根本性转折时，投资者应摒弃任何幻想，不计成本地杀出，以求保存实力，择机再战。基本面的变化往往是难以扭转的。基本面恶化时，投资者应当机立断，斩仓出局。止损是控制风险的必要手段，如何用好止损工具，投资者应各有风格。在交易中，投资者对市场的总体位置、趋势的把握是十分重要的。在高价圈多用止损，在低价圈少用或不用，在中价圈应视市场运动趋势而定。顺势而为，用好止损位是投资者资金安全以求获盈的根本方法。

（七）止盈定律

止盈位和止损位的设置对散户来说尤为重要，不少散户会设立止损位，但是不会设立止盈位。止损位的设立大家都知道，而止盈一般散户都不常用。为什么说止盈很重要呢？举个例子，我有个朋友，当年 20 元买入安彩高科，我告诉他要设立止盈位，26 元，他没卖；25 元时我让他卖，他说，我 26 元没卖，25 元更不卖，到 30 元再卖。结果呢，11 元割肉。如果设立止盈位的话，悲剧就能避免。当不少人追进大蓝筹股时，更应该设立止盈位。

怎样设立止盈位呢？举个简单的例子，如果你顺应热点 10 元买入一只股票，涨到 11 元，你设立止盈 10.4 元，一般主力短暂的洗盘不会把你洗出去，如果从 11 元跌回 10.4 元，你立刻止盈，虽然挣得很少，但减少了盲动。股价到 12 元后，你的止盈位提高到 11 元，股价到了 14 元，止盈位设置到 12.8 元……这样即使主力洗盘和出货，你都能从容获利出局。

有的人总想买入最低价而卖出最高价，我认为那是不可能的。有这个想法的人不是高手，只有主力才知道股价可能涨跌到何种程度，有时即使主力也不能完全控制走势，何况你我。以前我也奢望达到这种境界，但是我早转变观念了，创新低的股票我根本不看，新低下面可能还有新低。我只买入大约离底部有 10%左右升幅的个股，还要走上升通道，这样往往能吃到最有肉的一段。

（八）保持空仓比例原则

有些人很善于利用资金进行追涨杀跌的短线操作，有时会获得很高的收益。但是对散户来说，很难每天看盘，也很难每天能追踪上热点。所以，在股票操作上，不仅要买上升趋势中的股票，还要注意保持空仓比例。在感觉股票很难操作、热点难以把握、大多数股票大幅下跌、涨幅榜上的股票涨幅很小而跌幅榜上股票很多时，就需要考虑空仓了。

暴跌是机会：暴跌分为大盘暴跌和个股暴跌，暴跌往往会出现机会，暴跌往往是重大利空或者偶然事件造成的，在大盘相对高点出现的暴跌要谨慎对待，但对于大涨之后出现的暴跌，你就应该选择股票了，很多牛股的机会就是跌出来的。

（九）保住胜利果实法则

不少人是牛市中的高手，但在震荡市中往往又会把获得的胜利果实吐回去。怎样才能保住胜利果实呢？除了要设立止盈位和止损位之外，对大趋势的准确把握和适时空仓观望也很重要。

卖出股票的几点技巧：卖股票是最难的事，从某种程度上讲，何时卖股票比何时买股票、买何种股票更难，但是更重要。而不同时期又有不同的卖出方法。比如不少投资者在行情初期才赚了一点点蝇头小利就匆匆忙忙地跑掉了，看着已经出了货的股票一路随大盘升上去无可奈何。又比如，行情短期见顶时，不少人为了那一点蝇头小利，个股明明已经破位，还要死守甚至补仓，该卖不卖，必然遭受重大的损失。

从心理上来说，卖股票是一件令人痛苦的事。比如股价已经大幅涨升的时候，觉得还能赚得更多，如果卖了就没有继续取得利润的机会了，完全忽视了继续上涨的空间、上涨的概率以及回落的巨大风险。一字曰之：贪！而在股票下跌甚至亏损比较严重的时候，卖出更是让人难受，卖出后就不再是数字的变化，而是实实在在的亏损。但不舍得卖出，如何有机会、有资本再去搏。现在的卖出正是为了避免更大的亏损。因此，到了卖出的时机或者符合卖出的条件就要坚决卖出，不求卖得多高明、多有艺术，但要卖得正确，卖得及时。这里，我向大家介绍一些比较常用的也实用的卖出方法，供大家在不同阶段结合市场实际进行综合运用。

跌市初期：如果个股股价下跌得不深、套牢尚不深的时候，应该立即斩仓卖出。这种时候考验投资者能否当机立断，是否具有果断的心理素质。只有及时果断地卖出，才能防止损失进一步扩大。如果股价已经历了一轮快速下跌，这时再恐慌地杀跌止损，所起的作用就有限了。

深幅快速下跌后：这时股市极易出现反弹行情，可以把握好股价运行的节奏，趁大盘反弹时卖出。

在大趋势持续疲软的市场上，见异常走势时坚决卖出：如果所持有的个股出现异常走势，意味着该股未来可能有较大的跌幅。例如在尾盘异常拉高的个股，要果断卖出。越是采用尾盘拉高的动作，越是说明主力资金已经到了无力护盘的地步。内地股市还没有推出做空机制，因此投资者只能采用被动做空的方法。在跌市中，先将股票卖出，等跌到一定深度之后重新买回，通过这种方法来获取差价，降低成本。当股市下跌到某一阶段性底部时，可以采用补仓卖出法，因为这时股价离自己的买价相去甚远，如果强行卖出，损失往往会较大。可适当补仓以降低成本，等待行情回暖时再逢高卖出。这种卖出法适合于跌市已近尾声时。

除了上述几种方法之外，有经验的投资者还有其他很有效的方法，如指标法、平均线法、顶底背离法等等。近些年还有相当多的操作软件面市。需要注意的是，每种方法都有其不完善之处，使用时不可过于机械。另外，在最高点卖出只是奢望，故不应对利润过于计较，以免破坏平和的心态。在市场上，如果过于苛求的话，到头来会只剩一个“悔”字——悔没买，悔没卖，悔卖早了，悔仓位轻了……所以，在投资上留一点余地，便少一份后悔，才有可能小钱常赚。

二、我的短线操作纪律

（一）短线操作的大盘条件

（1）当日涨幅排行榜中显示的条件：当日排行榜第一板中，如果有30%以上股票涨停，第一板中大部分个股的涨幅都大于4%，则市场是处于强势，此时可选择强势目标股进入。第一板中如果个股没有几只涨停，且涨幅大于5%的股票少于10%，则市场处于弱势，大盘背景没有为个股表现提供条件。此时短线操作需根据目标个股情况，谨慎进行。第一板中如所有个股涨幅都小于3%，则市场处于弱势，不能进行短线操作。

（2）个股涨跌股只数的大小对比显示的条件：大盘涨，同时上涨股只数大于下跌股只数，说明涨势真实，属大盘强，短线操作可积极进行。若大盘涨，下跌股只数反而大于上涨股只数，说明有人在拉抬指标股，涨势为虚，短线操作要小心。大盘跌，同时下跌股只数大于上涨股只数，说明跌势自然真实，属大盘弱，短线操作应停止。大盘跌，但下跌股只数却小于上涨股只数，说明有人打压指标股，跌势为虚，大盘假弱，短线操作可视个股目标小心展开。

（3）大盘涨跌时成交量显示的条件：大盘涨时有量，跌时缩量，说明量价关系正常，短线操作可积极展开。大盘涨时小量，跌时放量，说明量价关系不利，有人诱多，短线操作宜停或小心展开。

（二）常规短线技法条件总则

搜索目标股：从涨幅榜上寻找。大盘上涨时，目标个股涨幅大于3%者或大盘震荡调整时，目标个股走势强于大盘有异常波动者；在量比排行榜中，寻找量比放大2倍以上的股票，越大越要关注。

目标股3日均线带量上扬：3日均线朝上，股价涨幅大于3%，盘中量比放大到1倍以上，股价运行在日线、周线循环低位，成交量大于5日均量1.5倍以上，实战中可于放量当日买进1/3仓位；若股价冲高回落既可获利出局，也可在回落 2 天后补仓。

确认第一、第二步都符合条件的目标：打开已确认的目标个股日 K 线图检查。该目标股：3 日均线是否带量上扬，前期是否有一组止跌 K 线，当日该股是否是最近时期第一次放量。

上述条件如获满足，则打开目标股的周 K 线图检查：目标股的周 K 线 KDJ 是否刚刚低位金叉或正在强势区向上运动。如符合，则可确定该股已具备短线攻击条件，获利机会来临。若出现误判，该股 3 日均线一旦走平、失去向上攻击能力，就必须撤出。

（三）别嫌赚得少

不少投资时间不长、看盘经验和对个股走势理解不深的投资者，老是想一次就赚个够。想一夜暴富，愿望是好的。但这个市场现在很难一夜暴富，你入市没有亏就很不错了，还想暴富？这是不现实的。记得有一次朋友和我一起买了一只股票，第二天我发现其走势有些不对劲，一万股才赚了 360 元左右，打电话叫他快退出来，他却说才赚了几百元，不愿退。我对他说，这只股票你现在卖了还有几百元的利润，一旦跌下去你还要亏损。他不听。当天下午那只股票就下跌了 8%，第二天又跌了 5%。他进行补仓，结果五天后共下跌了 32%，后来的反弹也相当无力，最终他以亏损 15000 多元而退出。事后我给他说明一个道理，我说，你看看那些农民进城打工多辛苦，一个月才领取多少工资？就是城市中的上班族月收入一般也就两三千元。你一天就赚了两三百元，有啥想不通的？难道这一个月就没有买入个股的机会了吗？只要手里有钱，还怕没机会？你亏了的那些钱多冤啊。即使你重新买入的股票赚了 15000 元，你也才保本。但我却是纯利润，长此以往，我们的差距该是多大？你自己算算吧。

（四）短线安全买入点

（1）大盘短线走势向上，有空间和力度的配合，这是重要的保证，对于选股能力一般的投资者尤为关键。即使是能力较强的投资者，也不能逆势操作；

（2）量能充足，必须持续放量；

（3）所属板块整体走强，最好是市场热点，这对于短线安全和盈利来说至关重要；

（4）短线升幅不大，乖离率较小。该个股所属板块不能处于热炒后的整体退潮甚至领跌大盘的状况。

（五）短线操作出错后的保护措施

低位的补仓救援与高位的斩仓止损：高位看错必须严格止损，低位看错应该敢于补仓。在实战中，股价处于高位，后市下跌空间大，获利机会已消失，必须果断止损。若股价尚在循环周期低位和上升通道之中，则应在支撑位处补仓待变。如股价是在下降通道中运动，下方无重要技术支撑时则严禁补仓，而只能果断斩仓止损。

三、稳妥进行短中线操作

（一）中线安全买入要点

（1）要有大盘向上趋势的配合。如没有完美的图形和九成的把握，不能逆势操作，否则必遭重创；

（2）量能充足，必须持续放量；

（3）主力持筹较多，曾放量或正在放量，主力有一定的控盘度。在K线图上有持续控盘的特征，如规律性走势及受控迹象等，最好有强力承接、温和有度的控盘动作；

（4）所属板块共同走强，最好是市场热点。这是安全和盈利的重要条件；

（5）底部坚实，且技术指标系统如均线、KDJ均呈现多头共振状态。

该个股所属的板块不能处于热炒后的整体退潮甚至领跌大盘的状况。

（二）中线卖出的要点

对于卖点，还有两类可靠的出货依据，重点放在趋势的逆转上：

（1）股价以同样的特征长时间运行或有很大的涨幅，是有大资金在其中维持，一旦打破这种格局，极可能是多空力量对比发生重大的变化，应视为趋势逆转，立即卖出；

（2）形态破位、股价沿某一均线运行了很久或出现很大涨幅之后向下破位均在此列；

（3）大势见顶，个股若无很强的基本面支持，也应视为见顶。但有时30日均线缓缓走平向上，K线图看来量能充足，底部坚实，涨幅却很有限，此为游击短庄或对倒拉高出货的陷阱。

（4）30日均线较迟钝，走平或击穿再卖出必须是买进后获利丰厚才能行得通，等到这个信号发生，有时亏损已很大。

（三）阶梯买入一次卖出

确定目标股票后结合盘口走势，试探性买入，趋势确立后再逐渐加码，不可一次性满仓买入，避免因分析不全面导致太大损失。到达目标位则一次性了结，不可拖泥带水，贻误下一次交易机会。

笔者看盘多年，从盘口中可以看出大资金的动作痕迹，节日前后大盘常常出现典型的无趋势运动，表明集团资金已经撤离，或正在撤离，其后果将是自由下滑，而下滑的目标位千万不要去计算，直到我们重新发现积极做多力量的返回。当概念挖掘殆尽，题材反复炒作，个股力度明显衰减一定要谨慎。不要轻信各种专家关于股市的预测。当然，如果他们的预测停留在纯哲学或周易的范畴，还是可以认真看一看的，它可以为你提供一些茶余饭后的谈资。不要轻信股评师。如果他们真能说对明天哪只股票涨停，还有必要从事股评这份职业吗？

如果你不知道每年的什么时候发布年报、什么时候召开股东大会决定分红，唯一的办法就是赶紧补课，因为那意味着行情。

如果你不知道权证与股票的具体区别，最明智的办法就是在真的弄明白之前千万不要买入权证。除非你意志很坚强，或者你一向视金钱如粪土。

如果你的目标是收益 10%，这很容易做到，如果你的目标是让自己的股票价格翻一番，那你最好清醒一下：15 年来，中国股市中打算翻一番的人，一般的结果都是赔得一塌糊涂；而真正翻了一番的人，在入市时并没有奢望赚很多钱。当你开始赚到钱时，当你出手越来越彪悍时，要及时意识到：你最危险的时候到了。这个时刻一般发生在新股民入市的第一个月，而你要记住的事实是：大部分新股民第一个月都是赚钱的，因此，你不要以为自己拥有特别的天赋。

永远不要同时买入超过 20 只股票。1 个新股民同时关注 20 只股票的结局，和 1 个男人同时娶 20 个妻子的下场不会有多少区别。无论这只股票的价格今天跌了多少，也永远不要把你全部的钱一次投入。因为，你永远不知道明天股价是不是会继续下跌。坐以待毙的感觉绝对是新股民最不幸的开端。

永远保持你的账户上有 40%的现金，那是你应付突如其来的暴跌时唯一的弹药。没有这些弹药，暴跌时你只能站在天台上跳下去。如果你不幸买入一只经过分析质地不错的股票后，它还在继续下跌，那么，当跌幅超过 10%时，你要考虑的不是卖出，而是继续买入，和绝大部分人往相反的方向跑。当然，这一条只在牛市有效。在股市里反败为胜不是传说，但需要一点狡猾和对资金的合理调度，以及牛市大行情的支撑。

当你决心成为股民的那一刻，勇于承担责任就是你的义务，亏了不要怪社会与政府，因为你赚钱的时候从来没有想过感谢他们。

不要试图去抢基金经理们的饭碗。你只需要踏踏实实地研究行业排名与每股收益，从中发现上市公司的投资价值，这远比发掘公司的投资价值更为实际——那是基金经理们的活儿。永远只把这些技术指标作为参考，而不是依据。

四、超短线挂单买卖技巧屡试不败的次日套利测算

在超短线操作（次日套利）中，对目标个股次日的买入卖出价的测算是锁定利润的关键步骤，目前已知的测算方法中，比较有效的是利用5分钟、15分钟、30分钟以及60分钟K线中可信度比较高的技术指标，如KDJ是否出现交叉、SAR指标圈状线是否出现颜色变化（即翻红或翻绿）以及根据支撑压力表所提供的三档支撑位即初级、中级和强力支撑压力位来测算买入卖出价位。

利用短期K线的各技术指标测算买入卖出价位的优点是简便、易于研断，但缺点也同样突出，那就是由于超短线技术指标灵敏度太高，一般是当日完成变化，次日操作时机把握性不强。同时也正因为灵敏度太高，容易反复变化，误差较大。

如何在交易中处理股票风险并能充分获利呢？既可确切提前把握股票整合能量的相对极限和瞬间价格规律，又能知道超前挂上档卖单低档埋进卖单的操作。

技巧之一

我积多年之实践经验，在操作中总结的小技巧之一是：以当日个股的开盘价和收盘价计算，取其开盘价及收盘价之间一半作为次日买入或卖出的价位参考：第二日（周、月）买入预测 = 开盘 +（收盘 – 开盘）/2，举例来说，假设一只个股开盘价是10元，收盘价是10.8元，那么次日的买入价计算应为10 +（10.8 − 10）/ 2 = 10.40元。由于该股当日涨幅较大，达到8%，因此次日存在回探的可能性，而不管回探的结果是形成下影线还是形成光脚阴线，其下跌幅度往往是开盘价与收盘价之间一半要稍多一

些，因此次日如在 10.45 ~ 10.50 元挂单买入，成交的可能性较大。

需要指出的是根据这种方式计算买入价的前提是当天个股股价出现了上涨，即日 K 线以阳线报收。

以开盘价和收盘价决定次日的卖出价位的计算公式是：第二日（周、月）卖出预测 = 收盘价 +（开盘价 – 收盘价）/ 2。但值得注意的是，个股股价在下跌过程中出现这种情况的机率较小，一般以震荡下跌为主，但如次日反弹，力度往往较此为强，根据这种测算方法计算出的卖出价位虽然成交率较高，但不一定是最高价。而且这种测算方法需要的前提是当日股价 K 线应为阴线。

技巧之二

第二日（周、月）上涨空间预测 = 收盘 +{（最高 – 最低）/2} × n

第二日（周、月）下跌空间预测 = 收盘 –{（最高 – 最低）/2} × n。n 为变量，即（最高 – 最低）/2 的倍数，上涨空间预测常见 n 为 2 或 3；下跌空间预测常见 n 为 1。

第十一章

我多年坚守的投资理念

一、综合立体看股市

股市是一个综合技艺的竞技场，牵涉到市场各方参与者的利益，只有共同利益的市场才会形成共识，只有利益平衡的市场才能健康地发展。

各方人士（投资者和股评家）曾用不同手法试图来驾驭股市，在股市上百分之百正确的，不是吹牛就是神仙，而神仙是不存在的。

投资市场上有价值派与技术派之分，两者之间难休难罢，谁也不甘示弱，但任何一种方法只能从一个侧面看股市。从一个角度来预测后市，往往造成熊眼看空、牛眼看多，数浪者数不清浪，错了重新数起。

技术分析往往会被市场主力利用（反向），而消息一定被市场放大，管理层摸着石头过河，政策的衔接性和稳定性不够，所以造成基本面与技术面走势发生差异。

只有综合立体思维者（上，管理层；下，股评传媒；左，市场主力动向；右，中小散户；前，技术分析；后，基本面的作用）才能认清股市。以上从六个角度归纳了管理层怎么想、会怎么做；股评人士怎么看、会怎么说；机构大户怎么想、会怎么炒作；广大中小散户怎么做、会有何动作；技术指标如何显示，基本面、市场派又怎么看。这六个角度形成了市场的合力，作为散户投资人必须设身处地地去想一想，才能得出比较符合客观的市场分析。

（一）炒股成功炼“四心”

炒股成功之“四心”：等待机会出现的无比耐心；机会出现时有辨别机会真假与大小的超人细心；确认机会降临后能果断出击的决心；判断出错后敢于迅速改正错误（补仓或止损）的狠心。

耐着性子等待最完美图形出现的时机与时机出现时的果断出击，是专业短线高手最重要的基本功。

（二）宏观大势要搞清

市场监管部门对股市的调控作用明显，即所谓政策市、消息市。政策调整等表达了管理层对市场的调控作用，一句话可以让股市涨数百点，一项政策也能让股指跌百点。为什么要发利多消息，为什么要出利空措施，均以市场情况而定，有利于管理层从宏观的角度发挥证券市场的功效，这也是保证投资市场与国民经济正常发展的需要，所以需要站在管理层的角度看看股市，才能正确判断市场趋势。2008 年的 4 万亿推动经济，随即沉寂了近一年的股市春风又起是最好的一例。

（三）股评传媒的弦外之音

各类传媒对市场也产生着巨大的影响（特别是对新入市的、主意不坚定的股民），这就是媒介的导向作用，但有时也会被主力利用反向操作。一周股评看淡、看多影响到许多人的同一动作，这统一行动也影响到大盘的走势，市场主力往往利用这一行动反向操作，因为股市总是少数人赚钱。有时与股评反向操作会赚，同向操作反赔，乃至于失败者愤愤骂“吃药害人”。

（四）独立判断主力动向

目前的市场还是以主力机构决定市场发展的方向、股价的高低，所以称为庄股。一般而言，主力在跌势中建仓，在涨势中派发，与市场逆势操作（不在大涨后买入，不在大跌后卖出）。所以常看到跌势中有大接盘，涨势中有大抛盘，因主力建仓股多量大，也不可能一次出货。近年来主力反技术操作，利用技术空头进、多头出。如今多数技术派根据技术指标信号进出，高明的主力利用反技术法赚多数人的钱。看机构要站在他们的位置上想问题，既要想被套主力该怎么办，又要想在场外的主力如何看；既要想已经入市的主力怎么做，又要想刚出盘的主力打算何时进场。

（五）站在主力视角看市场

不可否认在特定的环境下，散户的认识和做法对大盘探底成功和 [HJ] 大盘做顶有一定的作用，也是观察市场人气的重要指标。有许多次在机构与散户的博弈中机构战败，所以了解观察中小散户的人气与投资行为、持仓情况，能对后市预测发生十分重要的作用。但是，散户中不理智的居多。散户情绪极为高涨的时候，往往是顶；散户悲观绝望的时候，基本是底。

（六）熟练掌握几种技术指标

目前技术分析对市场的预测与作用之大，多于其他分析。股评界有许多人不愿卷入政策、形势等争议中，技术分析则无可指责，最能自圆其说，也不会因说错话而带来不必要的麻烦。各种新技术的崛起，各种投资软件如春笋般冒出，又使广大投资者对其产生兴趣，试图在股海的搏击中占尽先机。

在中国这个新兴股市发展之初，政策调控、但股民素质与思维习惯还互相冲突。消息对市场有一定的作用，技术指标在市场变化情况下被扭曲，市场主力也会利用技术反向操作，但股市大趋势与技术显示不会背道而驰，有些指标在关键时刻会在消息面的影响下发生强烈作用，从而导向市场。

（七）正确的基本分析需要日积月累

结合政策、宏观经济走势、消息、市场人气、热点、个股结构变化、周边市场的情况与大盘量价关系来预测后市。有些人排斥技术，过于迷信信息与宏观经济运行，偏废其他分析手段的观点，往往容易造成死多或死空。

作为散户投资者，一定要学会综合立体思维。当然，要习惯立体思维并非一朝一夕之功，经常多层思维久而久之形成思维习惯，以立体思维方法来综合判断，才能作出比较符合股市运转方向的结论。

二、投资与投机没有绝对的界限

（一）投机是个永恒的话题

"投机像山岳一样古老"。每次想到这句话内心都为之一震，虽然短短的一句话却道尽投机市场的千面百态，仿佛看到在漫长投机长河中挣扎的人们，也包括投机失败后的饮弹自尽。投机游戏的本质不会变，人的本性也不会变，贪婪、恐惧、绝望、狂喜，而结局常常在开始的时候就已经注定：人弃我取、人取我予，是出奇制胜的重要策略。在证券市场里，我认为应该把人弃我取、人取我予作为一种最基本思维方式来运用，多用这种方式去思考问题，保持对各种预言的警惕，并努力在别人贪婪的时候谨慎一些，而在别人恐惧的时候大胆一些。

"买入靠信心，持有靠耐心，卖出靠决心。"经过二十年时间的洗礼，我现在牢记的就是这三句。三句话把具体的投资行为原则讲得简明、彻底、透彻。

回顾自己的投资经历，几乎所有的错误也囊括在这三句话里。只有持股才能赚大钱，想在股票市场赚大钱，持有股票的本领要下苦功去学，不管你是否有水平研究指数，是否有水平选择股票，真正能使你赚到钱的真功夫就是如何持股。如何持股的道理可不像研究指数、推荐股票那样，几句话就说得明白、短期内容易提高的，它需要长期的投资经验积累、心理素质的不断提高和学会控制风险的有效方法。

企业价值决定股票长期价格。这是价值投资理论的一句简单概括。

经过近二十年的投资实践，我觉得要想保持一颗平常心，自己必须要有一套对股票价格高低的判断标准，即使使用的是一些简单的判断标准也没关系，重要的是你一定要有。你对市场的价格高低的看法不能依靠是否在主力或大资金的成本之上下，否则一味迷信他们的力量，交易的主要理由来自大资金的痕迹，你就不可能一边关注价格，却又不交易，很容易陷入频繁的买卖之中，因为你没有自己的股票贵贱的标准，这样会使你常常去跟随那些其实跟许多散户同样愚蠢的大资金。在股票市场只有那些以价值发现、价值挖掘为基础的大资金才能成功，才容易实现利润，而不少以资金优势企图控制市场，脱离了价值大肆炒作的人，一般结局不会乐观，证券市场越成熟这点越明显。供给与需求创造价格短期波动，企业内在价值决定长期波动方向。

对市场的理解就是对社会现象的理解，上市公司的本质是融资。以前对没有回报的上市公司称为“圈钱”，其实市场并不保证任何人赚钱，只是给参与者提供机会。

股市是综合技艺竞技场，投资与投机，不是对立的，不论概念还是题材，价值还是技术，都是以赚钱为目标。而稳赚的唯一真理是克服贪婪与恐惧，战胜自己，升华自己，成功的人必是理念、技巧、工具有机的结合，娴熟的运用。

赢家的法则是：看大势，定策略，找时机，选个股，抄底逃顶，高抛低吸。

买卖股票的方法有很多，可按买卖态度、持有期限等划分成多类。不论操作方式如何，只要细加分析、耐心操作的话，多半可以稳定获利。

现将投资与投机操作方式的利弊分析于下：

（二）价值投资一个原则

以投资方式来买卖股票并长期持有者，大多于买卖之初以谨慎的态度详细分析个股的收益和风险，所以其所投资的股票大多没有暴涨暴跌的顾虑，操作起来较为轻松，一般不为行情起落所动，这种操作方式在长期的多头市场中获利较大。但股价受到各方面因素的影响，短期内难免有大的涨跌。

投资方式风险虽较小，但因操作谨慎，通常很难获得较大的收益，这是其缺点。有时更因谨慎计算股价收益而于市场最高价开始买进，炒作股价的涨跌大多与股利无关，买进套牢，或虽赚钱但因未达到收益预期而未卖出，之后再长期持有，一旦大势反转下跌，往往会遭受损失。我了解的不少人在 2007 年 10 月的行情中，坚持做价值投资，把中国平安、神华等捂住，“忠诚捍卫”，导致一个阶段的套牢。有些人下跌之初尚能忍住不卖，但大跌乃至暴跌之后往往忍不住而卖出，卖到最低价者大多是这类投资者。

（三）中短线投机上窜下跳

投机方式操作大多顺势而为，低进高出，获利即卖出，是抢涨卖跌的最佳写照。

在一高一低的起伏之间来回操作，只要操作正确的话，往往比投资的收益高出许多。投机操作虽然本轻利重，每次亏损也较少，但由于股市行情瞬息万变，有时见涨抢进，却不幸买到最高价；有时见跌卖出，却卖到最低价；有时抢进之后见跌即卖出，股价反而上涨；有的卖出之后见涨加倍补进，股价反而下跌。此外，频繁地进进出出，交易费用惊人，经常是得不偿失。

以一个较长的时间段来考量投机结果，最后大多仍是以亏损收场，除非赚一票就走人。利弊比较分析，为了适应多变的股市行情，操作方式不应拘泥于某种固定形式，较理想的做法是适时将投机与投资方式选择使用，其操作原则如下：在股价跌幅较深、所选择的股票市盈率偏低时，采取投资方式；在股价高涨、某些股票市盈率较高时，采取投机方式；在股价不上不下时，如未能肯定其未来走势将上或将下时，最好采取观望的态度。如果不准备观望，仅应采取投机方式；在股价强势向上、采取投资方式时，也可以采取投机方式短线做多，以增加短线的收益；在股价走势向下、采取观望态度之前，也可以采取投机方式，先高抛短线做空，等到差价有利可图时再买进。买卖之初应先决定是投资或投机操作，绝对不可临时改变，以免出现不必要的困扰。当股市行情处于高位区域，市场分歧很大，这就意味着近阶段变盘或确定反转，或二次探底将要出现，没有相当的风险评估和防范能力以及承担风险的经济和心理的充分准备的投资者不宜参与。旁观并用心分析行情，会使涉市未深的投资者提高日后入市的胜率。

三、长线不等于长期持有

长线不等于长时间持有。做长线，虽然是长期持有，但却是有条件的，即业绩保持较高的速度增长。如果上市公司的业绩没有成长性作为保证，那么持有时间长短和盈利有什么关系呢？我国股市中，20 世纪 80 年代初，中科创业的股票曾高达 126 元一股，公司也被评为业绩最优的公司。4 年之后的 1988 年，却跌到了 2 元以下一股。那么，在这 4 年之中，你准备在前者还是后者哪一个价格长线持有呢？由此看来，不问青红皂白地一味长线持有是不足取的。散户为什么总是在该等的时候没有等下去呢？没有等下去的原因不在于没有耐心，而在于看得不准，有些操作就属于心理素质不行了。这真应了股市那句老话：股价不是在你平仓后一涨再涨，就是还没有到你的价格就掉头向下。

耐心不是傻等，是一种技术，也是一种经验。保持耐心是要战胜恐惧，勇敢地放弃耐心是要战胜贪婪。一只股票的价格不断下跌会激起人们的心理恐惧。价格的上涨，在有些时候也会引起人们的心理贪婪或恐惧。如果你有绝对大量的资金准备操作一只股票，那么你会恐惧吗？当然不会。所以恐惧与贪婪本身并不是错误，问题在于我们必须用技术和观察看透表面的波动，知道目标在哪里。当然，我所指的技术并非通过各种指标得到结论的技术，而是看出主力吸货的技术，那么我们确实需要一些耐心，等待市场去验证我们的观察。因为如果你是在主力吸货阶段进入的，就要忍受接下来震仓的痛苦和煎熬。

四、认清与时俱进的新主力

从保险公司、基金公司、QFII 的持仓比例日渐减少，以及机构重仓股的集体步履维艰来看，显然机构投资者不是 2007 年行情的主导力量。那么，果真是散户主导了行情吗？在我看来，现在市场的主角既非机构，也非散户，而是主力。

现在的主力和过去不同，因为过去靠控盘流通股呼风唤雨的老式主力已经被消灭殆尽。他们已经不再控盘流通股搏杀股市了，这些“新主力”主要由大非、小非以及各路私募基金构成。现在市场上的博弈格局用一句话来说，

就是主力做游戏，散户凑热闹，机构看热闹。

机构投资者和资深散户每每期待中的调整，却屡屡落空。试想，一个拥有 50% ~ 70%的筹码，外加 N 个小非或私募基金内外配合的主力，想不成为股市的主导力量也不行啊！更为关键的是，现在的主力直接掌握上市公司的经营，因此其操纵股价、内幕交易的行为更隐蔽，更难被监管。

其实，只要股指期货没有推出，主力通过单边做多才能获利的模式就不会改变，个股的上涨趋势也就很难变化。看不清楚的时候盲目抢反弹，看似黄金，很可能却是炸弹。

2008 年秋上证指数出现了反弹，然而，市场却依旧呈现出“二八现象”，超过 200 只的股票继续倒在跌停板上，两市 1000 多只股票下跌。而在大量下跌的股票中，是否如部分股评人所言已经是遍地黄金了呢？我想最好不要在火中取栗。对于整个市场而言，还有没有挤干的泡沫，没有经验的

投资者一定要等大势启动再加入，宁可少赚，不能先赔。

从管理层的意愿来看，就是要投资者坚持价值投资的思路，打压市场的投机风气。而前期非理性暴涨的股票，即使再来一两个跌停也仍然远远背离了基本价值。因此，从这个角度来看，市场的调整远没有到位，遍地黄金只是部分投资者的一厢情愿。目前市场做空动能尚未全部释放，一定不要在看不清楚的时候盲目抢反弹。

五、不做死多头、不做死空头，做坚定的滑头

大势向好捂股，但有迹象见顶绝不能死捂股，调整后不被恐惧包围不一味看空，敏锐灵活，就是坚定的滑头。

在牛市空头思维少赚，多头思维捂股猛赚；熊市空头思维不亏，多头思维惨亏。分清趋势是短中长，对应超短线波段，在变盘高位点把套牢卖给别人，低位点把抄底留给自己。

世界上没有无缘无故的爱，无缘无故的恨。股票没有无缘无故的涨，也不会无缘无故的跌。股票的生命在于会买会卖，会卖比会买更重要，那是徒弟与师傅的关系。要有风险意识，警钟长鸣。

要明白世界上的钱赚不完，却能亏完。

在技术上把握必然与偶然的关系（高低位与背离），不以出类拔萃苛求自己，以平常心待己。也就是不贪不婪有机结合，利用技术指标作为驾驶员路标来判断波段、短线、超短线的市场热度和个股的高低。

六、投资的十个不要

我听到不少人在进行投资时，就像在海边捡贝壳一样，盲目、缺少针对性。一天，他从朋友那儿听到一只好股票，于是就买了它；第二天，又

从报纸上看到一只好股票，又买了它。就像捡了一大堆贝壳一样，拥有了一堆五花八门的股票：杂乱无章、缺乏条理，更不会关心这种投资组合是否合理。我想告诉大家，合理的投资方式是：首先选择投资组合，其次才是进行投资。先选定一些不同的投资品种，然后走出去，根据这些品种寻找具体的投资对象。采用此种办法的好处是，就算你的一部分投资出现了亏损，但其他部分不会受其影响，甚至会获得收益。

我多年的经验供大家分享。

（一）不要买昨天的热门货

过去的热门品种无法保证你将来的收益。投资的最大风险是将大量的资金都堆积到曾在短期内创造过市场神话的股票和基金中去。短期的超额回报往往无法持久，那些追搭滑翔机的投资者常常会摔得鼻青脸肿。即使你对这样的股票做过精密的分析，认为它仍有潜力可挖，也只能将它作为你多种投资组合的一部分。如果一旦失手，也只是部分损失。

（二）不要低估交易成本

在股票交易中，一般人都不大会在意每次 0.5% 的交易费，与每年 20% 的资金收益率或与近几年赚得的大量资金相比，那毕竟是个小数目。但这种想法显然是忽略了投资费用的长期积累。经纪人的佣金只是交易成本的一部分，他们还可能会在其持有的股票上涨差价中获得更多的好处，或者在为你买卖股票时赚取差价，这个差价就是你多付的费用。一般来说，每次买卖股票只有半个百分点，甚至比这更少的费用，但如果频繁地进行交易而且数额又较大的话，时间一长，这半个百分点就会变成两个百分点、三个百分点，甚至更多的百分点，最终会吃掉你的一大块投资收益。

为了计算交易成本对资金收益率的影响，如果你认为这点差别无足轻重的话，我们不妨做一个具体的比较：投资 50000 元，每年的收益率由 8% 提高到 10%，10 年就会多收入 21741 元（税前利润）。

（三）不要“嫌富爱贫”

如果你买了两只股票，一只涨了25%，另一只跌了25%，那你怎么办呢？如果你是个普通的投资者，一般会卖掉赚钱的那只股票，据了解，有一半的投资者会将手里赚了钱的股票卖掉。此后，他又将已卖掉的获利股票与捂在手里的亏损股票做了一个比较，发现两年后获利股票与亏损股票相抵后收益率仅为3.5%。

为什么我们惯于抛售盈利股票，而对亏损股票却犹豫不决？答案很简单：因为我们不愿意割肉。一只股票一旦落入水中，我们一般会想方设法把它捞上来，而不是在它还未死亡时就将它扔掉。但别忘了这样一个事实，如四川长虹的股票在2000年前的股价为每股64元，而现在的交易价仅为15元，不知道何时我们才能看到它回到70元的价位。

（四）不要奋不顾身

投资结果与期望值正相反是常有的事，我们本应小心谨慎时，却往往放松了警惕。例如：2000年初的纳斯达克指数与1998年相比上涨了84%，投资者普遍感到牛市格局已定。但历史经验告诉我们，在股市蹿升了一大截，打开了一个巨大的上涨空间后，其崩盘的概率是最高的，因为各大公司已在高位上悄悄出货了。为什么当警报声在我们耳边嗡嗡作响时，我们还要奋不顾身地投入股市？原因之一就是我们已经很久没有经历熊市了，我们忘记了牛熊循环是一个必然的规律。

（五）不要被消息牵着鼻子走

投资者一般分成两类，一类是只根据当前的价格买卖股票，而另一类是在掌握了相关的价格信息并看了媒体有关股价波动的成因分析后再进行交易。当股价暴涨后，保罗·安德森发现那组根据媒体信息炒卖股票的人获得的收益，是不根据信息的那组人的一半。为什么不听消息来源的那组人反而赚得更多？保罗·安德森从理论上做出了解释：我们所得到的消息几乎都是关于某只股票的走势预测，因此，当一只股票的价格在媒体的渲染下（似乎预测得很准确）节节走高时，大家买进；反之，当这只股票价格走低，媒体一片悲观情绪时，大家卖出。许许多多的投资者就是按照这种操作思路买卖股票，从而造成股价非理性地走高或走低。正确的操作办法是：重视消息，但不让消息左右我们的行动。对任何消息来源都采取“只看不动”的策略，直到弄清了消息的可靠性后再行动。

（六）不要想几天致富

从 1995 年到 1999 年，标普 500 指数每年都能为投资者带来 26% 的收益。随着股市长期看好，人们很容易盲目乐观，认为牛市将会继续下去。1999 年进行的一项调查表明，个人投资者普遍认为未来十年每年能给他们带来 19% 的收益——差不多是 1975 年 11% 平均收益率的两倍。

2007 年 10 月后中国股市的不断下挫，降低了人们的这种乐观预期，然而大家似乎还抱有某些侥幸心理。我认为大家的这种期望值现在仍然有些过高，还没有降到一个合理的水平上，除非市场彻底让人们寒了心，大家才能理智地面对现实。而股市中不少人的理智往往是短暂的。

如果你的预期收益目标无法实现，你可能会去搞风险投资，购买像 IPOS 这样的超值股票，期望能在短期内为你带来丰厚的收益。但一旦失手，不仅达不到预期目标，甚至连 11%的年平均收益率也泡了汤。如果将收益目标定得现实一点儿，你就越有可能达到预期目标。

只要你的期望值定得合理，虽然没有完全满足自己的意愿，但至少可以保证你能得到稳定回报。如果收益率超过预期目标，那你不妨把它当作额外得到的红利，拿着它你可以去海滨度假，那时再挽着裤腿，光着脚丫，漫步在海滩上，边走边将大海送给你的礼物——五光十色的贝壳捡到篮内。这难道不是一件很惬意的事情吗？

（七）不要轻易预测市场

判断股价到达什么水准，比预测多久才会到达某种水准容易。不管如何精研预测技巧，准确预测短期走势的概率很难超过60%。如果你每次都去尝试，错了就止损退出市场，不仅会损失你的金钱，更会不断损害你的信心。我觉得不如从基本面入手寻找一些有长期价值潜力的股票，结合一些技术方法适当控制风险，尽量长期持有股票，而对于长期的市场走势给予一个轮廓式的分析和判断。

其实股市的下跌如暴风雪是正常现象，如果有所准备，它就不会伤害你。每次下跌都是大好机会，你可以挑选被吓走的投资者放弃的廉价股票。

我觉得这句话很形象地说明了股票市场的周期性，人们在春、夏、秋、冬的轮回中不知不觉，而对股票市场的涨跌却经常感到惊讶。其实股票市场的涨跌起伏是多么正常，只是我们的市场有时春天太短，冬天太长。我想在东北待久的人理解起来倒不会太难。

（八）不要热衷频繁交易

这是从我的无数次错误、无数次损失金钱中总结的一个道理，钱在投资市场里从活跃的投资者流向有耐心的投资者。许多精力旺盛的、有进取心的投资人由于频繁交易财富渐渐减少。其实不管你的理念怎样，是投机者或投资者，这句话都适用。减少你的错误就先从减少交易次数开始吧。

（九）不要离市场太近而乱了方寸

很多时候人群中积聚的是愚蠢，不是智慧。炒股的心态与你和人群的距离成反比，不要推荐股票，少去谈论股票，与市场的人群保持距离，与每日的价格波动也要尽量远点，不要让行情搅混你本已清晰的交易理念。体会孤独的快乐，孤独是一种特殊的力量，如果你体会到了孤独感并且是快乐的，那么你的心灵是强大的。在股市这个嘈杂的市场里，是最应该自守孤独的地方。知止而后能定，定而后能静，静而后能安，安而后能虑，虑而后能得。

（十）不要碰下降通道的股票

猜测下降通道股票的底部是危险的，因为他可能根本没有底。存在的就是合理的，下跌的股票一定有下跌的理由，不要去碰它，尽管可能有很多人觉得它已经太便宜了。

七、投资理念的误区

（一）不同公司的绝对股价高低纵向比较没有任何意义

包括母公司和子公司的绝对股价。曾有个股评家说他推荐工商银行的理由是工商银行的规模比中国银行大，所以工商银行的股价要比中国银行贵。我认为不但讲这种话的股评家而且发布这席话的媒体也是极为缺少专业水平的。其实，股票的面值是不一样的。所谓面值，即在上市时把全部净资产按照每股多少钱的标准进行股份的划分。在境外市场，不同公司股票的面值经常是不同的，划分的总份数不同，价格当然不同。

如果你只做A股，可以不考虑这个因素，因为在A股市场，规定每股股份的面值都是1元。但如果不久将有0.1元的面值问世了，又将另当别论。另外，每股收益也是不同的。现在有很多朋友在盯着香港市场上的汇丰控股，它的股价达到140港元，所以很多人会说，人家的银行股能到100元以上，相比之下我们的银行股太便宜了。但是不要忘了，汇丰控股每年的每股收益高达10多港元，所以，人家140元股价的市盈率只有13～14倍；工商银行5元的股价，市盈率却有30倍，到底哪个便宜？

即使相同的盈利、不同的分配也会影响股价。众所周知的伯克夏·哈撒维公司是巴菲特的公司。股价超过10万美元，它的每股收益是7800美元！市盈率也只有10多倍。可以说，比工行便宜多了。由此可见，只买所谓的低价股的策略是毫无根据的。

中国公司在美国上市的ADR。我们知道，很多内地公司在美国由ADR存托凭证上市，价格通常都达到几十美元，和A股的价格看上去相差悬殊。ADR存托凭证的具体概念就不多说了，比较复杂，大家也没必要理解。只要知道一件事：在美国，一份ADR代表该公司很多股份，例如一份中国石化ADR代表其100股股份，一份华能国际ADR代表其40股股份。所以每当你买卖一份ADR时，等于买卖了那么多的股份，价格当然是同比例的了。

（二）错误地认为市盈率（即PE）要和存款收益率相对应

股市整体的估值方法是：存款收益率是分红收益率，贷款收益率是市盈率。这是中国证券业资格考试教材里的基本公式，所有证券分析师都应该非常熟悉，至少不会搞错。如果哪个分析师说PE要50倍是因为相对于存款收益率的，他一定是别有用心。大家可以算算，目前A股市场的平均市盈率应该是多少，就可以知道为什么我说现在是高风险了。

以上公式仅限于估值整体市场，对个股没有意义。不同市场之间相同公司的股价只有参考意义。很多人都看着日本股市已经达到六七十倍市盈率，认为中国内地股市到六七十倍没问题。日本是一个超低利率的国家，其贷款利率不到2%，所以大家不难看出，应该有50倍以上的市盈率，而我们一年期贷款利率是日本的三倍，估值怎么会一样呢？所以只买市盈率最低的股票是不科学的。所谓的市盈率即PE，并不像大家想象的那么简单——最低的就是最好的。因为不同行业、不同公司，甚至处在不同发展阶段的公司其PE的价值区间都是不同的。

八、从疯牛狂奔到大熊不起给我们的启示

如果是至少经历过一轮牛熊循环的老股民，相信在2007年5月30日重大利空发布开盘后的黄金半小时里已经清仓了，应该可以躲过

10%~30%的损失。这一点的确够新股民好好琢磨一阵的了。大跌以后的两天里发生了与以前年代完全不同的现象：5·30利空，它无疑表明了管理层坚决抑制泡沫的决心。但老股民别得意，在清仓后的随后几天里，我们是不是能够有新的思考、新的发现？我有近20年的投资经历，我也算是一个老股民。可当媒体说，今年新股民赚钱多，老股民赚钱少，是因为老股民风险意识强，好似在表扬老股民时，我都感到很惭愧。我们经验多，为什么反而赚不到钱？问题应该出在我们有时候太依赖已有的经验了，而对日新月异的证券市场缺乏敏感，这一点值得我们反思。

个股投资机会开始显现：市场被恐怖笼罩，利空预期仍然不断传播，一些有实质性利好的股票完全被恐惧气氛所淹没，继续加入跌停的行列。主力利用机会打压吸货，一定正在悄悄进行。

在跌了30%以后，机构出货的可能性已极小，这些抛盘主要来自散户，散户疯狂追逐大盘蓝筹回避风险。一般情况下庄与散总是反向思维，退出股市的朋友卖出自然无可厚非，如果因为恐惧而作出错误选择的一定会后悔。如果那个周末没再出现新的利空政策，下一周大多数股票止跌，许多个股投资机会开始显现！

寻找理想的投资对象：在短期内，市场是个仅有资金要求而不管智力或情绪稳定性的选民投票记录机；但长期而言，市场是个称重机。一只股票涨或不涨，主要取决于公司业绩与估值水平这两大因素。不过在一定时期内，估值水平会受到市场流动性和投资者风险偏好的影响，唯有企业长期的盈利能力和增长速度，才是决定一家公司真正投资价值的核心因素。

虽然2007年末上证指数已创下新高，但有一个好消息是，我们预计在未来几年中，国内并不缺少能够持续高成长从而具有较高投资价值的优质企业，它们业绩长期增长的驱动力来自其独特的商业模式或是在长期竞争环境中形成的核心优势。

认真甄选这些企业：我们可以借鉴企业生命周期理论，把企业分为突出成长、高速稳定成长、高速周期成长及成熟成长四大类别。然后从客观的财务数据出发，通过系统的筛选和分析来识别持续增长的企业。说得具体一点，就是依据最近企业单季度的销售收入、利润、现金流和经营利润率的变化去识别增长加速的企业，同时根据各个行业的经营特征和具体指标再加以横向比较，以进一步确认行业或企业基本面的变化趋势。然后，对于增长加速的企业，我们将首先分析增长背后的驱动力量，判断这些力量是否会推动企业经营出现持续的良性变化。在初步筛选和分析的基础上，再深入分析行业的竞争状况、企业的行业地位、产品的特性和市场需求的变化等因素来判断这些驱动力量所带来的增长是否具备持续性。

成功投资的关键在于敏锐地抓住各类公司成长的不同阶段，提前一步发掘公司的核心价值和成长驱动要素，分散风险，理性投资。

成功投资的关键还在于能否坚持自己的理念。尽管市场的环境千变万化，但投资的真谛亘古不变：低买、高卖，只投资于自己理解的东西。这就是成功投资的全部。我们过去是这样做的，以后还是会这样做。

第四部分

要打漂亮仗　得有好武器

虽然大势的分析和判断往往无法用机械的指标来说明，但投资的基本常识和技术知识是入市必须学习和搞懂的。它就像一架复杂的测试仪器，告诉你股市走向，个股和整个市场的瞬时、阶段动态，每天的国内外大事对市场产生了什么影响、群体心理和行为集合对市场的趋势影响……所以花一点时间读懂它就是给实际操作准备了指示灯。

十八般武器不用样样精通，综合运用几种，得心应手，成功就会向你走来。

第十二章

技术指标是你的火眼金睛

一、我多年来最常用的技术指标

散户对技术指标的理解常常有偏差。有人认为技术指标只是做短线用的；还经常有人问：技术分析有用吗？我信奉价值投资啊！其实，这说明大家对于技术分析的理解是不准确的。

我认为，指标不是万能的，只是概率，但总比拍脑袋、凭感觉好，关键是你怎么注释，犹如不同的医生对同一张X光片会有不同的释片。每个投资者，必须掌握一些基本的K线组合和指标含义。下面是我多年来常用的分析指标。

二、各显神通的16个指标

（一）显示价格趋势和变化的K线（KLINE）

一般来说，股价的变动多半为政治的、经济的、心理的因素所控制，就股票市场整体来说，买方与卖方永远站在对立的两边，一方的利润便是另一方的损失。K线就是用图形表示出买方与卖方力量的增减和转变过程。

经过近百年来投资人的使用与改进，K线理论是股票技术分析中较容易被投资人接受的方法之一，尤其股票市场投机气氛浓厚时，作手与大户的动向是小额投资人的指标，股市主力操作的方向会在K线中表现出来，因此观察K线做判断依据是大众投资者普遍的做法。

K线是一条柱状的线条，由影线和实体组成。影线在实体上方的部分叫上影线，下方的部分叫下影线。实体分阳线和阴线。其中影线表明当天交易的最高和最低价，而实体表明当天的开盘价和收盘价。K线可以分为日K线、周K线和月K线，在动态股票分析软件中还常用到分钟线和小时线。K线是一种特殊的市场语言，不同的形态有不同的含义。

我把K线归纳为简单的三看：即一看阴阳，二看实体大小，三看影线长短。

"一看阴阳"，阴阳代表趋势方向，阳线表示将继续上涨，阴线表示将继续下跌。

"二看实体大小"，实体大小代表内在动力，实体越大，上涨或下跌的趋势越是明显，反之趋势则不明显。

"三看影线长短"，影线代表转折信号，向一个方向的影线越长，越不利于股价向这个方向变动，即上影线越长，越不利于股价上涨，下影线越长，越不利于股价下跌。

基本类型

（1）长红线或大阳线，表示强烈的涨势。

（2）长黑线或大阴线，表示大跌势。

（3）带下影线的红实体，多空交战，先跌后涨，多头势强。

（4）带下影线的黑实体，多空交战，空头略占优势，但跌后获得支撑，后市可能反弹。

（5）带上影线的红实体，多空交战，多头略胜一筹，但涨后遭遇压力。如红实体比影线长，后市继续看长；实体与影线同长，后市一般买方为强；

实体比影线短，后市看跌。

（6）带上影线的黑实体，多空交战，先涨后跌，空头势强。

（7）上下都带影线的黑实体，反转信号。如在大涨后出现反转，后市可能下跌；如在大跌后出现反转，则后市可能反弹。

（8）上下都带影线的红实体，反转试探。如在大跌后出现，行情可能反弹；如在大涨后出现，则应保持冷静，密切注意后市之变化。

（9）先下跌后小涨，表示多头稍占上风，但欲震乏力，后市可能下跌。

（10）先上涨后小跌，空头略占上风。

（11）狭幅盘坚。

（12）狭幅盘软。

（13）大十字，表示多头激烈交战，势均力敌，收盘价等于开盘价，后市往往有所变化。

（14）小十字，表示狭幅盘旋。

（15）收盘价等于开盘价，但下影线略长，表示多头较强。

（16）收盘价等于开盘价，但上影线略长，表示空头较强。

（17）T 字形，表示卖盘极强。

详细解释可见 K 线类书籍。

（二）判断买卖时机的趋向指标（MACD）

平滑异同移动平均线，简称 MACD，是近来美国所创的技术分析工具。主要是利用长短期的二条平滑平均线，计算两值之间的差离值作为研判行情买卖之依据。MACD 吸收了移动平均线的优点。运用移动平均线判断买卖时机，在趋势明显时收效很大，但如果碰上牛皮盘整的行情，所发出的信号就频繁而不准确。根据移动平均线原理所发展出来的 MACD，一来克服了移动平均线假信号频繁的缺陷，二来能确保移动平均线最大的战果。

MACD 通常绘制成围绕零轴线波动的柱形图。在绘制的图形上，DIFF 与 DEA 形成了两条快慢移动平均线，买进、卖出信号也就决定于这两条线的交叉点。很明显，MACD 是一个中长期趋势的投资技术工具。

缺省时，系统在副图上绘制 SHORT=12、LONG=26、MID=9 时的 DIFF 线、DEA 线、MACD 线（柱状线）。

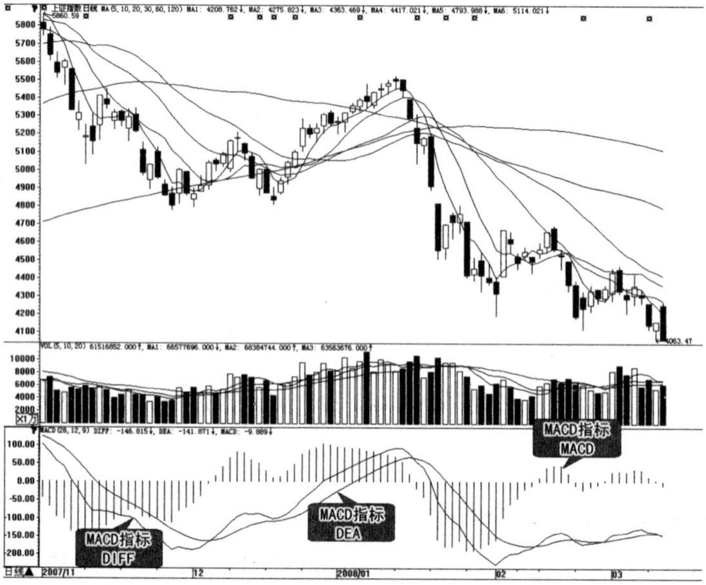

图 12–1　趋向指标（MACD）图例

1. 应用法则

（1）DIFF 与 DEA 均为正值，即都在零轴线以上时，大势属多头市场，DIFF 向上突破 DEA，可作买。

（2）DIFF 与 DEA 均为负值，即都在零轴线以下时，大势属空头市场，DIFF 向下跌破 DEA，可作卖。

（3）当 DEA 线与 K 线趋势发生背离时为反转信号。

（4）DEA 在盘局时，失误率较高，但如果配合 RSI 及 KD，可以适当弥补缺憾。

（5）分析 MACD 柱形图，由正变负时往往指示该卖，反之往往为买入信号。

2. 诀窍

一旦股价的高点比前一次的高点高，而 MACD 指标的高点却比指标前一次的高点低时，表示指标怀疑股价的上涨是外强中干，称为“牛背离”，暗示股价很快就会反转下跌。一旦股价的低点比前一次的低点低，而 MACD 指标的低点却比指标前一次的低点高时，表示指标认为股价不会再持续下跌，称为“熊背离”，暗示股价很快就会反转上涨。提示买卖点有四个，卖点二个，买点二个。红色柱状线缩短，快慢线交叉时由上向下的卖出；绿色柱状线缩短，快慢线交叉时由下向上的买进。卖出强势选快慢线，弱势选红色柱状体；买进强势选绿色柱状体，弱势选慢速线。红色柱状体与绿色柱状体太小时参考 DMA。

3. 缺点

MACD 是一项中线指标，买进或卖出点的最低与最高价之间的差价较大，当行情忽上忽下或是盘整时，进出太频繁且买卖之间没有利润时，也许还要赔掉手续费或差价，所以不能做短线。

消息影响下的突发行情，MACD 无法产生信号。这时应当（1）放弃采用 MACD；（2）修改参数，将原 12、26、9 改为 6、13、5 可以调整 MACD 信号的速度。注意，无论放大或缩小，都应尽量以原始参数设定倍数。

（三）反映平均股价成本的移动平均线

当我们将每日不同大小的移动平均数标于图表上，连接起来，便得到一条上下起伏的曲线，这便是众所周知的移动平均线。

移动平均线的种类很多，但总的来说，可分为短期、中期、长期三种。

短期移动平均线主要是 5 日和 10 日的。由于证交所通常每周有 5 个交易日，因而 5 日线亦称周线。由于 5 日平均线起伏较大，震荡行情时该线形象极不规则，无轨迹可寻，因而诞生了 10 日平均线，此线取 10 日为样本，简单易算，为投资大众参考与使用最广泛的移动平均线，它能较为正确地反映短期内股价平均成本的变动情形与趋势，可作为短线进出的依据。

第二类是中期移动平均线。首先是月线，通常采样为 24 日、25 日或 26 日，该线能让使用者了解股价一个月的平均变动成本，对于中期投资而言，有效性较高，尤其在股市尚未十分明朗前，能预先显示股价未来变动方向。其次是 30 日移动平均线，是以月为基础，不过以 30 日为样，计算较简便。最后是季线，采样为 72、73 日或 75 日，由于其波动幅度较短期移动平均线平滑且有轨迹可寻，较长期移动平均线又敏感度高，因而优点明显。

图 12-2　移动平均线图例

第三类是长期移动平均线，首先为半年线，通常采样为 146 日或 150 日，由于沪市上市公司一年分两次公布财务报表，公司董、监事与某些消息灵通人士常可先取得这方面的第一手资料进行炒作，投资者可借此获坐轿之利，不过由于市场投机性浓厚，投资者注重短线差价利润，因而效果也打了点折扣。200 日移动平均线，是美国专家葛兰维专心研究与试验移动平均线系统后，着重推出的，但在国内运用不甚普遍。年线，取样 255 日左右，是超级大户、炒手们操作股票时重要参考依据。

所有平均线种类不外乎上述几种，但其采样数值的设置可根据需要调整，取样太小，线路不规则，取样太大，线路过于平滑，无明显转点，这是投资者应注意的。

（四）研判股价未来趋势的宝塔线（TWR）

宝塔线指标以不同颜色的棒线来区分股价（或指数）涨跌。它以收盘价（或收盘指数）作为参照，当股价上涨时，为红线（或白线），当股价下跌时，为绿线（或黑线），主要通过棒线翻红或翻绿的变化情况来以研判股价未来的涨跌趋势。配合 K 线、移动平均线，效果更好。

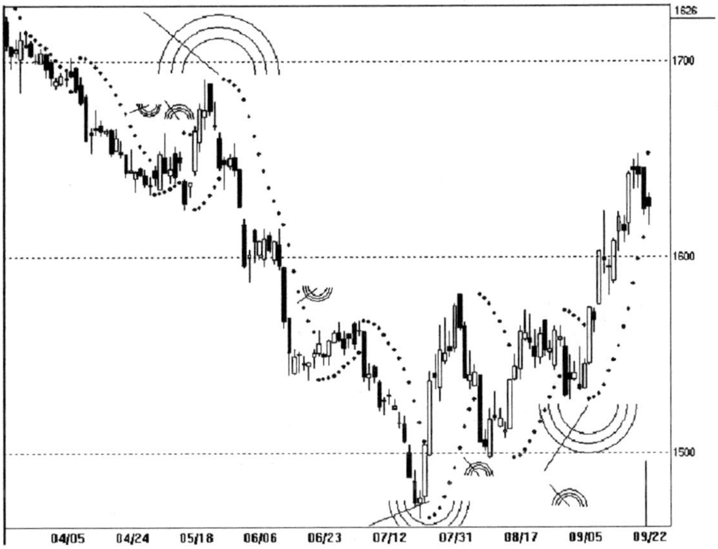

图 12-3 宝塔线（TWR）图例

应用法则

（1）宝塔线翻红为买进时机，股价将会延伸一段上升行情。

（2）宝塔线翻绿则为卖出时机，股价将会延伸一段下跌行情。

（3）盘局时宝塔线的小翻红、小翻绿可不必理会。

（4）盘局或高档时宝塔线长绿而下，宜立即获利了结。翻绿下跌一段时间后，突然翻红，可能是假突破，不宜抢进，最好配合 K 线及成交量观察数天后再作决定。

（5）当日大势指数或收盘价，高于最近三根阴线的最高收盘价时，为买进信号，反之为卖出信号。

（6）宝塔线适合短线操作之用，但最好配合 K 线，移动平均线及其他指标一并使用，可减少误判的机会。如十日移动平均线走平，宝塔线翻绿，即需卖出。

（五）推测市场人气的量价类指标（OBV）

OBV 中文名又称为“累积能量线”。

能量线是将成交量数量化，制成趋势线，配合股价趋势线，从价格的变动及成交量的增减关系，推测市场气氛。股价的波动与成交量的扩大或萎缩有密切的关联。如果价格升降而成交量不相应升降，则市场价格的变动难以为继。

图 12-4　量价类（OBV）图例

根据需求量和供给量画线，多空双方经过整日缠斗的结果，必须等到收盘的那一霎那才能见分晓，多头代表需要股票的投入（资金），空头代表投资人想换现金，而急于把股票抛到市场上。

OBV 以 N 型波为曲线。上涨称为“升潮”；下跌称为“跌潮”，一浪低于一浪称“下跌潮”；反之则称为“上升潮”。一个上升潮包含“上升、下跌、上升”；一个下跌潮包含“下跌、上升、下跌”。

一般来说，只观察 OBV 的升降并无多大意义，必须配合 K 线图的走势才有实际的效用。

1. 应用法则

（1）股价上升而 OBV 线下降，表示买盘无力，股价可能会回跌。

（2）股价下降时而 OBV 线上升，表示买盘旺盛，逢低接手强股，股价可能会止跌回升。

（3）OBV 线缓慢上升时，表示买气逐渐加强，为买进信号。

（4）OBV 线急速上升时，表示力量将用尽，为卖出信号。

（5）OBV 线对双重顶第二个高峰的确定有较为标准的显示，当股价自双重顶第一个高峰下跌又再次回升时，如果 OBV 线能够随股价趋势同步上升且价量配合，则可持续多头市场并出现更高峰。相反，当股价再次回升时 OBV 线未能同步配合，却见下降，则可能形成第二个顶峰，完成双重顶的形态，导致股价反转下跌。

（6）OBV 线从正的累积数转为负数时，为下跌趋势，应该卖出持有股票。反之，应该买进股票。

（7）OBV 线最大的用处，在于观察股市盘局整理后，何时会脱离盘局以及突破后的未来走势，它的变动方向是重要参考指标。

2. 诀窍

上升时看最后一个上升潮中的跌潮是否已破前一个跌潮的低点，相反在下跌行情中，必须看最后一个跌潮中的升潮是否已突破其前一次升潮的高点，以此作为认定反转的依据。用本人的语言讲：**顶下跌抛，底上涨买。**

当 OBV 出现超过一个月以上接近水平的横向移动时，代表市场正处于一段漫长的盘整期。没有耐心的投资客纷纷离场，此时正是暴风雨前的宁静期，大行情随时都有可能发出。即谓“黑马跌出 OBV 一起翘，抢进”。OBV 是选择个股的较好指标，用于大势，配合 MACD、DMA，可作为较好的波段操作参考。

（六）显示压力支撑的路径指标布林线（BOLL）

本指标先计算股价的“标准差”，再求取股价的“信赖区间”而得。股价波动在上限和下限的区间之内。

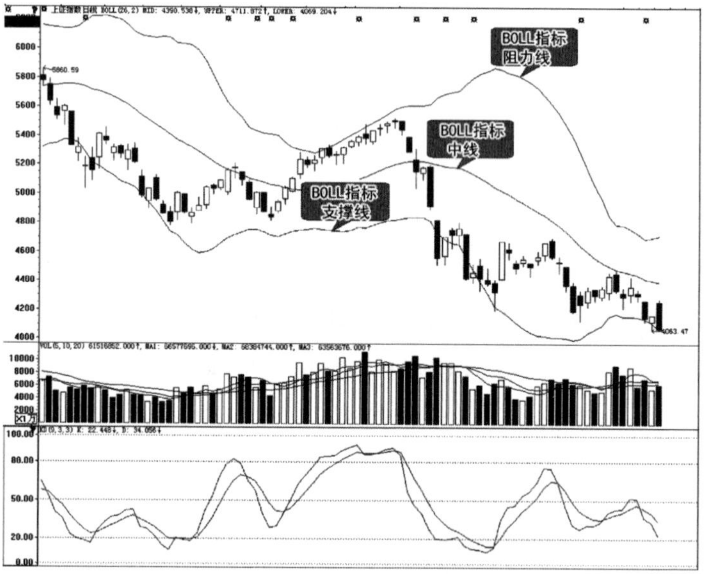

图 12-5　路径指标（BOLL）图例

布林线是属于变异性的，因为它的灵活和顺应时势，可以随着股性的变化而自动调整位置。布林线虽然属于压力支撑指标，但是也具备超买超卖的特质，它和 ROC（变动率指标）、CCI（顺势操作指标）、KDJ（随机指标）等指标配合使用时，可以相互弥补盲点。

BOLL 指标中的上、中、下轨线所形成的股价通道的移动范围是不确定的，通道的上下限随着股价的上下波动而变化。在正常情况下，股价应始终处于股价通道内运行。如果股价脱离股价通道运行，则意味着行情处于极端的状态下。

在 BOLL 指标中，股价通道的上下轨是显示股价安全运行的最高价位和最低价位。上轨线、中轨线和下轨线都可以对股价的运行起到支撑作用，而上轨线和中轨线有时会对股价的运行起到压力作用。

1. 应用法则

（1）一般而言，当股价在布林线的中轨线上方运行时，表明股价处于强势趋势；当股价在布林线的中轨线下方运行时，表明股价处于弱势趋势。

（2）当布林线的上、中、下轨线同时向上运行时，表明股价强势特征非常明显，股价短期内将继续上涨，投资者应坚决持股待涨或逢低买入。

（3）当布林线的上、中、下轨线同时向下运行时，表明股价的弱势特征非常明显，股价短期内将继续下跌，投资者应坚决持币观望或逢高卖出。

（4）当布林线的上轨线向下运行，而中轨线和下轨线却还在向上运行时，表明股价处于整理态势之中。如果股价是处于长期上升趋势时，则表明股价是上涨途中的强势整理，投资者可以持股观望或逢低短线买入；如果股价是处于长期下跌趋势时，则表明股价是下跌途中的弱势整理，投资者应以持币观望或逢高减仓为主。

（5）布林线的上轨线向上运行，而中轨线和下轨线同时向下运行的可能性非常小，这里就不作研判。

（6）当布林线的上、中、下轨线几乎同时处于水平方向横向运行时，则要看股价目前的走势处于什么样的情况下来判断。

2. 缺点

股价向上穿越“上线”产生回档，或者向下穿越“下线”产生反弹，接下来又反复来回穿越数次，而且回档幅度也不会太深，会造成股民不停买进卖出的困扰。

3. 诀窍

（1）带状区处于水平方向，而股价连续穿越“上限”，代表股价大致维持在平均线上方的强势，暗示未来将朝上涨的方向前进，可把握回档机会吸进股票，静待股价向上涨升。

（2）带状区处于水平方向，而股价连续穿越“下限”，代表股价大致维持在平均线下方的弱势，暗示未来将朝下跌的方向前进，股民们应该把握反弹机会尽快抛出股票，之后股价再跌破“下限”时不必再理会这个买进信号。

（3）股价经历过一段剧烈的波动之后，会逐渐趋于平静，多空两方的股民重新思考、整理、角力，在双方都处于犹豫不决的情绪时，股价的波动越来越沉闷，促使布林线的“上限”和“下限”越来越靠近，越来越狭窄，这种情况是变盘的“前夜”。用此指标可大体预测反弹的高度和下跌深度，以及大约的顶部指数区域和底部指数区域，实行反弹，触及上轨抛；下跌触及下轨抢反弹，配合 K 线更好使用。用于个股常态行情较准确，但容易逃掉骑上的“黑马”。

（七）反映股价变动四因素的相对强弱指标（RSI）

强弱指标最早被应用于期货买卖，后来人们发现在众多的技术分析中，它极其适合于股票市场的短线投资，于是被用于股票升跌的测量和分析中。RSI 的原理简单来说是以数字计算的方法求出买卖双方的力量对比，譬如有 100 个人面对一件商品，如果 50 个人以上要买，竞相抬价，商品价格必涨。相反，如果 50 个人以上争着卖出，价格自然下跌。

RSI 反映了股价变动的四个因素：上涨的天数、下跌的天数、上涨的幅度、下跌的幅度。它对股价的四个构成要素都加以考虑，所以在股价预测方面准确度较为可信。根据正态分布理论，随机变数在靠近中心数值附近区域出现的机会最多，离中心数值越远，出现的机会就越小。任何市价的大涨或大跌，均在 0 ~ 100 之间变动，在股市的长期发展过程中，绝大多数时间里它的变化范围介于 30 ~ 70 之间，其中又以 40 ~ 60 之间的机会最多，超过 80 或者低于 20 的机会较少。通常 80 甚至 90 时被认为市场已到达超买状态，市场价格自然会回落调整；当价格跌至 30 以下即被认为是超卖，市价将反弹回升。

缺省时，系统在副图上绘制三条线，分别为 6 日线 RSI.1，12 日线 RSI_2，24 日线 RSI_3。

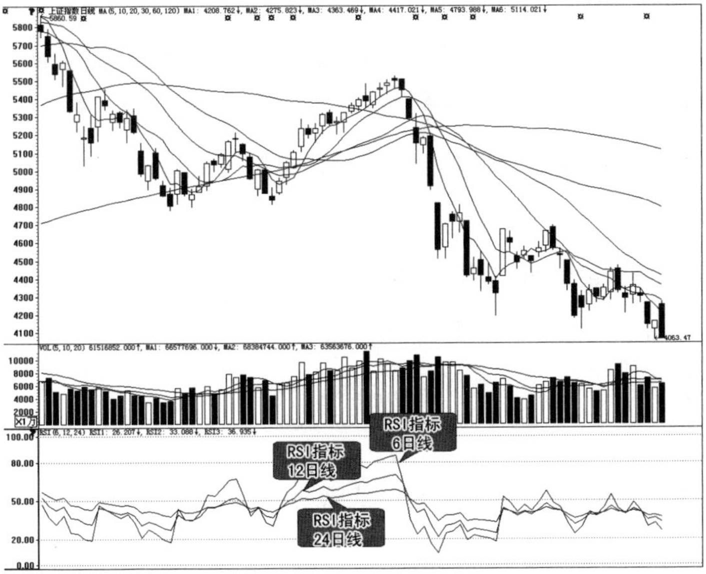

图 12–6　相对强弱指标（RSI）图例

1. 应用法则

（1）6 日 RSI 值高于 85，市场处于超买状态；6 日 RSI 低于 15，市场处于超卖状态。在 85 附近出现M头可以卖出，15 附近出现W底可以买进。

（2）RSI 在 50 以下为弱势市场，50 以上为强势市场。

（3）RSI 在 50 以上的准确性较高。

（4）盘整时，RSI 一底比一底高，表示多头强势，后市可能再涨一段，反之一底比一底低，是卖出信号。

（5）若股价尚在盘整阶段，而 RSI 已整理完成，则价位将随之突破整理区。

（6）当 RSI 与股价出现背离时，一般为转势的信号，代表着大势反转，此时应结合快速与慢速两条 RSI 线来确定买卖时机。把 6 天和 12 天 RSI 结合起来使用，当图形上 6 日 RSI 线向上突破 12 日 RSI 时，即为买进的信号。当 6 日 RSI 线向下跌破 12 日 RSI，即为卖出信号。尤其当 RSI 处于低位 30 以下发出的买入信号与高位 70 以上发出的卖出信号极为可靠。

（7）RSI 图形之反压线（下降趋势线）呈现 15° 至 30° 时，最具反压意义，如果反压线的角度太陡，很快地会被突破，失去反压的意义。相反，RSI 图形之支撑线（上升趋势线）呈现 –15° 至 –30° 时，最具支撑意义，如果支撑线的角度太陡，将会很容易地被突破，失去支撑的意义。

2. 缺点

较难辨认。超越 80 超买或超卖区后，有时超买不跌、超卖不涨，令人不解。

骗线较多。有时突破 50 中线又返回 40~60。

3. 诀窍

确认 RSI 是否进入超买超卖区或者穿越 50 中界线，尽量使用长天期 RSI，也可以避免骗线。

连接两个短线底部，画出一条由左向右上方倾斜的切线，跌破切线则卖出。

连接两个短线头部，画出一条由左向右下方倾斜的切线，是较好的买进讯号。

辅助判断大势，个股是否强势与弱势以轴线 50 为界。

（八）看短期走势超买超卖的威廉指标（W&R）

它是一种兼具超买和超卖以及强弱分界的指标，须搭配 RSI、MACD 确认顶和底。属于分析市场短期买卖走势的技术指标。

威廉指数值在 0~100 之间波动，威廉指数的值越小，市场的买气越重；

其值越大，市场卖气越浓。

W&R 应用摆动原理来研判股市是否处于超买或超卖的现象，及可以测量股市同期循环内的高点或低点，而显示有效的买卖讯号。短期的威廉指标可设为 9 日，中期为 14 日或 20 日。

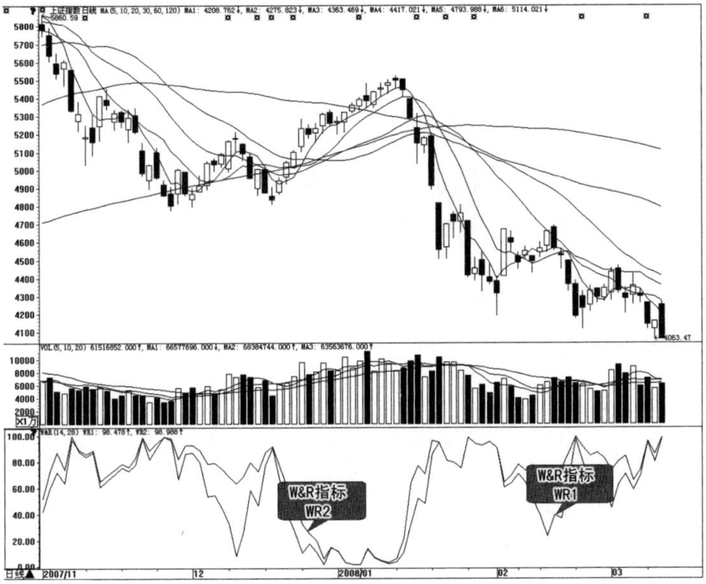

图 12-7　威廉指标（W&R）图例

1. 应用法则

（1）当 W&R 值高于 80 以上时，呈现超卖现象，是买进的时机；当 W&R 值低于 20 以下时，股市呈现超买现象，是卖出时机。

（2）当 W&R 由超卖区向上爬升，只是表示行情将止跌回稳，若它突破 50 中央线时，便是行情涨转强，可追涨买进，反之，当 W&R 由超买区向下滑落，且跌破 50 中央线时，便是行情跌势转强，可追跌杀出。

（3）当股价跌深，W&R 值到达 80~100 之间，且反弹时一次跌破 80~100 之间区域，而落于 20~80 时，则为买进时机，反之，当股价高档，W&R 介于 0~20 之间，且回档时一次跌破 0~20 的区域，而落于 20~80 时，为卖出时机。

（4）与相对强弱指标配合使用，充分发挥二者在判断强弱市及超买超卖现象上的互补功能，可得出对大市走向较为准确的判断。

（5）威廉指标与动力指标配合使用，在同一时期的股市周期循环内，可以确认股价的高峰与低谷。

（6）使用威廉指标作为测市工具，既不容易错过大行情，也不容易在高价区套牢。但由于该指标太敏感，在操作过程中，最好能结合相对强弱指标等较为平缓的指标一起判断。

W&R 向上触碰顶部，向下触碰底部四次讯号为准，向上进入超买，向下进入超卖，不可立即动手。

W&R 进入超买超卖是发警告，应当立即对照 MACD 讯号，配合判断，还要注意 SAR（停损类指标）的配合。

2. 缺点

容易对一知半解的股民误导，主要作用在于辅助其他指标确认，如果当作短线指标可能会亏损。

（九）判断中短期趋势准确性极高的随机类指标（KD）

KD 指标对大盘和热门大盘股具有极高准确性。该指标适用于中短期股票的技术分析，远比移动平均线实用。移动平均线在习惯上只以收盘价来计算，因而无法表现出一段行情的真正波幅。换句话说，当日或最近数日的最高价、最低价无法在移动平均线上体现。因而有些专家才慢慢开创出一些更进步的技术理论，将移动平均线的应用发挥得淋漓尽致。KD 线就是其中一个颇具代表性的杰作。

该指标的主要原理是：当价格上涨时，收市价倾向于接近当日价格区间的上端；相反，在下降趋势中收市价趋向于接近当日价格区间的下端。随机指标在设计中充分考虑价格波动的随机震幅与中短期波动的测算，使其短期测市功能比移动平均线更加准确有效，在市场短期超买超卖的预测方面又比强弱指标敏感，因此，这一指标被投资者广泛采用。

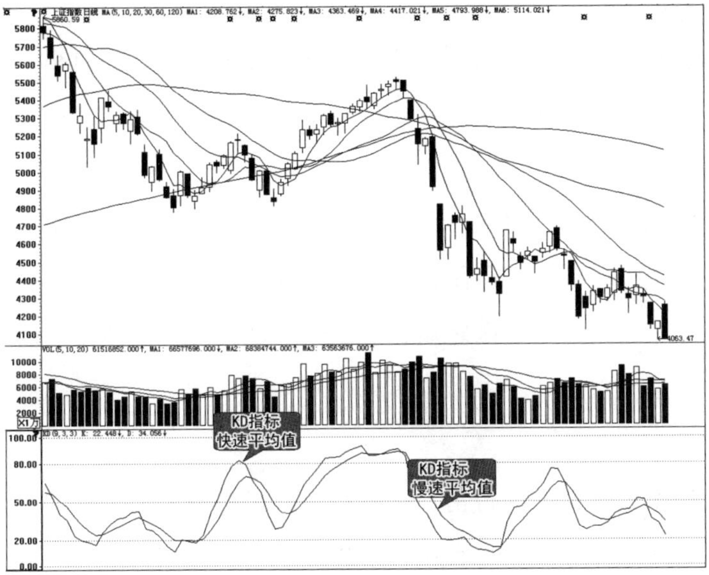

图 12-8 随机类（KD）图例

1. 应用法则

（1）D 值在 70 以上时，市场呈现超买现象；D 值在 30 以下时，市场呈现超卖现象。

（2）当 KD 指标与股价出现背离时，一般为转势的信号，中期或短期的走势有可能已见顶或见底。

（3）当 K 值大于 D 值，显示目前趋势是向上涨，因此线 K 向上突破线 D 时，为买进信号；当 D 值大于 K 值，显示趋势是向下跌，因此线 K 向下跌破线 D 时，为卖出信号。

（4）线 K 与线 D 的交叉，须在 70 以上、30 以下，信号才较为正确。K 线与 D 线在特性上与强弱指标一样，当 K 值与 D 值在 70 以上时，已显示超买的现象，在 30 以下则显示超卖的现象。KD 线不仅能反映市场的超买超卖程度，还能通过交叉突破发出买卖信号。但若这类交叉突破在 50 左右发生，走势又陷入盘局时，买卖信号可视为无效。

（5）当 K 值和 D 值上升或下跌的速度减弱，倾斜度趋于平缓是短期转势的预警信号。

（6）KD不适用于发行量太小、交易太小的股票，但对指数以及热门大型股有极高的准确性。

2. 缺点

股价短期波动剧烈或者瞬间行情幅度太大时，使用KD值交叉讯号买卖，经常发生买在高点、卖在低点的窘境。

K值进入超买或超卖区之后，和RSI一样会发生指标徘徊的现象，令股民一时手足无措。

3. 注意

波动幅度过于剧烈的行情，一般都是股民最容易掉入的诱惑陷阱，也是每一次股民牺牲最惨烈的地方。可以认为，遭遇这种惊涛骇浪的行情时，股民应毫不犹豫地退出市场。

如果波动的幅度够大，买卖之间扣除手续费仍有利润的话，此时将画面转变成5分钟或15分钟图形，再以KD指标的交叉信号买卖，还可以斩获一点利润。

极强或极弱的行情，会造成指标在超买或超卖区内上下徘徊，K值也会发生这种情形，应该参考VR、ROC指标，观察股价是否超出常态分布的范围，一旦确定为极度强弱的走势，K值的超买超卖的功能将失去作用。

（十）显示转向的停损类指标（SAR）

什么指标都可以不会，但不能不懂SAR，特别是新手炒股。

SAR与移动平均线原理颇为相似，属于价格与时间并重的分析工具。

SAR图形外观上就像抛物线一般，故称“抛物转向”。随着股价的逐步上涨，SAR上升的速度会加快。SAR就像股价的守护神，一旦股价上涨的速度跟不上SAR，或者股价反转下跌，SAR都会紧紧地盯着，一旦苗头不对，投资者可以顺着股价跌破SAR的讯号，马上溜之大吉，免得套牢。

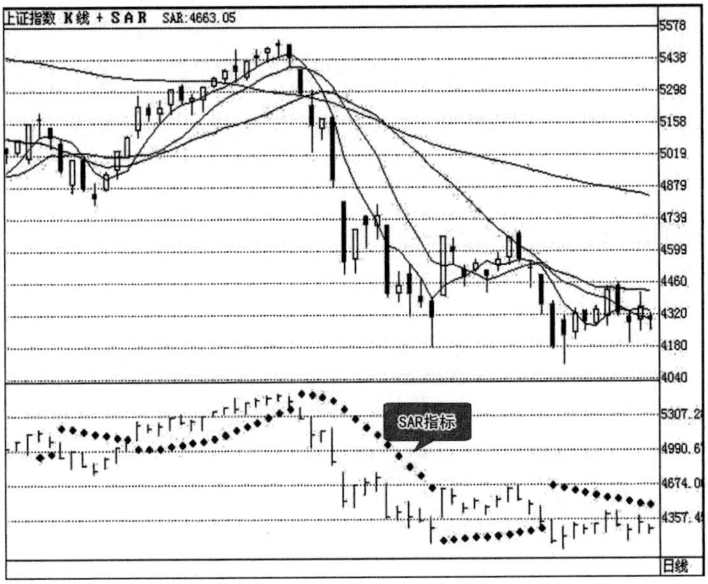

图 12-9 停损类指标（SAR）图例

1. 应用法则

（1）SAR 应用穿越原则，向下跌破转向点便卖出，向上冲过转向点便买入；

（2）盘局时，失误率较高；

（3）市道趋势明显时，转向点的信号相当准确。与 DMI 指标配合使用，效果更理想；

（4）SAR 之速减或速增与实际价格之升跌幅度及时间长短有密切关系，可适应不同形态股价之波动特性；

（5）SAR 的时间与价差的功能相当实用，它能给予足够的时间让价位充分调整，假如行情反转，停损点不仅能做多头平仓，也能在这另一段行情的开始做空头。

一般 SAR 的参数设定为 4 天，应尽量不要更改。

运用 SAR 指标可防御，可攻击，既明确又方便，符合技术指标的原意，让我们能快速决断，避免犹豫不决。

SAR 就像保险公司的保险单，[DK]“先求防身再求攻击”，也就是说，先能保平安，再求赚钱。SAR 之所以叫作“停损点”，就是说，损失最多就到这儿，不会让你全军覆没，[DK]“留得青山在，不怕没柴烧”，好比一条船已经破了一个大洞慢慢下沉，有的人还在船上祈祷船不要沉，但是有的人已立即跳船逃生。

2. 诀窍

SAR 是一种安全性的防卫，也就是说你可以按照 SAR 的向上突破讯号买进股票，而以 SAR 的向下跌破讯号为获利点，有买进和卖出的双向功能。

你可以将 SAR 搭配任何一种指标使用。一旦股票买进后，可全部交给 SAR 管理，把 SAR 的卖出讯号当成获利点，也可以当成应付突发状况的停损点。配合买进建议采用 DMA 或 MACD 指标，这两个指标较 SAR 早，SAR 是较保守的买入信号。

3. 注意

SAR 在股价盘整期间同样无法使用，为了避免这种情况的发生，当 DMI 指标中 ADX 徘徊于 20 以下放弃使用 SAR，并且通过观察 MACD 来决定离场与否。

使用 SAR 能确保盈利，比较适宜中年投资者，但抛不到最高价，抄不到最低价。建议新入市投资者，先操作一段时间，有一定的盈利作风险基金后，再用盈利赚盈利，先求保险成功，再求扩大盈利战果。

（十一）表现市场人气的买卖意愿指标（BRAR）

BR、AR，前者为买卖意愿指标，后者为买卖气势指标也称人气指标。

AR 和 BR 都是以分析历史股价为手段的，其中 AR 指标较重视开盘价，从而反映市场买卖的人气，而 BR 指标则重视收盘价格，反映的是市场买卖意愿的程度，两项指标分别从不同的角度对股价波动进行分析，达到追踪股价未来动向的目的。AR 可单独使用，BR 必须与 AR 并用。

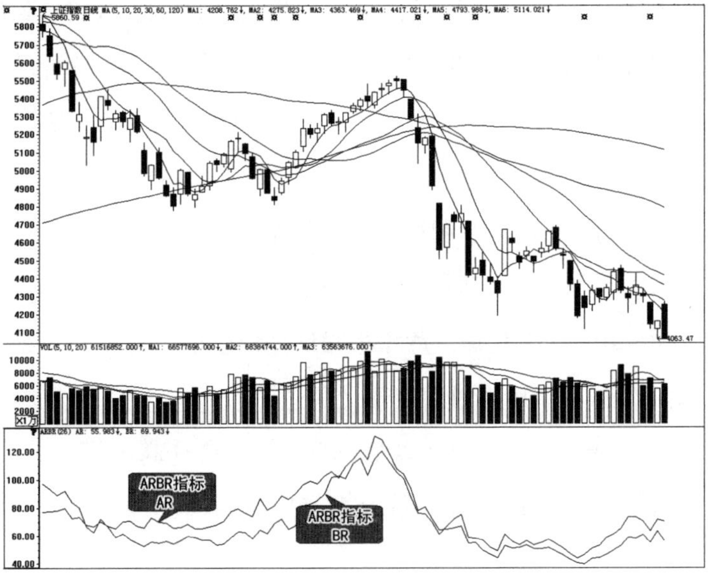

图 12-10 买卖意愿指标（BRAR）图例

BR 是一种“情绪指标”，就是以“反市场心理”的立场为基础，当众人一窝蜂买股票，前途似乎一片光明时，应该断然离开市场。相反，当众人已经对行情失望，市场一片看淡时，应进场默默承接。

AR 是一种“潜在动能”。由于开盘价乃是股民经一夜冷静思考后，共同默契的一个合理价格，因此从开盘价向上推升至当日最高价之间，每超越一个价位都会损耗一分能量。当 AR 值升高至一定限度时，代表能量已经消耗殆尽，缺乏推升力道的股价很快就会面临反转危机。相反地，股价从开盘之后并未向上冲高，自然就减少能量的损耗，相对地也就囤积了许多能量，这一股无形的潜能随时都有可能在适当的时机爆发出来。

1. 应用法则

（1）AR 路线可以看出某一时段的买卖气势，它具有预测股价达到顶峰或落至谷底的领先功能。它以 100 为中心，当介于 80 ~ 120 之间时，属于盘整行情，股价不会激烈地上升或下降。AR 指标上升至 150 以上时，就必须注意股价将进入回档下跌。

（2）AR 高表示行情很活跃，过度高时表示股价已达到最高的范围，需退出。而 AR 低时表示仍在充实气势之中，过低则暗示股价已达低点，可介入。

BR 的应用法则

（1）BR 介于 70 ~ 150 间属于盘整行情。

（2）BR 高于 400 时，股价可能回档；低于 50 时，股价可能反弹。

（3）AR、BR 急速上升，意味距股价高峰已近，可获利了结。

（4）BR 值低于 AR 值时，可逢低买进。

（5）BR 急速上升，而 AR 盘整或小回时，应逢高出货。

（6）BR 由高档下降一半，此时选择股价回档买进，成功率可以高达 95%。

（十二）反映上升下降动能的变动率指标（ROC）

ROC 是测量价位动量的一种方法。

图 12-11　变动率指标（ROC）图例

变动速率在 0 上下变动。在 0 之上且继续上升，表示上涨动量继续增加。

若ROC值虽然在0之上，但目前正处于下降情形，表示上涨动量已经降低，卖点出现。若ROC值在0以下，且ROC继续下降，表示“下跌动量”仍在增加，反之若ROC已反转上升，表示“下跌动量”已减弱，买点出现。

1. 应用法则

该指标用来测量价位动量，可以同时监视常态性和极端性两种行情。

（1）ROC波动于“常态范围”内，而上升至第一条超买线时，应卖出股票。

（2）ROC波动于“常态范围”内，而下降至第一条超卖线时，应买进股票。

（3）ROC向上突破第一条超买线后，指标继续朝第二条超买线涨升的可能性很大，指标碰触第二条超买线时，涨势多半将结束。

（4）[JP3]ROC向下跌破第一条超卖线后，指标继续朝第二条超卖线下跌的可能性很大，指标碰触第二条超卖线时，跌势多半将停止。

（5）ROC向上穿越第三条超买线时，属于疯狂性多头行情，一般会继续涨，回档之后还要涨，应尽量不轻易卖出所持股。

（6）ROC向上穿越第三条超卖线时，属于崩溃性空头行情，即使反弹之后还要跌，不应轻易买进股票。

（十三）清晰表现买入卖出走势的乖离率指标（BIAS）

所谓乖离率（BIAS）是指指数或个股当日收盘价与平均数之间的差距，将乖离程度除以平均数的百分比即为乖离率。

若股价在移动平均线之上，乖离率为正，反之为负；当股价与平均线相同，乖离率为0。正负乖离率的百分比是买进卖出的时机。多头市场的狂涨与空头市场的狂跌会使乖离率达到意想不到的百分比，但是出现次数极少，时间亦短。

乖离率表现当日指数或个股当日收盘价与移动平均线之间的差距。例如10天乖离率即表示了最近10天买进者的获利情形，正的乖离率愈大，表示短期获利愈大，则获利回吐的可能性愈高；负的乖离率愈大，则空头回补的可能性也愈高。

图 12-12　乖离率指标（BIAS）图例

1. 应用法则

乖离率究竟达到何种程度才是买进时机，并没有统一的原则，使用者只能配合其他指标作为买卖股票的依据。

（十四）超短线的好帮手逆势操作指标（CDP）

CDP 超级短线指标是最高价、最低价、收盘价的均值，称中价；中价与前一天振幅的和、差分别记为 AH（最高值）、AL（最低值）；两倍中价与最低价的差称 NH（近高值），与最高价的差称 NL（近低值）。

股市和期市上都有相当多的人喜欢做超短线，逆势操作指标可以成为你这方面的帮手。

缺省时，系统在主图上绘制五条线 CDP、AH、AL、NH、NL。

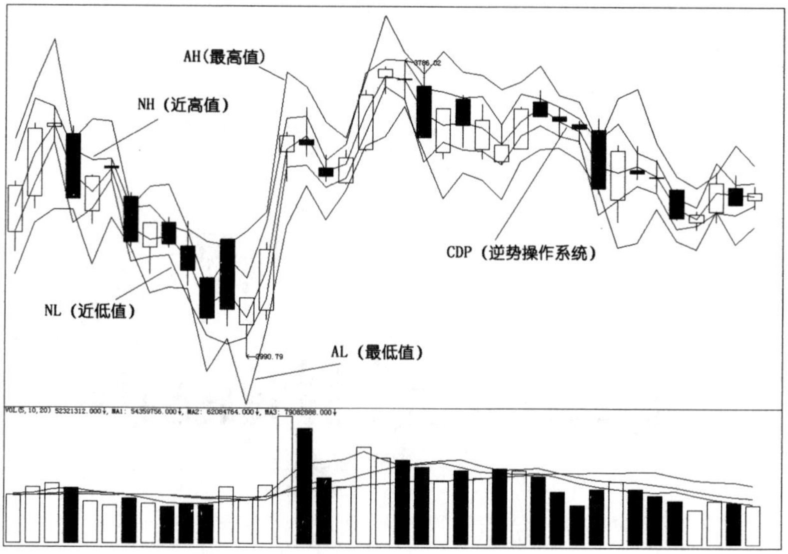

图 12-13　逆势操作指标（CDP）指标

1. 应用法则

（1）在股价波动不是很大的情况下，即开盘价位在近高值与近低值之间时，可以考虑在近低值价位买进，而在近高值价位卖出。

（2）当开盘价开在最高值或最低值附近时，则意味着跳空高开或跳空低开，一般是一个大行情发动的开始。

（3）投资者可以在最高值的价位去追买，在最低值的价位去追卖。通常，跳空意味着强烈的涨跌，利润较丰厚。

（十五）股价脱离正常波动范围的顺势操作指标（CCI）

本指标专门测量股价是否已超出常态分布范围，属于超买超卖类指标中较特殊的一种，波动于正无限大和负无限小之间。但是，又不需要以 0 为中轴线，这一点也和波动于正负无限大小的指标不同。正常波动范围在 ±100 之间，是专门对付极端行情的。常态下，CCI 指标不会发生作用，当观察到 CCI 扫描到异常股价波动时，力求速战速决，胜负瞬间立即见分晓，赌输了也必须立刻加速逃出。

图 12-14　顺势操作指标（CCI）图例

1. 应用法则

（1）CCI 从下往上突破 +100 天线时，为抢进时机；

（2）CCI 从上往下跌破天线时，为加速逃逸时机；

（3）CCI 跌破 -100 地线时，为打落水狗的放空卖出时机；

（4）CCI 从 -100 下方，由下往上突破 -100 地线时，空头应尽快回补买进股票。

（十六）研判投资心理趋向的心理线（PSY）

心理线将一定时期内投资人趋向买方或卖方的心理表现为数值，形成人气指标，从而判断股价的未来走势。一般以 12 天为短期投资指标，以 24 日为中期投资指标。

心理线最好与 K 线相互配合，更能从股价变动中了解超买或超卖情形。

由心理线来看，当一段上升行情展开前，通常超卖现象的最低点会出现两次，因此，投资人观察心理线，若发现某一天的超卖现象严重，短期内低于此点的机会极小，当心理线再向上变动而又回落此点时，就是买进的机会；反之亦然。所以，无论上升行情或下跌行情展开前，都会出现两次以上的买点与卖点，使投资人有充分的时间研判未来股价变动的方向，再做进出的最后决策。

图 12-15　心理线（PSY）图例

1. 应用法则

（1）一段上升行情展开前，通常超卖之低点会出现两次。同样，一段下跌行情展开前，超买的最高点也会出现两次。

（2）心理线指标介于 25~75 之间是合理的变动范围，这一区间属于常态分布。

（3）超过 75 或低于 25 时，就有超买或超卖现象出现。在大多头、大空头市场初期可将超买超卖点调至高于 83 和低于 17，直到行情尾声，再回调至 75~25。

（4）当低于 10 时是真正的超卖，反弹的机会相对提高，此时为买进时机。

（5）心理线和成交量比率（VR）配合使用，确定短期买卖点，可以找出每一波的高低点。

第十三章

实战是金：综合运用各种指标打胜仗

懂了技术指标和基本的投资常识，只是有了工具，而不同的人用同样的工具，得到的结果却可能截然不同。就像农民种田，不同的地域区、不同季节，就要种不同作物，还要根据气温、作物性能，适时耕地、施肥、间苗、除草，否则，就不能长出好庄稼来，更不能丰收。股市也一样，综合运用几种适合自己的指标，摸索它在市场中的运动规律，真正会熟练运用它，积累自己的经验，是不断取得进步的必要保证。否则，光听别人讲理论，不会根据市场实际操作，是一定会吃大亏的。

2007 年许多中外投资专家、股神们频频在各类媒体上发表见解，说根据他们多年在不同国家证明了的理论，中国的股市并不高，到 10000 点都很正常，中国是在高速发展，形势一片大好，还有奥运会的利好，大家听了都觉得很有道理，当然不会把这种快到手的财源轻易放弃。于是就有了 2008 年不少机构、基金、散民统统被套的悲惨状况。那时，只要唱空的甚至会被骂得狗血喷头。所以，任何工具，都需要在大趋势的背景下进行分析运用，否则南辕北辙，岂能助你成功。

一、万事都有规律：市场行为化解一切

这里提到的市场行为是指什么呢？它包括三项内容：价格、成交量和时间。时间这个要素已经得到越来越多的研究人士的关注，也因此出现了许多种类的指标。无论是什么样的指标，都是通过一种形式反映这三个要素的变化，至于是否反映得准确、及时、全面，则仁者见仁，智者见智了。

市场行为化解一切。这句话讲的是能够影响价格的因素：政治的、经济的、心理的等等，实际上都反映在价格的变动上。

当市场价格通过一定的时间、价位和成交量达到一定程度的变化后，原先起作用的那个因素就不会再起作用，时间可以消化一切。比如 2007 年 5 月 30 日股市大跌，其原因是印花税的调高，那么这个因素会对今天的股市产生影响吗？不会，因为市场已经通过价格与成交量的变化把这个消息消化了，它不会再起作用了。

有一次讲课后，一个纯技术型的股民在 K 线图上用一把大尺子比着画了一条压力线，起点是 1993 年的 1558 点，第二个点是 2001 年底的 2245 点，并以此预测 2007 年的顶部。我不相信这样画的理由，因为我认为 2001 年的高点已经不会对 2007 年的高度有什么影响，起什么作用。即便 2001 年的高点和 2007 年的高点有些相似，但本质已经变了，2007 年股市参与的人数、成交的资金已远非 2001 年可比，股票市场已经全方位走向成熟。

我反对生搬硬套技术分析的做法，断定他加入股市超不过两年，因为入市已久的人会对技术分析有些怀疑，吃过一些亏，只有那些半生不熟的入市者对刚刚学会的技术才生搬硬套。我更不相信高点和股价是算出来的。没听说数学博士一定是炒股高手。

从这可以引申出这样的道理：没有任何一个趋势会永远走下去。因为产生这个趋势的因素不会永远对市场起作用。所以当你无限乐观或无限悲观时，都要想想这个道理。顶部与底部的相互转换都是时间和市场动能在

起作用，这也是我常说的不做死多头，不做死空头，做坚定的滑头理由所在。价格以趋势的方式演变，这句话很有些像牛顿惯性定律的翻版。

（一）顺应市场，我躲过了再次大跌

在 2007 年的股市中，我操作得非常好，高抛低吸很成功，并且躲过了两次大跌，因为我认识到这个道理——物极必反：行情是以波浪的形式前进的。我假设了行情的演变：当我发现行情从 A 点开始走高时，留心观察，并不立即介入，只有当行情遇阻开始回落以后再介入，比如 1. 点，这个点也许不是回档的最低点 c，但由于 a 点至 b 点的过程已经构成了一个上升趋势，所以 b 点以下买入风险比较小。当行情上涨一定程度以后，我根据情况主动减仓，如 2. 点，也许 2. 点会低于 d 点，但由于是主动减仓，心态平稳，2. 点往往会高于 3. 点的被迫性平仓。当然最重要的是程度的掌握，这是由经验决定的。一般讲行情一旦由慢变快就要做好准备出货了，顺大势，逆小势。后来由于它的急速拉高刺激了我的警觉性，在 5 月 20 日高位全部清仓。

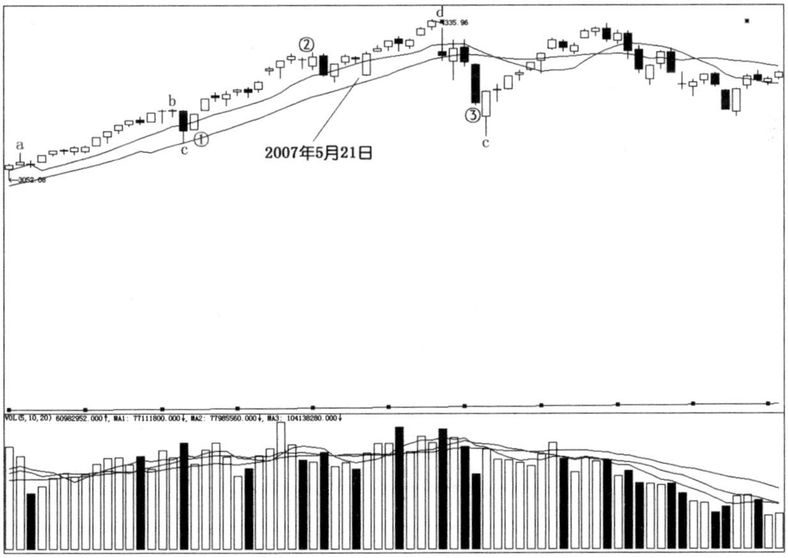

图 13–1　2007 年的成功清仓

（二）行情的转折不宜过早猜测

这个市场中因为害怕“顶”而屡屡踏空的人比比皆是，而真正顶部来临时，又因为以前的屡屡踏空而不肯抛售了。在股市中完全的空仓我一直不太赞同。以我个人的操作体会，行情变化无常，完全空仓等于在这个市场中没有位置，一旦出现行情，精神上缺乏准备，操作速度跟不上，代价会很大。

历史是经常重演的。但如果每次都到历史中寻找根据或相似的图形，可就大错特错了。历史会重演不是照搬照抄，因为环境变了。我们要从历史中吸取的是一些经验，一些规律性的东西，虽然环境变了，但人们的心理活动如出一辙，江山易改本性难移。

还有一点非常重要，就是控制自己的心态，从而能更好地分析正确或错误的原因。比如看好一只股票，对它的上扬等待许久，但它不上去，突然有一天它启动了，马上追入往往不好，刚买完就会被套住，价格没有像想象的那样一路上扬往往还会下跌，心情马上郁闷，恨不能立即清仓出场；如果手中原先持有一部分，那就更糟糕了，平仓建仓，建仓平仓，最后发现手中的仓位要么一点不剩，要么平均价位极高，很多都交了手续费了。总结一下经验，我们牢牢记住这一点：少操作，多等待。

很早以前我就发现不少人有一种毛病，即每当挣了一些大钱以后，就会有一段时间疯狂地操作，由于有挣的钱做后盾，所以操作很不谨慎，斩仓也非常轻率，回过头看，发现绝大多数的操作都是错误的，以前的利润也会被乱七八糟的操作搞得七折八扣。分析一下这种操作的心理变化：一个人在轻松地通过投机获得意外之财时，接下来一定会更加投入地进行投机活动。心理开始急躁，一边四处吹嘘自己靠智慧获得的成功；一边更大胆、轻率地建仓，梦想企盼投机的再次获胜，行情逆向波动 5 毛钱也会打乱他所有的如意算盘，轻率地斩仓减轻心理压力也就自然了。所以这种人再次投机所冒的风险会远远大于他理性冷静的时候。

（三）盲目频繁交易得不偿失

从长远看，盲目频繁的交易是投机者的大敌。每一次盈利和亏损，对于以股票操作为职业的人来讲是件非常重要的事情，绝不可以掉以轻心。盈利对于每个人来讲应该是件很愉快的事，它能提供很多有趣的经验和信心，但也能使我们轻率和骄傲。如果不仔细分析研究，不仅得不到有益的东西，还会成为失败之推手。失败带来的是沮丧和烦躁，如果不能保持冷静，仔细总结，那么还会重蹈覆辙。

盈利和亏损本身都不能说明什么，如果不会耐心地沙里淘金，最后的结果就已经注定了。这个股市有太多的人，一旦成功就四处吹嘘，一旦失败就责骂运气，这就是业余选手。我有一个非常好的亲戚，他常向我打听内幕消息和大盘预测。一次，一只股票在长久的飙升后顶部放出大量，我劝他落袋为安，他也同意。后市这只股票连跌两天，他的电话又来了，说在顶部他没有平仓，主要是工作忙、社会活动太多，照顾不到。我知道他的生意正蒸蒸日上，忙是肯定的；但他并不是因为忙而没有卖，而是因为贪婪导致了犹豫，那只股票在那天上午曾一度快上扬到涨停板，这足以导致他更多的犹豫。以前也常碰到这样的人，就是因为一个电话或一顿饭、一杯酒而错过了最佳时机，运气也许真的不好，可是真的只是运气问题吗？一个职业选手很重要的一条是诚实，对自己，对别人。要老老实实地承认错误，分析错误，在股市上犯错并不是一件可耻的事，谁都会犯错误，这和智商无关，要有勇气面对，才是走向正确的开始。

投机生涯中只有逗号没有句号，一次成功或失败的操作影响不了长久的战局，关键是如何重新开始。

（四）修炼右侧交易水平

左、右侧交易的概念很重要。什么叫左、右侧交易，在股价上涨时，以股价顶部为界，凡在“顶部”尚未形成的左侧高抛，属左侧交易，而在“顶部”回落后的杀跌，属右侧交易。在股价下跌时，以股价底部为界，凡在“底部”左侧就低吸者，属左侧交易，而在见底回升后的追涨，属右侧交易。有时同样一个价位，却有左侧交易与右侧交易之区别。左侧交易是业余水平标志，而右侧交易是专业水平证明。左侧交易（高抛、低吸）中的主观预测成分多，右侧交易（杀跌、追涨）则体现对客观的应变能力。专业高手既不做“左侧交易”，也永远不追求“抛在顶部、吸在底部”的神仙境界交易。对右侧交易的重要性，除了须有上述认识之外，更需要经过心理性格上的训练，方有可能做到。

二、指标仅仅是武器：运用得当才能打胜仗

投资战术在日新月异地变化着，从竹线图、K 线图到 OX 图再到波浪理论、江恩理论、金智螺旋等等，像是饭店为了竞争而推出的一道道新菜，先是白切羊肉，后是烧鹅卤鸭，又来了扒猪脸，但味道却万变不离其宗。

股市中的战术太多了，我对一些新东西存在着本能的反感，就像是个守旧的老派人物，对新事物总不能很愉快地接受，感觉新东西没有经过历史的检验，可靠程度差。我在讲课过程中，听到过千奇百怪的事，有好几位听众在不同地点操着不同的方言，向我介绍他们发明的新技术指标，有的是根据历法节气，有的是周易，有的把价格变成罗盘等等，我是一概只听不信。并不是这些新指标一定不准，但我不会用。

分析市场应先考虑战略问题，然后是战术问题。战术的关键不是用哪些技术指标去衡量市场，而是你能如何恰当地、灵活地应用这些指标，并及时调整。就像游泳一样，手脚的配合、换气的掌握都要在水中练习，不下水是永远学不会游泳的。各种理论和指标要在实践中印证，纸上谈兵远比实际操作容易得多。技术是一种反映市场行为的工具，至于用什么样的武器去夺取盈利，则需要在市场的实践中不断训练。这个市场没有也不可能有一种能够永远不败的指标和理论，因为市场背景是不断变化的。

我的一位朋友投入股市前看了许多股票的书，对做股票会赔钱很不理解。他曾特别认真地和我讲：股票就是低价买高价卖，这是个真理，多么简单！我会永远记住！而今，他又似乎开始憎恨技术。高抛低吸确实是股市操作的一大原则，我经常听到这样的询问：这只股票我在这里抛出好不好？等跌下来的时候我再买进来。高卖低买这个原则谁都知道，但要真的做起来是多么难啊。别太相信那些道听途说人的指导，别太相信理论家们的事后分析，没有价值。一切要靠自己在实践中的最终领悟。

（一）指标千变万化，原理殊途同归

技术分析有许多流派，有趋势派、波浪派等等，但我认为，在很多情况下是殊途同归的，而不是对立的。比如，波浪理论认为上升中有上升五浪，趋势派认为翻转形态中有一种“头肩顶”，

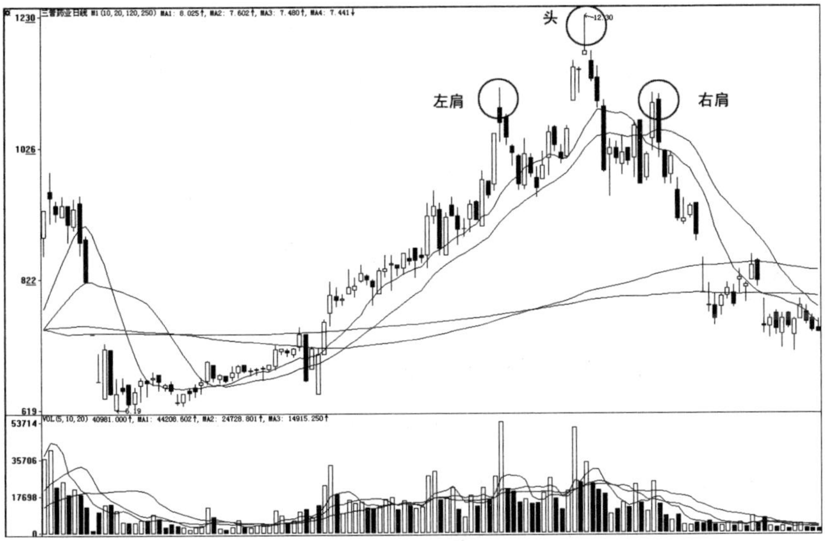

图 13-2 头肩顶图例

如图 13-1，很多理论很是相似。仅就波浪理论而言，难道不是和主力吸货、震荡、拉升、震荡、出货有着惊人相似的节奏和过程吗？所以，理论的书要读，但要越读越薄，简单而实用才是逐步成熟之路。一百多年来，技术分析使无数英雄竞折腰，都希望创造一种学说或指标，并借此走在市

场之先。可是不同的分析方法都有其长处和短处。了解分析方法的形成过程，才能更有效地将之应用出来。总体来讲，我们可以从各种角度来了解不同的分析方法。

（二）学会分析公开信息和原始资料

不同的分析方法是从不同的原始资料基础上构建起来的，以原始资料分类，大致可以得到以下几个范畴：趋势指标，如均线系统，这类指标力图捕捉到市场将会出现的趋势；循环指标，这种指标从市场的循环周期入手，从而捕捉周期的浪顶及浪底；动量类指标，如 KD 指标、威廉指标等，这类分析方法的焦点集中于某个特定时间内的变化，以衡量市场将出现的趋势倾向。成交量指标，这种方法常称为“人气指标”，用以了解投资者参与市场的程度，所选用的资料是成交量，如 OBV 指标；市场广度指标，股票升跌数目之比、新低和新高股票之比等，用得不多。市场情绪指标，这类指标试图从投资者的做多与做空的比例中了解市场的走势趋向，例如，市场做多的人很多时，显示市场可能会因购买力的减弱而出现调整，若做空的人多时，也许将会抛压已尽，市场将见底，这其实是把散户当作了反向指标。我真地碰到过活用这个指标的散户，他一旦发现市场人气活跃，就抛出平仓；市场悲观他就买进。

（三）不同指标在不同市场的应用

有经验的投资人都知道，每一类指标都只能在一些特定的情况下应用，当市场结构环境发生转变时，技术指标也要及时调整，原来的指标会失去功效。因此，在我们应用不同类别的指标前，必须清楚界定其适用于哪种市场结构。就像有一柜子混乱的衣服，分门别类地放进不同的抽屉，选择时会轻松一些。

首先，要判断市场正处于投资与投机大势的哪一个阶段及其特点，在战略角度上把技术分析放到这个市场结构中去考察。市场原本是一个整体，没有分割的市场结构，但为了易于说明和理解，我们还是把市场分为两个截然不同类型的市场环境：一是趋势明确、方向感明显的市场环境。在大趋势的状态中，很多动量指标的超买 / 超卖都会出现钝化而失灵。在传统的经济学理论中，分析家们都希望为市场的供求找到平衡点，从而决定市场价格；但在市场的走势分析中，加入了时间因素，市场的平衡就不是静态平衡，而是供求关系变化而变化的动态平衡了。二是震荡市，市场趋势不明显，长期在某价位上下震荡。在选择分析方法时，这两种市场结构要首先分清。

在震荡市中应用追随趋势的买卖方法只会左右挨打。换句话说，当市场两股对立的力量——供与求出现此消彼长时，市场的价格就会由一个平衡点调节至另一个平衡点，产生价格的升跌。因此，市场也出现了许多对立的观念：超买 / 超卖、支撑 / 阻挡、反弹 / 回吐、收集 / 派发。大部分市场分析方法都是根据上面的一些观念构建出来的，我们要清楚这些观念的暗示和局限，才能灵活准确地应用。

其次，每一种分析方法其实都有时间性，有些具有前瞻作用的，称为领先指标；有些具有反映趋势作用的，称为落后指标；还有一些指标，将市场的走势化繁为简，称为同步指标。一般来说，领先指标泛指一些具有预测性的分析方法，例如成交量指标、市场情绪指标。落后指标泛指一些跟随趋势的分析方法，它的买卖信号落后于市场的波动。至于同步指标，是指一些反映当时市场状况的分析方法，例如市场广度指标等。这里提到的指标名称——“领先”“落后”，毫无褒贬之意，并不是“领先”指标优于“落后”指标，只不过是这些分析方法分类基于不同的买卖方法，因此，我们在应用分析方法时，必须清楚地了解其系统的分析目的，若将落后指标当作领先指标来作后市预测，往往会适得其反。

（四）指标操作的四重境界

最后，还需强调：认识分析方法的原理、掌握分析方法的诀窍、将分析化为买卖的策略、利用分析方法做有效的风险管理机制，是四门不同层次的学问，如同练功一般，分了四重境界，这四个境界要牢记在脑海里，反复琢磨。有些股市朋友，各种分析方法非常熟悉，可惜未能突破资金管理和风险控制这一关。该大胆的时候十分谨慎，该小心的时候又十分莽撞，结果多次成功的获利经不住一次冒险的亏损，资本数量级无法发生质变。各种买卖信号只能看作是天上的乌云，若要下雨，必先乌云密布，但乌云密布却未必下雨。分析方法和行情变化不能本末倒置，千万别问出：指标已经严重超买，价格怎么还不跌呢这样本末倒置的话来。

三、前线指挥部：盘口分析和分时解读

在 10 点以后，股市进入多空搏杀阶段。除去开盘与收盘各半个小时，其余时间为盘中交易。股价在盘中走势，无论是探底拉升、窄幅震荡或冲高回落，都体现了控盘主力的操盘意图。盘中研判首先是对盘面进行总体的判断。

（一）如何结合大盘判断个股

（1）计算盘中买盘与抛盘的比例，判断大盘强弱。运用 ADL 腾落指标判断（ADL 为上涨家数减去下跌家数的差），大盘指标与 ADL 同步说明涨跌真实，大盘指标与 ADL 背离，说明主力通过对指标调控来操纵指数，达到其操盘意图。

（2）盘中波段高低点的判断，尤其是高低点处的量价关系更值得研究。

（3）盘中分析还应重点观察均价线，因为均价线对盘中走势具有明确警示作用，均价线是当日平均成交价位。首先，判断均价线位置。强弱势根据涨幅而定，如均价线在昨日收盘价以上，确认其强势，反之则确认弱势。其次，判断股价是运行在均价线之上还是均价线之下，如在均价线上运行是回调或急跌，不破均价线就介入；反之，离场。

（二）巧用趋向指标（DMI）与逆势操作指标（CDP）黄金组合

综合运用 DMI 与 CDP 组合，可以得到意想不到的效果。

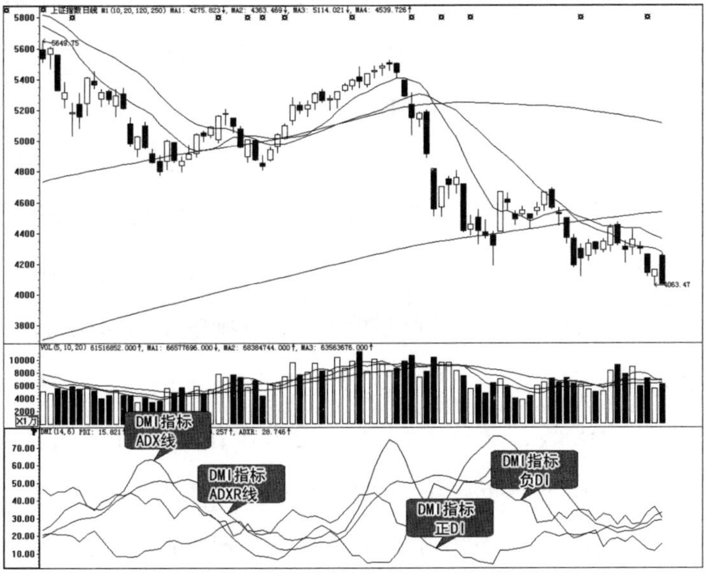

图 13–3 DMI 与 CDP 黄金组合图例

CDP 指标对广大的投资者来说是一个比较陌生的老指标。它没有引起投资者的注意主要是因为现在市场上的技术分析软件中，没有在静态和动态技术栏中设定，而是在个股的分时走势或 K 线图状态中的分笔或成交明细中隐藏。实际上 CDP 技术指标在牛皮盘局中是一个较好的高抛低吸的短线操作工具。

该指标与其他技术指标的不同之处是没有曲线图表，只有 AH、NH、CDP、NL、AL 五个数据（见图 13–3），其运用法则为：NL 和 NH 是进行短线进出的最佳点位，即投资者想当日卖出时，把价格定在该股票 CDP 指标中的 NH 值上；若投资者想低价买入该股票，一般把买入价设在 NL 值上均会成功。而对波段操作者而言 AH 值和 AL 值是引导进出场的条件。凡是当股价向上突破 AH 值时，股价次日还涨，而股价跌破 AL 值时，则股价次日将续跌。从沪深两市实践中证明，一个连续下跌中的股票，若某日突破 AH 值，有 80% 的概率是反转信号；若一个连续上涨的股票，某日股价下跌破 AL，则升势宣告结束。因此，该组数据所提供的反转信号要比其他技术指标超前一些。而 CDP 值只说明股价现阶段的强弱情况，当股价高于该股 CDP 值时，现阶段市场偏强；反之，偏弱。该技术指标不仅运用简单，并且买卖点位明确，准确率也非常高。

DMI 指标包含四条线，一条是正 DI，第二条是负 DI，这两条线的交叉讯号是指导投资者买卖的。当正 DI 上交叉负 DI 为买进，而正 DI 下交叉负 DI 为卖出。这一买卖法则在沪深两市的运用中感觉反应过快，容易引人误入陷阱。因此，在一个投机性较强的市场中不易运用，以免给投资者带来伤害。

第三条是 ADX 线，又称方向线，是为操作者设计的买卖线，每当 ADX 线在 50 以上向下转折之际，也就是市场发生转变之时，即上涨的股票此时可获利了结，而一个连续下跌的股票已到终点，买进时机到来，准确性比较高。

第四条线 ADXR 线被称为评估线，是对市场性质评估而设定的一条线，当 ADXR 在 25 以上时，表示市场比较活跃，若 ADXR 逐渐下跌至 25 ~ 20 时，市场已经进入了无趋势状态，即人们称的牛皮市，此时，应立刻停止使用 DMI 指标，改用逆势操作指标 CDP 来获利。

DMI 属于趋向类指标，用于辨别是否发生转变。一旦市场变得有利可图时，DMI 立刻会引导投资者进场，并且在适当的时机提醒投资者退场。然而，该指标只适用于市场的发展期，而对牛皮盘局时，该技术指标略显不足，而 CDP 则是一个良好的牛皮盘局操作指标。

（三）观察分时图运行说明的几种情况

（1）个股低开高走，若探底拉升超过跌幅 1/2 时，此时股价回调跌不下去，表示主力做多信心十足，可于昨日收盘价附近，挂内盘跟盘（短线）。大盘处于上升途中，个股若高开高走，回调不破开盘，股价重新向上，表示主力做多坚决，待第二波高点突破第一波高点时，投资者应加仓买进（买外盘价）。

（2）大势底部时，个股k线如形成W底、三重底、头肩底、圆弧底时，无论其高开低走、低开低走，只要盘中拉升突破颈线，待其回调颈线且不破颈线时择机买入，但突放巨量则不宜追高。其中低开低走，虽然个股仍处底部，但毕竟仍属弱势，应待突破颈线时红盘报收，回调亦不长线破位时，才可买进。个股低位箱体走势，高开平走，平开平走，低开平走，向上突破时都可以跟进；若是高位箱体突破时，应注意高位风险（当月股价走势出现横盘最好观望）以防主力震荡出货。但若出现放量向上突破时高开高走或平开平走，时间又已超过1/2时，委卖单变成委买单，出现箱顶高点价时即可挂外盘跟进。若低开平走，原则上仅看作弱势止跌回稳，可以少量介入，搏其反弹，切勿大量跟进。大势下跌时，若个股低开低走，破前一波低点，多是主力看淡顺势减仓。尤其是弱势或有实质利空出台时低开低走，反弹无法超过开盘，多是主力离场观望，如再下破第一波低点时，则应市价杀跌卖出。

（3）个股形成三重顶、头肩顶、圆弧顶时，跌破颈线时应果断卖出，趁其跌破后拉回颈线。

四、确定买卖点的放大镜：分时图

由于日k线图上的KD指标反应较为滞后，其带来的买卖信号常常有无效性，解决的方法其实也很简单，就是利用短周期的分时走势图来进行放大观察。

（一）分时图的运用

分时图分为1分钟、5分钟、10分钟、15分钟、30分钟、60分钟几种，1分钟和5分钟只对没有历史数据的新股上市首日和次日有参考作用，对其他类个股作用不大。30 分钟线对 T+0 权证有很强的决策意义，读者可参照权证交易比对。对其他类个股的超短线及 T+0 又以 30 和 60 分钟为最佳参考。每天交易为 4 小时，每日的行情即 8 根 30 分钟 K 线图，每日市场波动总是遵循在 8 根 30 分钟分时图做上下运动，从而 30 分钟分时图能更好地发现个股的运动轨迹。而 60 分钟分时走势图是把握最佳短线的进出点的参考图。60 分钟图配合技术指标是我的拿手技巧，利用此图中的 KD 指标背离配合上 K 线组合形态的出现来捕捉最佳买卖点，是非常实用的方法（参数修改为 27，5，3）。此外，60 分钟图中的 KDJ 金叉和死叉还有一个时间控测器功能。多年来我还发现，盘中拔挡操作在 60 分钟分时走势图上也有独到之处，因为 60 分钟图中的 4 根 K 线刚好代表了一天的走势，因此有放大日 k 线功能。它在期货市场中也有独到超前的研判性，相当实用。

每天看一下大的 K 线形态对自己把握大方向是很有用的。在此给大家介绍一个小技巧，那就是日线图上的均线参数设置大家可以用 3、9、13、55 这一组数据，看看会不会比 5、10、20、30、60 来得好些。有点像费南德奇数的运用，不过 55 日则是大部分老股民喜欢用的经典，我也常常爱用。

（二）巧用 60 分钟 K 线图把握卖点

1. 卖点把握

卖点的追求，从来都是一个很难甚至撞大运的概念，其实这不是一个比买还要难掌握的东西。我相信很多朋友肯定都有过买到好股票，但因为无法把握好的卖点，轻则中途震出或者过早抛出，重则从盈利到亏损甚至被套的经历。这里有心态问题、贪婪问题，更多的是技法问题。犹如一盘炒菜尽管原料、调料一样，但厨艺不同结果也会不同。在实际操作中往往买点好的情况下，如能较好地把握卖点，可以保证利润的较大化；买得不好，但卖得好，可以及时的最大限度地防止风险的扩大。所以从某种意义上讲，卖比买更为重要，“买是徒弟，卖是师傅”就是说这个道理。

对于大家比较熟悉的几种卖出法，凭我个人感觉是不科学的。[JP3]（1）设置百分之几为自己的止盈点或止损点，这其实只是不顾价格的趋势走势，有刻舟求剑之愚，单纯求入袋为安的稳妥；（2）在股价循环周期的基础上，30日生命线从上扬到走平为卖出的依据，此技法对于长期走牛或者有较为明显的大波段痕迹，同时在顶部停留的时间较长的股票是个相当不错的方法，但这样典型的走势往往很少，很多股票在中短线上涨后，根本不在顶部做长时间的停留即V形反转下跌，要等到上扬的30日均线走平再卖，在实盘操作中不现实。我常用的技法，是先看周线进入超买区，又看日线进入超买区，再看60分钟进入超买区，并配合自己惯用的指标，往往会有一个较好的卖点。当然牛市和熊市不一样，牛市有时还要考虑月线。2007年“5·30”前和10月我结合政策面、技术面观察做出判断就源于此。

我很看重60分钟图，因为其既比5分钟、15分钟、30分钟图有价值且屡试不爽，也没有太多的骗线，同时又比日线灵活，卖点不会滞后，因此我建议以日线图表辅以60分钟图，同时与大盘近期态势等配合综合考虑。

对于上涨相当的股票，开始下跌时，其实质无外乎主力开始洗盘做较大幅度的调整和短期内有减仓的迹象这两个方面，而这两个方面是短线交易者必须回避的情况。现在的市场和以前已大不相同，洗盘和出货已不是当年“缩量阴线”和“放量阴线”这么简单的区别，现在的洗盘越来越像出货，出货怎么看都像以前的洗盘。所以我们绝对不能用“好像是在洗盘，不要紧，还会涨的”这类自我安慰的话来掩盖即将到来的风险。作为短线交易者，一旦盘中上行能量不足或者前期比较安定的筹码开始出现剧烈震荡、松动的情况，就必须提高警惕，只要60分钟辅以日线出现卖点，不论盈亏，不立危墙之下先行撤退，以回避后市的不可预测走势。

出现剧烈震荡的异动或者盘中上行能量不足，在60分钟图表上的具体表现如下：根据核心K线体系的原则，常态的上涨阳线（实体阳线或实体大于上下影的阳线）和常态的下跌阴线（缩量阴线，确切地说是量能小于均量的阴线）为常态行情，价格在没有外力作用下，仍旧会向原方向前进，可以安心持股。一旦某日出现剧烈的震荡或者是带量下跌，在60分钟上表现为长上影、长下影、长上下影，就要严密关注。一小时内跌幅较大的阴线，同时量能大于均量，此类K线我们称为“异动K线”。在经过一段时间的放量涨升后，上行能量开始减退，则显示上攻开始乏力或者准备进入较长时间的调整，在60分钟上表现为短期均量线下破长期均量线，显示短期量能释放的平均程度开始萎缩。此两种情况出现任何一种甚至两种同时出现，必须随时准备根据后面的演化而短线出局。

2. 最终卖点的确认

在出现上述情况的前提下，如果某日出现下面三种情况之一，或其中的任意两种复合情况（下跌几乎就成为百分百），必须毫不犹豫，果断出局。

（1）上涨成交量大于下跌成交量，我们称为良性量能，当某小时上涨阳成交量小于下跌阴成交量，同时随后出现的下跌阴成交量仍然在放大时，显示多空力量开始转化，空方占优，同时价格跌破5日均线，指标在技术高位死叉，为卖点。

（2）某小时下破5日均线后，两个小时都被均线压制，无法站回均线，5日均线向下拐头，结合指标的技术位置，为卖点。

（3）突然没有任何征兆地下跌，技术指标快速下滑至20以下超卖区，耐心等待其技术反抽，在指标重新反抽到技术高位或背离时为卖点。

同样的道理，当出现（1）和（2）卖点时，如果价格已下滑到重要均线支撑位或者指标下滑到超卖区，可不必急忙卖出，等待其进行技术反抽。本技巧适用于止盈，同样也适用于在错误追高后的止损。另外本技巧只适用于短线涨升或宽幅震荡的个股，并不适用于窄幅牛皮震荡的个股和总体处于下降通道的个股，短线交易者不应参与横盘震荡的股票，在选择突破方向之前，不参与、不持有，在选择方向后，再行买入也不迟。

五、反映中期趋势的信号：周线应用技巧

日线是股价每天波动的反映，但是如果我们过分沉迷于每日的股价涨跌，会“只见树木，不见森林”，因此要从更长的周期把握股价的走势，还得应用周线图来观察。一般来说，在周线图上，我们可通过观察周线与日线的共振、二次金叉、阻力位、背离等几个现象寻找买卖点。

（一）周线与日线共振

周线反映的是股价的中期趋势，而日线反映的是股价的日常波动，若周线指标与日线指标同时发出买入信号，信号的可靠性便会大增，如周线KDJ与日线KDJ共振，常是一个较佳的买点。日线KDJ是一个敏感指标，变化快，随机性强，经常发生虚假的买卖信号，使投资者无所适从。运用周线KDJ与日线KDJ共同金叉从而出现共振，就可以过滤掉虚假的买入信号，找到高质量的买入信号。

不过，在实际操作时往往会碰到这样的问题：由于日线KDJ的变化速度比周线KDJ快，当周线KDJ金叉时，日线KDJ已提前金叉几天，股价也上升了一段，买入成本已抬高，为此，激进型的投资者可在周线K、J两线勾头，将要形成金叉时提前买入，以求降低成本。

（二）周线二次金叉

当股价周线图经历了一段下跌后反弹起来突破10周线位时，我们称为周线一次金叉，不过，此时往往只是主力在建仓而已，我们不应参与，而应保持观望。当股价周线图再次突破10周线时，我们称为周线二次金叉，这意味着主力洗盘结束，即将进入拉升期，后市将有较大的升幅。此时可密切注意该股的动向，一旦其日线系统发出买入信号，即可大胆跟进。

（三）周线的阻力

周线的支撑与阻力，较日线图上的可靠度更高。以周线角度来看，不

少超跌品种第一波反弹往往到达了60周均线附近就会有不小的变化。以周K线形态分析，如果上冲周K线以一根长长的上影线触及60周均线，这样的走势说明60周线压力较大，后市价格多半还要回调；如果以一根实体周线上穿甚至触及60周均线，那么后市继续上涨、彻底突破60周均线的可能性很大。实际上60周均线就是日线图形中的年线，但单看年线很难分清突破的意愿，走势往往由于单日波动的连续性而不好分割，而周线考察的时间较长，一旦突破之后稳定性较好，投资者有足够的时间来确定投资策略。

（四）周线的背离

日线的背离并不能确认股价是否见顶或见底，但若周线图上的重要指标出现底背离和顶背离，则几乎是中级以上底或顶的可靠信号，大家不妨回顾过去重要底部和顶部时的周线指标，对寻找未来的底部应有良好的借鉴作用。

（五）周K线的分析及其指导意义

不少投资者都比较重视对日K线方面的分析，但对于周K线，在短线的操作中却常常并不十分留意。其实日K线是对一个交易日的记录，由于变化太快，极易出现技术性陷阱。而周K线反映的是一周的交易状况，短期K线上出现的较大波动在周K线上一般都会被过滤或烫平。两者相结合，对操作指导的更好。在操作中，对于买卖时机的把握，首先要分析周K线是否安全，然后再分析日K线的组合和量价关系配合是否合理，最后才能在适当的时机选择操作方向。一般而言，将两者结合起来分析，操作上可以避免很多失误。如果仅仅依靠日K线的组合来判断短线的操作方向，难免会面临较多的不确定性风险，同时也容易形成追涨杀跌的习惯，在强势的行情中往往会过早抛掉手中的获利筹码，在弱市行情中又由于反弹力度时强时弱难以掌握，很容易被套。

从表面看，周 K 线与日 K 线的形态有时是相同的，但由于两者所覆盖的交易周期上的差异，所透露出的操作方向有时会完全不同，甚至会给出相反的买卖信号。周 K 线的分析在应用一般 K 线分析的基础上，还应该注意以下几点：

周 K 线在连续出现阴线而超跌时，出现两根以上的周 K 线组合表明有止跌的迹象，表明其后可能会有力度较大的反弹或反转行情出现。这时买入后可不必依照日 K 线的分析过早卖出，适当增加持股的时间。

在连续的下跌行情中，对周 K 线而言，要等到较长的下影线和成交量极度萎缩同时出现时，才可以考虑是否介入，而不应仅靠日 K 线的分析来判断操作的时机。

在上涨行情中，如果周 K 线呈现出量价齐增的态势，下周应该还会有新的高点出现。如果周初盘中出现低点，一般不要依照日 K 线的提示考虑卖出，反而应当视为较好的短线介入时机而考虑短线买入。

如果周 K 线在连续上涨之后出现了较长的上影线，与此同时，成交量也明显放大，表明行情即将进入调整，此时通常可以看作是卖出的信号，应在下周初及时出局，不一定要等到日 K 线发出卖出信号时再做决定。

如果大盘下跌后出现转暖的迹象，在有理由认为反弹不会演变成为反转的情况下，周 K 线若出现了实体较大的光头光脚的大阳线，一般应该视作见顶回落的信号，在大多数情况下周 K 线会出现一两根阴线，因此，这种情形下周 K 线出现的大阳线也应当作为卖出信号来对待。

由于周 K 线的时间跨度要远远大于日 K 线，在出现同样的 K 线组合的情况下，周 K 线所预示的买卖信号的可信度要远远高于日 K 线。此外，如果能把对周 K 线的分析和其间的股价形态分析结合起来，分析的效果会更佳。

六、追踪趋势变化的重要工具：移动平均线

（一）移动平均线的 5 大特性

（1）趋势特性。移动平均线能表示出股价趋势的方向。

（2）稳重的特性。移动平均线不会像日线一样起起落落地振荡，而是上升与下跌都相当平稳。

（3）安定的特征。通常较长时间的移动平均线（20 日均线）越能表示安定的特性，即移动平均线不轻易地往上往下，必须是股价的涨跌趋势真正明朗了移动平均线才会出现拐点。

（4）助涨的特性。股价（K 线）从移动平均线下方向上突破，移动平均线开始向右上方移动，可以看作是多头的支撑线。移动平均线开始减速移动，股价再回到移动平均线附近，则移动平均线会失去助涨的效能，股价将有重返移动平均线下方的趋势。

（5）助跌的特性。反过来股价（K 线）从移动平均线上方向下突破，移动平均线也开始向右下方移动，成为空头的阻力线，移动平均线开始减速移动，股价若是再与均线接近，移动平均线失去助跌的作用，股价将有重返均线上方的趋向。

以此对移动平均线要采取信任的态度，不要疑信参半贻误大行情，错失赚钱的良机或与大势逆行损失惨重。因此 5 日均线与 10 日均线的高位交叉也称为“死亡交叉”；5 日均线在低位与 10 日均线交叉也称为“黄金交叉”，所以这都是均线系统提供的抄底逃顶信号。

移动平均线是具有滞后特点的平滑工具。它以追踪趋势的变化为目的，用来识别和显示老的趋势已经终结或反转，新的趋势正在萌芽的关键契机。它从不领先于市场，只是追随揭示市场，仅当交易事实发生之后，才能告诉我们，新的趋势开始了。

（二）我应用移动平均线的体会

市场确实会在一段大的波动中存在着方向明显的趋势，比如从2006年初到2007年上半年的牛市就是很典型的上涨趋势。市场并不像想象的那么无规则而循，这一点要坚定不移。顺势者盈，逆势者亏。在股市判断市场的趋势是根本的技术。

很多人讲10日均线如何关键，年均线如何重要，有些言过其实。均线从某种角度讲代表了参与者的平均价格，比如5日均线代表5个交易日以来参与成交人的平均成本，而10日均线则表示10个交易日来的平均成本。但是，对于测量主力成本来讲，常常易把人引入误区，比如价格快速升高，有人会认为主力成本也在大幅度上升，就大胆冲入，其实主力成本是要根据实际情况而定的。

均线系统不宜用来预测短期走势。葛兰维的八大法则在短线走势实战应用中也难以左右逢源。我们会发现短期均线围绕长期均线来回波动，方向并不明显。一般用均线系统预测中长期走势还是较为有利的。不要用均线系统来判断顶部与底部，并以此来操作。只能结合其他重要指标作辅助作用。有些朋友常遵循着这样的理念操作：当短期均线向上突破长期均线时买入，当短期均线向下跌破长期均线时卖出。这样操作以后你就会发现，买入点距离中期顶部较近，手续费的空间都不太容易出来。距离均线非常远的价格是有一定操作价值的。当价格在均线上方很远的地方，获利者较多，压力自然很重，行情将回档或横盘整理。在均线下方很远的地方，则上空抛压减轻，行情将在短期内停止下滑。是不是有点逆势操作的味道？经验这东西在很多时候会十分矛盾。我在买进或卖出的时候也常常想着两种截然相反的理由，判断是权衡出来的。均线系统的本质特点是在判断趋势的大方向的同时显得较为滞后，你如果总是禁不住价格波动的诱惑而进进出出，还是少用均线为好。

七、简单有效的买卖依据：

乖离率乖离率是一种简单而有效的分析工具，但在使用过程中参数的选择十分重要。如果参数太短，反应过于敏感；如果参数太长，反应过于迟钝。从市场经验来看，10日平均移动线作为参数效果较好。以下跌为例，10日乖离率通常在 –7%~–8% 时开始反弹。考虑到这个数值的安全系数不高，一般情况下，更为安全的进场时机应选择在 –10%~–13% 之间。同样出于稳健，短线在上涨时可以在 +8% 附近卖出。此外，在应用乖离率时，应该灵活运用，结合不同情况才能提高盈利机会。

对于风险不同的股票应区别对待。有业绩保证且估值水平合理的个股，在下跌时乖离率通常较低时就开始反弹。这是由于心态稳定的持有人不愿低价抛售，同时空仓投资者担心错过时机而及时买入的结果。反之，对绩差股而言，其乖离率通常在跌至绝对值较大时，才开始反弹。

要考虑流通市值的影响。流通市值较大的股票，不容易被操纵，走势符合一般的市场规律，适宜用乖离率进行分析。而流通市值较小的个股由于容易被庄股控盘，因此在使用该指标时应谨慎。在股价的低位密集成交区，由于筹码分散，运用乖离率指导操作时成功率较高，而在股价经过大幅攀升后，在机构的操纵下容易暴涨暴跌，此时成功率则相对较低。

八、招人爱也惹人恨的动量指标：相对强弱指数（RSI）

相对强弱指标是我在市场上应用较多的指标之一。它和威廉指数、KD指标等类似，都属于市场动量指标。相对强弱指数自产生以后便风行投资界。我喜欢这个指标，是因为它简单明了，也有人对此嗤之以鼻，这也说明这个指标既招人爱也招人恨，灵验与失误同样的多。

RSI 属于一种分析工具，一切操之在己。首先要修改参数把 6 改为 5，以前是1周6个交易日现为5个。相对强弱指标是一种辅助图表分析的工具。有以下经验可供参考：当RSI升上80或跌破20时，特别是牛背离时，顶和底便会展现，这是指市场调整或反弹的市场逆转、中期的顶和底。**2007年笔者两次判断正确就是参考了这个指标。**当RSI出现与市场走势背离的态势，将强烈预示市场逆转；当RSI在80之上出现牛背离高低顶或在20之下出现熊背离高低脚时，明显预示反转。常有一些图表形态，例如头肩顶或三角形等在价位图上十分模糊，在RSI上却清晰可见。一些支撑或阻力位在图表上难以划分，但在RSI上，支撑及阻力线却时常较容易划出，可作为图表上破位的确认讯号。

相对强弱指标非常易于应用，但它的信号过于强烈，人们在使用它的时候最容易犯的错误就是见到指标示警就快速跑掉。由于它有预测市场的功能，所以在一轮真正的大强势面前往往较早地进入示警状态，反而失去作用。如2007年上半年的走势就是很好的一例。在短期操作中，相对强弱指标过于敏感，我试着在短线中用过，发现用它作短线，只能把手续费打出来而已，而且非常累。至于到相对强弱指标的波动中找形态、支撑位和阻力位，我觉得过分牵强，实际的波动中，它的特征并不明显。有一点却是相对强弱指数的强项，就是判断主力出货的顶部，它往往出现与形态背离的现象——顶背离。价格的上扬与RSI的下降形成鲜明的背离现象。这是一个非常典型的例子，它说明当RSI在价格的高位与价格出现背离时，特别是日周共振时，我们应该十分警觉。当然，并不是主力出货时都会有这种背离现象，这一定要搞清楚。我还发现很多人对一只股票何时涨、怎么建仓非常有研究，总是能积极主动地建到好仓，面对怎样获利了结却十分犹豫，心中无数，往往会让获利损失了一大半甚至全无时才极其被动地出货。在如何出货、把钱稳妥地放进口袋中，RSI可以起到一定的提示作用。

九、量价运动方向的标志：形态

以我的经验，形态在三个方面对价格的运动方向有着重要的显示作用，它比一些指标和线更管用。一个是形态的形状，一个是形态的位置，最后一个是形态的大小。很多人非常注意形态的形状，常常忽略它的位置。在很多情况下，位置的重要性要大于具体形状的重要性。形态的大小也就是形成这个形态的时间以及其中的成交量，短时服从长时是规则。

引起价格变化的力量主要来自两个方向；一是外部的消息刺激，如一条政策性利好或某地出现地震等；二是内在的人们心理的变化。外部的消息一般比较突然，而人们心理的大规模变化往往需要较长时间。外部消息的刺激最终也是通过对人们心理的作用而影响价格。所以，一轮重要趋势产生之前往往需要一段酝酿的时间。当然，酝酿并不意味着反转，有时候，这只是既存趋势的休整，随后趋势将继续。

价格形态分为两类：反转形态与持续形态。反转形态名副其实，意味着趋势正在发生重要的反转；相反地，持续形态则显示市场很可能仅仅是暂时作一段时间的休整，把近期的超买或超卖状况调整一番，过后，现存趋势仍将继续发展。当然，最重要的是必须在形态形成过程中尽早看出其所属类型。主要的反转形态有头肩形、三重顶和底、双重顶和底、V字顶和底，以及圆形顶和底。主要的持续形态有三角形、旗形、三角旗形和矩形。熟悉各种形态是一个投资者所必须具备的素养。

形态的形状既是前一个趋势的反映，也是后一个趋势演变的基础，起着承前启后的作用。心中应该牢记的是：一个形态的级别越大，它所能够引起的趋势的级别也越大。比如一个长期横盘整理的形态向下突破，形成的下降通道也绝不会在一两天内结束。从上证指数的图中我们可以看到，从2007年10月中旬到2007年12月的近3个月里，行情一直在5000点以上运行，一旦向下突破，就一下子走了中级调整寻求支撑的空头市场。所以，在操作中我们一定不要急于抄底。这其中的道理又回到了：

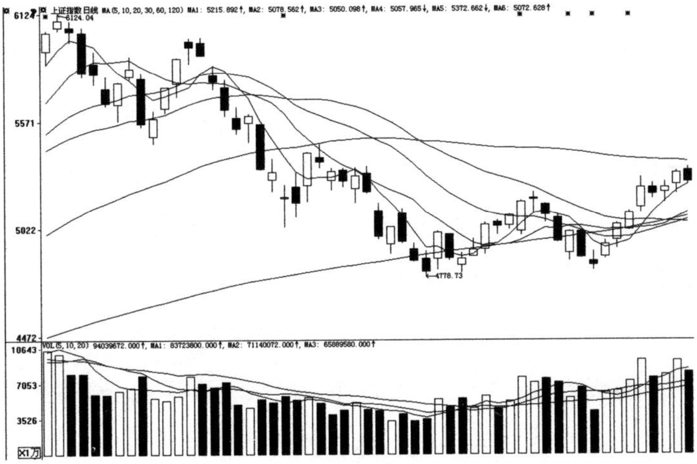

图 13-4　2007 年 10 月起上证指数 K 线图

市场行为涵盖和消化一切。一个大规模的市场行为需要另一个大规模的市场行为来消化。就是没有外力干扰，那些政策性和不可预测因素的干扰，底部形成的时间也很长。这就是形态形状的重要性。一个形态在整体趋势中的位置也极为重要，重要性远远大于其 K 线的形状和阴阳。比如十字星，如果十字星出现在价位横盘整理的区域中，就远不如一个位置处于上升很长时间以后的十字星。

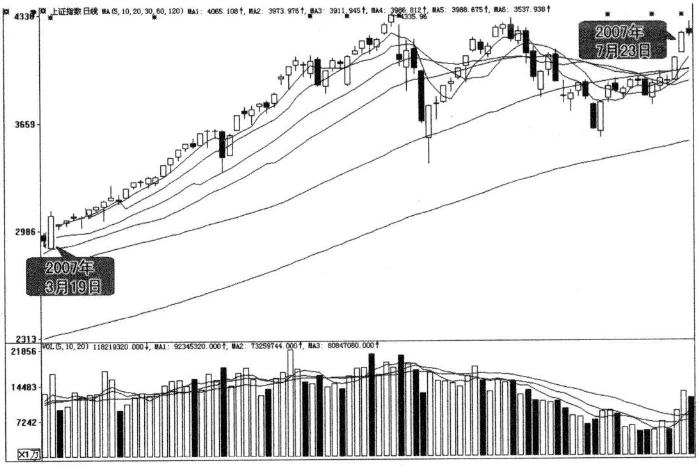

图 13-5　2007 年 3 ~ 7 月上证指数 K 线图

看一下上证指数的 K 线图。2007 年 3 月 19 日有一根长阳线之后，7 月 23 日也有一根和其极类似的长阳线。同样的长阳线意义却大不相同。第一根长阳线带有突破性质，突破长达一个多月的盘局，达到新高 3021 点，并且有成交量配合，之后的涨势也因此成为定局。但我有一个经验：在行情盘整状态下的预测可以有方向性，思维却不要形成定势，要做两手准备，行情一突破 3021 点，马上建仓。至于为什么 3021 就是突破点，我有一个小经验，在讲课时我也讲过，3021 点是当时的阻力线，意味着许多人在这里抛卖，也有人在买。如果价格上涨到 3021 点 2%的幅度，意味着所有卖的人失策了，而买入者已经把手续费挣了出来，再涨就全部是利润了。

股票是一门科学与艺术的混合体，投资是科学投机，也是艺术。第二根阳线是在上涨了一段时间以后，升速将要变慢时出现的，感觉上涨力度即将减缓，又是高位，压力大，所以后市短期内就不可能过分上涨了。

当然，形态的形状也十分重要，这些形态的特征和基本变化要烂熟于心，在行情来临时可以随机应变地用，在行情未出现特征时，也不要生搬硬套。很多人在学完了形态分析后到处找图形分析，不管行情到底有无特征也要按照假设去操作一番，结果适得其反。就像一个刚学会练刀的人拿了一把飞快的刀练将起来，旁人只能担心地说一句“小心，别伤着自己”。

能够在脑海中画图，是一个成熟投资者必备的功夫，就像特警要会格斗一样。盯住价格的波动，脑海中画着波动的曲线，不断地和经验比较，不断判断，从细微的变化中寻找价格本来的方向，这是成熟投资者每天自然而然要做的一件工作。很多图形和经验如头肩顶、头肩底、上升三角、下降三角、四次碰底必穿底等，在长线过程中，由于受到的干扰特别多，应用不一定准确，在短线方面常有令人激动的机会，可以为有经验的人提供相当的利润。

记得我在 2007 年 9 月的一段时间里，脑海中画过很多下降三角形，发现行情在向下破掉三角形的底部后，往往会走出“先向下快跌”，紧跟